파라오의 저주

파라오의 저주
ⓒ 이종호, 2008

초판 1쇄 찍음 2008년 3월 28일 • 초판 1쇄 펴냄 2008년 4월 4일 • 지은이 이종호 • 펴낸이 이태준 • 편집 홍석봉, 김수현 • 디자인 이은혜, 최진영 • 마케팅 최현수 • 관리 김수연 • 펴낸곳 문화유람 • 출판등록 제17-332호 2002년 10월 18일 • 주소 서울시 강동구 성내1동 533-1 영우빌딩 301호 • 전화 02-486-0385 • 팩스 02-474-1413 • 우편 (134-600) 서울시 강동구 강동우체국 사서함 164호 • www.inmul.co.kr • cntbooks@gmail.com • ISBN 978-89-91945-15-9 03900 • 값 20,000원 • 북카라반은 도서출판 문화유람의 자회사입니다. • 이 저작물의 내용을 쓰고자 할 때는 저작자와 도서출판 문화유람의 허락을 받아야 합니다. 파손된 책은 바꾸어 드립니다.

세기적인 발굴과 함께 부활한
고대 이집트의 위대한 문명!

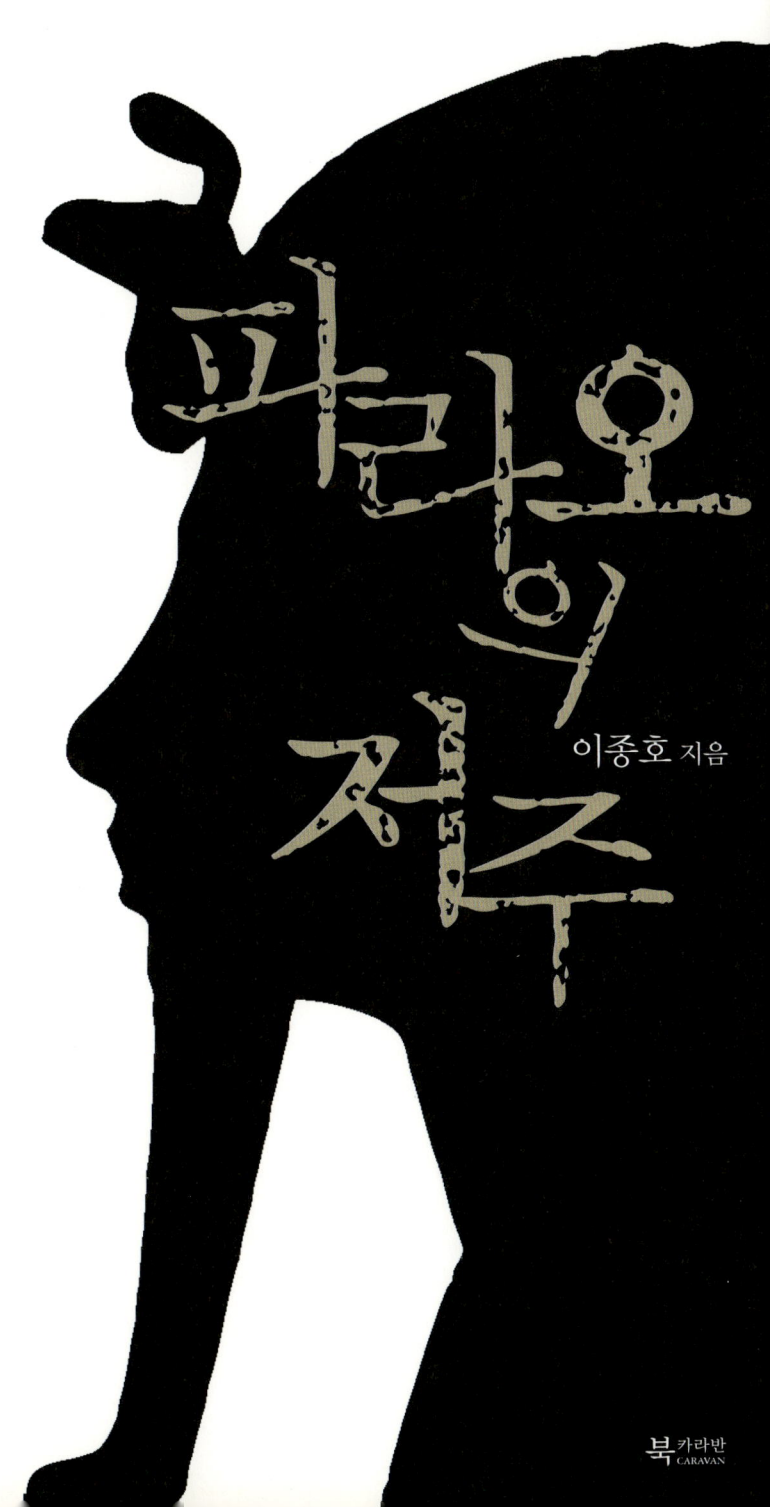

파라오의 저주

이종호 지음

북카라반

◆ **일러두기**
이집트 고유물최고위원회와 카이로국립박물관이 '투탕카문(Tutankhamun)'으로 공식 표기하고 있으며, 세계 학계에서도 1970년대부터 대체로 이를 따르고 있으므로 이 책에서도 '투탕카문'으로 기록한다.

• 들어가는 말 •

죽음을 부르는
파라오의 저주

파라오의 저주처럼 사람들의 호기심을 자극하는 말이 또 있을까? 파라오의 저주는 1922년 10월 26일 기적과도 같았던 소년왕 투탕카문의 무덤 발굴과 함께 시작됐다.

'투탕카문'은 자그마치 기원전 14세기 인물이다. 10살의 나이에 파라오에 올랐다가 19살이라는 나이에 사망했기 때문에 소년왕으로 불리는데, 그의 무덤 발굴은 고대 이집트의 수준 높은 문화와 역사를 밝히는 데 기념비적인 사건으로 기억된다.

투탕카문의 무덤은 전혀 도굴당하지 않은 완벽한 상태로 발견되었는데, 그 이유는 무덤이 완공되고 나서 약 200년 뒤인 기원전 1140년경에 람세스 6세의 무덤 공사를 담당하던 작업 인부 때문이라고 추정된다. 작업 인부들이 람세스 6세의 무덤 축조하면서 생긴 흙더미를 투탕카문의 무덤 입구 근처에 쌓아두는 바람에 그의 작은 무덤이 덮여버리고 만 것이다.

도굴꾼들이 파라오 무덤 바로 아래 또 다른 파라오의 무덤이 있으리라고는 생각하지 못한 것은 행운이었다. 무려 3300년이 넘는 시간을 지나 투탕카문 왕이 미라로 만들어진 당시 모습 그대로 우리 앞에 드러낼 수 있었기 때문이다.[1]

그러나 1922년 투탕카문 무덤 발굴이 세계적인 이목을 끌게 된 것은 당시의 세계정세와도 관련이 있다. 1922년은 제1차 세계대전이 끝난 지 불과 4년이 되지 채 되지 않은 시점으로 아직 전쟁의 여파가 세계 곳곳에 미칠 때였다.(제1차 세계대전은 1914년 7월 28일 세르비아에 대한 오스트리아의 선전포고로 발발했고, 1918년 11월 11일 독일의 항복으로 끝났다.) 더불어 1918년에서 1919년까지는 전 세계적으로 발병한 유행성 독감(일명, 스페인 독감)으로 죽은 사람이 제1차 세계대전 동안 사망한 사람보다 더 많았다. 자료에 따르면 독감으로 사망한 자가 무려 4000만 명이나 되었고, 세계의 방방곳곳은 여러 가지 면에서 암울하기 그지없었다.

바로 그러한 때 투탕카문 무덤과 황금마스크가 발굴됐고, 이는 사람들에게 세상살이의 우울함과 무기력을 단번에 날려버리는 호재가 되었다. 하지만 그토록 세계인의 이목을 집중시킨 투탕카문의 무덤 발굴은 그의 유물과 연관이 되는 사람들이 연달아 의문의 죽음을 당하면서 '파라오의 저주가 내렸다'는 소문이 퍼졌다.

파라오를 잠 깨운 자, 영원히 저주받으리라

사람들에게 공포심을 준 것은 파라오인 투탕카문의 관에 써진 저주의 문구였다. "왕의 영원한 안식을 방해하는 자에게 벌이 내릴 것이다"는 저주가 정말이라는 것을 입증이라도 하듯 유물에 관계된 사람들이 계속해서 죽어나갔던 것이다. 이 놀라운 우연의 연속은 사람들에게 충격과 공포, 경이감을 불러일으켰고, '파라오의 저주'라는 소문은 당시의 어떤 소식보다도 재빨리 세계 각지로 퍼져나갔다.

당시 영국의 일간지 《데일리 메일》의 특파원 아더 웨이갈은 투탕카문의 무덤을 개봉한 직후 카나본 경을 만났을 때 이런 농담을 던졌다고 한다.

"이집트의 무덤에는 일반적으로 저주의 글이 적혀 있다는데, 만약 투탕카문 왕의 저주가 사실이라면 카나본 경은 6주밖에 살지 못할 겁니다."

이 말을 들은 소설가 마리 코렐리는 카나본 경이 사망하기 15일

전 파라오의 저주에 대한 흥미 위주의 작품을 발표했다. 그런데 공교롭게도 카나본 경은 면도를 하다가 투탕카문의 얼굴에 나 있는 상처와 똑같은 부위를 모기에 물려 1923년 4월 5일에 세상을 떠나고 말았다. 전해지는 이야기로는 카나본 경이 사망하기 직전에 투탕카문의 이름을 부르며 헛소리를 하더니 이렇게 외쳤다고 한다.

"이제는 끝이다. 나를 부르는 소리가 들린다. 나는 각오가 되어 있다."[2]

모두 투탕카문 왕의 무덤이 발굴되고 난 후 약 5개월 후의 일이었다. 우연인지 모르겠지만 카나본 경이 사망할 당시 카이로의 전등이 이유 없이 꺼졌고, 영국에 있던 카나본 경의 테리어 개가 갑자기 경련을 일으키며 죽었다고 한다. 죽음은 끊이지 않았다. 이후 카터, 카나본 경과 관련된 사람들이 연이어 의문의 죽음을 당했다.

카터 박사의 열렬한 협력자로 저명한 영국계 이집트 고고학자인 화이트의 이야기다. 그는 발굴 당시 투탕카문의 무덤에 가장 먼저 들어간 사람 중에 한 명이었는데, 무덤에서 나온 뒤 불쾌감을 호소했다고 한다. 그리고 며칠 동안 신경쇠약증세를 보이더니 별안간 목을 매달아 자살하고 말았는데, 화이트는 마지막 편지에 다음과 같이 적었다.

"나는 투탕카문의 저주 때문에 쓰러진다. 나는 사라져야만 한다."
죽은 사람은 그들뿐만이 아니다. 1923년 9월 카나본 경의 조카 오베리 허버트가 갑자기 죽었으며 카나본을 돌봐주던 간호사도 죽었다. 6년 후에는 카나본 경의 부인도 벌레에 물려서 사망했다. 미라를 조사하기 위해 이집트에 왔던 방사선 사진기사 더글라스 라이드가 의문의 죽음을 당했고, 투탕카문의 관을 만졌던 미국 철도계의 거물 제이 굴드도 폐렴으로 사망했다.

또한, 자신이 파라오의 후손이라고 자랑하던 이집트 왕족 알리 케멜 파르미 베이는 투탕카문의 무덤을 본 후 자신의 아내가 쏜 총에 맞아 사망했고, 웬일인지 그의 형제 중 한 명도 자살했다. 카터의 조수 아서 메이스도 갑자기 건강이 악화되어 세상을 떠났으며, 프랑스인으로 이집트학자였던 조지 방디트 역시 무덤을 방문한 후 갑자기 사망했다.

죽음은 끊이지 않았다. 카터의 비서로 보물들의 목록을 작성하는 것을 도와준 리차드 베텔 목사는 침대에서 시체로 발견되었고, 무덤을 보지는 않았지만 투탕카문의 유물을 몇 가지 보관하고 있었던 베텔의 아버지는 아들이 사망한 후 아파트에서 투신자살했다. 그의 침실에는 투탕카문 묘에서 출토된 설화석고 화병이 놓여 있었으며, 8살의 아이가 그의 유해를 운반하던 영구차에 치여 죽기도 했다. 1925년 투탕카문의 그와 함께 작업한 더글라스 데리 교수도 죽었고, 그와 함께 작업한 알프레드 루카스도 거의 같은 시기에 갑작스런 심장발작으로 사망하였다.

그런데 카터에 관해 다소 이상한 일화가 전해진다. 카터는 결혼도 하지 않고 혼자 살면서 카나리아를 키웠다고 한다. 전통적으로 이집트인들은 카나리아가 행운을 가져준다고 생각했는데, 카터의 카나리아가 여느 날처럼 숙소 앞에서 지저귀다가 갑자기 소리를 뚝 멈춘 일이 있었다고 한다. 이를 이상하게 생각한 카터의 하인이 새장을 들여다보았다가 정말이지 끔찍한 광경을 목격하게 되었다고 한다. 커다란 코브라 한 마리가 카나리아를 잡아 먹고 있는 것을 보게 됐던 것이다.

이를 전해들은 이집트인들은 입을 모아 '투탕카문의 저주' 라고들 수근 거렸다. 코브라는 대대로 이집트의 왕, 파라오를 뜻해왔기 때문이다. 그래서 항간에는 이집트인들이 '파라오의 무덤에 접근하는 사람들은 모두 위험에 빠질 것' 이라며 경고하고 다녔기 때문에 '파라오의 저주' 라는 말이 널리 퍼지게 되었다고 말해지기도 했다.[3]

저주와 죽음은 시간이 흘러도 계속되었다. 1966년 투탕카문의 무덤에서 나온 유물을 관리하던 아브라함은 전시회 문제로 카이로에서 정부 관리들과 회의를 하고 집으로 돌아가던 중에 의문의 자동차 사고로 사망하였다. 또 1969년에는 투탕카문의 무덤 발굴 대원 중에서 유일한 생존자였던 아담슨이 영국 텔레비전 방송에 출연하여 "나는 한순간도 파라오의 저주라는 터무니없는 전설을 믿어본 적이 없다"고 큰소리쳤다.

그러나 그는 출연을 마치고 돌아가던 중 교통사고로 간신히 목숨만 건졌다. 하지만 아담슨의 자동차 사고가 있은 후 24시간이 채 지나기도 전에 그의 부인이 죽었고 아들도 등뼈를 다쳤다. 이후 아담슨은 "지금까지 나는 우리 가정에 닥친 모든 불행과 파라오의 저주는 관련이 없다고 생각했다. 그러나 지금은 다르다"라고 말했다.

1972년 투탕카문의 유물을 영국 박물관에 전시하기 위하여 수송 작업을 지휘하던 가멜 메레즈도 "파라오의 어리석은 전설을 믿지 않는다"고 공언한 후 그날 밤 갑자기 사망하였다. 유물을 영국으로 운반하는 일을 맡았던 6명은 그후 5년 사이에 의문의 죽음을 당했으며 지금까지 약 21명이 파라오의 저주로 사망했다고 알려졌다.

정말, 저주 때문에 그 많은 사람들이 죽은 걸까?

엉뚱하지만 비교적 근래에 들어서도 파라오의 저주가 인구에 회자된 일이 있다.

1996년 9월 카이로국립박물관에서 20대 청년이 박물관 개장 직후 투탕카문의 순금제 보검을 양말 속에 감추어 나오다 현관에서 붙잡혔다. 경찰 조사 결과 그는 전날 관람객으로 가장해 박물관에 들어간 뒤 전시대 밑에 숨었다가 밤이 되자 드라이버로 투탕카문 보물 진열장 뚜껑을 열어 순금제 보검을 양말 속에 넣었던 것으로 드러났다. 그는 휴대하기 쉬운 작은 유물 20여 점은 나중에 찾아갈 생각으로 화장실에 숨겨두기까지 했는데, 다행히도 다음 날 아침 박물관을 나서다가 경찰에 붙잡히게 되었다. 그런데 그가 경찰에서 밝힌 말이 가관이었다.

"박물관은 일단 폐장하고 나면 간섭하는 사람이 아무도 없어 가정집을 터는 것보다 훨씬 쉬웠다. 그런데 이번 실패는 아마도 '파라오의 저주' 때문인 것 같다."[4]

파라오의 저주는 또 한번 구설수에 올랐다. 2005년 2월, 남아프리카에 살고 있는 한 여성이 고대 이집트 투탕카문 왕의 무덤에서 도굴된 보석 때문에 가족들이 사망했다고 이집트 정부에 하소연한 것이다. 이 여성은 자신이 가지고 있는 쇠똥구리 모양의 오래된 보석이 비극을 일으켰다고 호소했다. 그녀의 이야기인즉 이렇다.

남아프리카공화국으로 가던 선원 하나가 우연히 도박판에서 보석을 얻었는데, 그가 보석을 자신의 딸에게 건네준 다음 바다에서 실종되었다고 한다. 그리고 선원의 시신이 바닷가로 떠내려 오고 며칠 있지 않아 자신의 딸이 백혈병으로 사망했고, 죽은 딸의 남편이 보석을 팔기 위해 매입자를 찾던 중에 갑작스럽게 사망했다는 것이다. 가족을 잃은 그 여성은 결국 보석이 모든 재앙의 원인이며 문제의 쇠똥구리 보석이 신성한 무덤을 파헤친 자들에게 '저주'를 내리고 있다는 판단에 이르게 되자 이집트 정부에 도움을 요청하게 됐다고 설명했다.[5]

이런 일도 있었다. 이름이 알려지지 않은 한 독일인 남자가 장인이 훔친 유물을 2007년 이집트 측에 돌려주었다고 주장한 것이다. 그는 베를린에 있는 이집트 대사관을 찾아가 파라오 형상 조각물을 내놓았는데, 2004년 장인이 '왕가의 계곡'에서 훔친 이 유물을 독일로 가져온 후부터 원인을 알 수 없는 질병으로 고통을 겪었다고 말했다. 장인이 중풍, 원인을 알 수 없는 고열과 피로감, 암에 시달리다 사망했다는 것이다. 남자는 장인이 죽고 나자 혹시 이 모든 일이 '파라오의 저주' 때문이 아닌가 하는 생각이 들어 유물을 돌려주기로 결심했다고 밝혔다. 물론, 남자가 반납한 유물이 투탕카문과 관련되는 것은 아니지만 이 사건들은 '파라오의 저주'가 생각보다 현대인의 생활에 깊숙이 들어와 있음을 말해주었다.[6]

또 2007년 영국의 레슬리 안은 우연히 집에서 투탕카문의 유물이 담긴 상자를 발견한 후부터 파라오의 저주에 걸려 악재가 끊이질 않는다고 주장했다. 레슬리는 8년 전 두 개의 상자를 발견했으며 그것은 자신의 할아버지로부터 물려받은 것이라고 했다. 그녀는 상자 안에 낡은 접시와 해진 면 조각, 씨앗, 종려나무 열매 등이 들어있었다면서, 대영박물관 유물 전문가에게 감정을 의뢰해 "확실히 투탕카문의 묘에서 나온 것"이라는 평가를 받았다고 한다. 레슬리는 이후 자신이 그와 관련된 사연을 책으로 펴내기로 하면서 '저주'가 시작되었다고 주장했다.

그녀 말에 따르면 첫 번째 파라오의 저주는 그녀의 책을 출간하기로 한 출판사 사장이 엘리베이터 추락으로 돌연사하면서 일어났다. 그리고 얼마 뒤에는 그녀가 출산을 하게 되었는데 출산 직후 복강수술을 받아 몇 개월간 침대에 누워있어야 했다. 또 1년 후에는 뇌막염에 걸려 투병생활을 해야 했으며 우연히 길을 지나다 총상을 입기도 했다.

그녀에게 닥친 악재는 여기서 끝나지 않았다. 오랜 투병생활 동안 힘이 되어주던 남편이 결혼 10주년 기념일을 보낸 후 2주 만에 갑작스럽게 이혼을 선포하고는 그대로 집을 나가버렸다. 레슬리는 "악재가 끊이지 않아 '파라오의 저주'를 떠올리지 않을 수 없었다"며 그 유물들을 대영박물관에 기증할 예정이라고 전했다.[7]

이 모든 사건들이 정말 진실일까? 그 많은 사람들의 불행이 정말 파라오의 저주 때문에 일어난 것일까, 아니면 잘못된 인과관계의 오류에 불과한 걸까? 이 책에서는 '파라오의 저주'가 사실인지 아닌지를 추적해 들어가며 투탕카문 왕의 무덤을 발굴하게 된 경위와 에피소드를 이야기한다. 그리고 피라미드나 미라와 같은 고대 문화의 흔적을 따라 신비한 이집트 역사와 이집트인들의 남다른 세계관을 이모저모를 살펴본다. 또, 지금으로부터 무려 4000년도 전에 지구에 사는 대다수의 인간들이 동굴 속에 살며 사냥과 채집으로 목숨을 연명해갈 때, 이집트인들은 어떻게 피라미드처럼 거대하고 정밀한 석조 건축물을 완벽하게 건축할 수 있었는지 그 비밀을 파헤쳐본다.

2008년 4월
이종호

차례

들어가는 말
죽음을 부르는 파라오의 저주　　　　　　　　　　　•005

I. 저주는 어떻게 시작됐나?

01　세계를 놀라게 한 기적의 발굴　　　　•021
02　소년왕, 투탕카문의 정체　　　　　　•042
03　도저히 믿어지지 않는 문명　　　　　•053
04　서서히 드러나는 이집트 역사　　　　•077
05　이집트 신들과 문화의 탄생　　　　　•098

II. 이집트 역사의 신비가 풀린다

01　1억 5000만의 미라가 살고 있다　　　•115
02　죽는 것은 영원히 사는 것　　　　　　•124
03　파라오를 향한 경배　　　　　　　　•138
04　여자도 파라오가 되었다　　　　　　•166
05　이집트 상형문자는 어떻게 풀렸을까?　•182

III. 피라미드 건축의 의미

01 피라미드와 이집트 문화	• 203
02 외계인이 세운 건축물이 피라미드?	• 229
03 도대체 피라미드를 왜 세웠나	• 243
04 현대 과학으로도 풀리지 않는 비밀	• 254
05 피라미드에 황금 유물이 숨어있다	• 262

IV. 고대 이집트의 놀라운 문명

01 기원전 2000년 전기 사용의 증거들	• 287
02 병을 낫게 하는 피라미드 파워	• 296
03 스핑크스가 사라져가고 있다	• 309
04 도굴의 역사가 이집트의 역사	• 320

나가는 말
파라오의 저주에 관한 진실, 그리고 거짓 • 357

◆ 고대 이집트 역사 연대표 • 384
◆ 주석 • 387

I.

저주는 어떻게 시작됐나?

01

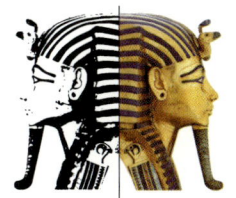

세계를 놀라게 한
기적의 발굴

19세기 말 유럽에는 '이집트 열풍'이 일었다. 당시 유럽에서 내노라 하는 가문들은 이집트 유물 한두 개쯤 소유하거나 이집트 여행을 하는 것을 대단한 자랑으로 알았다. 심지어 사교계에서는 이집트 여행을 하고 돌아오지 않으면 대화에서 소외된다는 말이 있을 정도였다.

이런 현상은 모두 잇따른 고고학적 발굴의 성과 때문이었다. 나폴레옹의 이집트 원정 이후에 존 터틀 우드가 세계 7대 불가사의 중 하나인 에페소스의 아르테미스 신전을 발굴하고, 뉴턴 경이 할리카르나소스의 마우솔레움을 발굴에 성공하자 유럽은 고대 유물의 열풍에 휘말렸던 것이다. 여기에 그 기세를 더욱 가속화한 것이 슐리만의 트로이 발굴이다.

1822년 독일의 가난한 목사 아들로 태어난 슐리만은 7살 때 크리스마스 선물로 받은 『어린이를 위한 세계사』에서 호머의 대서사시 「일리아드」를 읽고 깊은 감명을 받았다. 그래서 책에 나오는 이야기가 모두 진짜라고 믿으며, 어른이 되면 직접 트로이에 찾아가 그 사실을 확인해보겠노라 결심했다.

사람들은 어린 슐리만의 생각을 철없다며 웃어넘겼다. 전설에 불과한 이야기일 뿐이라고 생각한데다 진짜 트로이가 있다고 해도 감히 발굴을 시도할 수 없을 만큼 궁핍한 생활을 했기 때문이다. 가난했던 슐리만은 14살에 야채가게 점원으로 취직했지만 폐결핵에 걸려 그나마 직장을 잃어버렸을 만큼 초년 운이 없었다. 하지만 30살이 되던 1852년에 그는 러시아에서 가장 부유한 재벌 중 한 사람이 되었고, 이후 자신의 전 재산을 투자해 트로이의 보물을 찾아냈다.

슐리만의 트로이 발굴과 이집트 신드롬

슐리만의 성공은 고대 유물 발굴에 대한 신드롬을 일으키기에 충분했다. 그의 트로이 발견은 세계적인 부호들로 하여금 그에 준하는 수준의 거대한 발굴 대상을 찾도록 했는데, 제일 먼저 눈에 띈 것은 단연코 피라미드가 있는 이집트였다.

유럽의 부호들이 이집트를 발굴의 최적지로 선택한 것은 당대의 이집트 발굴 정책 때문이기도 했다. 이집트는 역사가 오래된 만큼 엄청난 문화유산이 도처에 널려있었지만 발굴 비용을 댈 만한 경제력이 없었다.

당시 이집트 정부는 외국의 발굴 신청자들에게 독점적인 발굴권을 부여하는 대신 발굴에 성공했을 때 이집트 정부와 반분하는 정책을 유지했다. 때문에 유럽의 수많은 부자들이 이집트로 몰려들었다. 물론, 유럽의 모든 사람들이 이집트 발굴에 직접 참여할 정도로 부자는 아니었기 때문에, 대부분은 최소한 유물이라도 몇 점 손에 넣으려고 애를 썼다.

그런데 놀라운 사실이 드러났다. 수많은 이집트 유물이 유럽인 여행객들에게 판매되었음에도 불구하고 이집트에서는 새로운 유물이 끊임없이 나타났다. 더욱더 놀라운 사실은 그 유물들이 모두 조잡한 모조품이 아니라 왕족들만 사용할 수 있는 명품 중의 명품이라는 사실이었다.

골동품상가에서 유통되는 이집트의 고대 유물이 상상하기 어려울 정도로 늘어나자 이집트 박물관장 가스통 마스페로가 진상을 조사하기 시작했다. 마스페로는 부유한 유물수집가로 위장한 고고학자 한 명을 테베에 파견했다. 그는 고급 호텔에 여장을 푼 후 고대 유물을 사겠다는 소문을 냈다. 그리고 유물을 팔러온 사람에게 일부러 값을 후하게 쳐주면서 팁까지 얹어주었다.

얼마 후 상인 한 명이 중요한 조각상을 하나 들고 나타났다. 유물수집가로 위장한 고고학자는 일부러 조각상에 흥미 없는 것처럼 굴면서도 상당한 가격으로 흥정을 했다. 그리고 좀 더 가치 있는 물건을 갖고 오면 흥정할 필요 없이 곧바로 사겠다고 말했다. 그 날로 상인은 고고학자에게 유명한 아랍인 부호 무함마드 아흐마드 압둘 라술을 소개해주었고, 라술은 그에게 제21왕조의 미라까지 보여주며 그보다 상급의 물건도 많이 있다고 귀띔했다.

전문 도굴꾼 라술은 고고학자의 활약으로 체포되었다. 그는 테베의 공동묘지 중앙에 있는 쿠르나(룩소르 반대편 강변에 위치)라는 마을에 살고 있는 유력자 중에 한 명이었는데, 쿠르나는 고대에 미라를 만들거나 무덤을 지키는 사람들이 살던 곳이었다.[1] 충격적인 것은 7000명 마을 주민들 전부 도굴꾼이며 그의 집안은 도굴꾼 가문 중에서도 명문가에 해당한다는 사실이었다. 라술의 집안은 기원전 13세기부터 도굴을 생업으로 삼고 살아왔으므로 거의 3000년이 넘게 '도굴'에 종사해온 셈이었다.

당시 도굴한 유물의 금전적 가치는 굉장했다. 한 경비원이 도굴한 배를 판 돈으로 무려 4만 8000평의 땅을 살 수 있을 정도였다.[2] 물론, 고대의 유물이라는 희소성도 있었지만 결정적으로 그들이 가진 유물이 최상품이었기에 가능한 일이었다.

라술은 체포되었지만 자신에 대한 혐의, 특히 도굴에 대한 죄는 모두 부인했다. 박물관장 마스페로는 라술이 유죄라고 확신했지만, 혐의를 입증할 만한 증거가 없었기 때문에 할 수 없이 석방했다. 전해지는 이야기에 따르면 라술을 체포하는 데 공헌했던 고고학자는 그가 방면되자 몸살을 앓고 드러누웠다고 한다.

이때 예상하지 못한 일이 일어났다. 석방 이후 경찰의 추가 조사에서 자신의 유죄가 드러날 것을 우려한 라술이 직접 판사를 찾아와 자신의 죄를 고백한 것이다. 라술은 1875년 우연히 파라오의 무덤을 발견했다고 설명했다. 그 이후 이 보물창고에서 파라오만의 유물들을 조금씩 훔쳐내 시중에 팔았는데, 자신들이 훔친 유물들이 워낙 명품이었기 때문에 꼬리가 잡히게 되었다고 말했다.

이집트는 그에게 기소를 면제해주는 것은 물론 현금 500파운드와 이집트 정부의 고대유물보존국에 근무하게 해준다는 조건을 내걸며 파라오의 무덤이 있는 곳으로 안내해줄 것을 요구했다. 그러자 라술은 왕의 무덤이 몰려있는 왕가의 계곡에서 조금 떨어진 데이르 엘-바하리의 한 비밀 장소를 공개했다.

전문 도굴꾼 라술이 발견한 왕들의 무덤

전문 도굴꾼 라술이 안내한 비밀 장소 입구는 수직으로 난 구멍을 11미터나 내려가야 했다. 그곳은 60미터 길이의 복도와 연결되어 있고, 8제곱미터에 달하는 넓은 방과 80미터 길이의 또 다른 복도에 이어지고 있었다. 라술과 함께 들어간 경찰, 고고학자들은 그야말로 놀라지 않을 수 없었다. 그곳에는 헤아릴 수 없을 만큼 많은 석관, 카노픽 항아리(시신을 미라로 만들 때 내장을 담아두는 동물 머리 모양의 뚜껑 달린 항아리), 토기 및 청동제 항아리, 문자를 새겨둔 석판 등 엄청난 유물들이 숨겨져 있었다.

이곳에서 이집트의 전설적인 파라오 이크나톤과 이크나톤의 왕비인 네페르티티, 그의 아들인 스멘크카레를 비롯한 아멘호테프 1세, 투트모세 2세, 투트모세 3세, 세티 1세, 람세스 2세 등 모두 32명에 달하는 파라오와 왕족들의 석관, 미라가 발견되었다. 그런데다 1898년에는 또 다른 미라들의 은신처가 발견됐다.[3] 아멘호테프 2세의 무덤에서 투트모세 4세를 비롯한 10인의 파라오들의 석관들과 미라가 발견된 것이다.

학자들은 왕가의 계곡이 아닌 곳에서 파라오의 미라와 유물들을 발견했다는 사실에 놀라지 않을 수 없었다. 이집트를 대표하는 파라오의 미라를 '왕의 안식'을 해치면서까지 무덤 밖으로 옮겼으리라고는 감히 상상하지 못했기 때문이다. 게다가 파라오의 관에는 '미라의 안식을 방해하는 자에게 저주가 있으리라'는 문구가 기록되어 있는 것이 보편적이었다.

하지만 그런 저주의 경고문에도 불구하고 파라오의 관은 옮겨져 있었다. 대체 그 이유가 뭘까? 대답은 간단하다. 바로 도굴 때문이다. 고대의 한 파라오가 왕들의 무덤이 도굴되는 것을 막기 위해 왕가의 계곡에 있는 수많은 파라오의 미라와 유물을 극비리에 이곳 비밀 장소로 옮겨놓은 것이다.

여하튼 그들이 발견한 수많은 미라와 중요한 유물이 외지인들에게 모두 팔려나가기 전에 이들을 저지할 수 있었다는 것은 이집트로서 큰 다행이었다. 이집트 정부는 파라오의 미라를 포함하여 엄청난 보물들을 모두 안전한 곳으로 옮겨서 보관하기로 결정했다.

비밀 장소에 있던 수많은 보물들은 일주일에 걸쳐 모두 룩소르로 운반됐고, 다시 증기선에 실려 카이로로 옮겨졌다. 이곳의 유물과 미라가 나일 강을 따라 카이로로 운반될 때 수많은 이집트 국민들이 나일 강변에 나와 새로운 안식처로 향하는 선조들을 경배하였다는 일화는 지금도 전설 아닌 전설로 남아 있다.

한편, 당시 이집트로 간 학자들의 얼굴에는 실망한 기색이 역력했다. 왕가의 계곡에서 파라오의 미라와 유물이 발견되기는 했지만, 무덤이 모두 도굴된 후였기 때문이다. 그런데 때마침 왕가의 계곡에 있는 파라오의 무덤 중에 아직 도굴되지 않았을 무덤이 있을지도 모른다는 소문이 나돌기 시작했다. 바로 투탕카문의 무덤이었다.

수많은 사람들이 투탕카문의 무덤을 발견하려고 이집트로 몰려들었다. 물론 무덤 발굴은 쉽지 않았다. 제아무리 부호라 해도 발굴지가 워낙 넓어 정보가 확실하지 않으면 막대한 자금을 소비하고도 한 점의 유물도 찾지 못한 채 파산하는 경우가 비일비재했다. 투탕카문의 경우는 더욱 심했다. 수많은 사람들이 왕가의 계곡에서 투탕카문의 무덤을 발굴하려고 도전했다가 모두 실패했다.

그러나 영국의 부호인 카나본 경과 카터는 투탕카문의 무덤을 발굴하는 데 성공했다. 투탕카문 무덤 발굴에 흥미는 있지만 고고학에는 전혀 문외한이던 부호 카나본 경이 자금을 지원하고, 발굴에서만큼은 당대 최고의 전문가이자 행운을 몰고 다니는 사나이였던 카터 박사가 서로 협력했기 때문이었다.

발굴의 행운을 몰고 다닌
사나이, 하워드 카터

투탕카문 무덤은 파라오의 저주로도 유명하지만 발굴 초기부터 극적인 요소가 많았던 탓에 지속적으로 세계의 주목을 끌었다. 우선 발굴의 주인공으로 자금을 댄 카나본 경과 발굴 책임자인 카터의 만남도 무척 드라마틱했다.

카터는 1873년 영국의 켄징턴에서 11남매의 막내로 태어났다. 그는 비교적 어린 나이에 고고학에 입문했지만 전문적인 교육을 받지는 않았다. 그의 아버지는《일러스트레이티드 런던 뉴스》의 전속 화가였는데 카터 역시 그림에 남다른 재주가 있었고, 이런 능력은 고고학에 투신하는 데 큰 도움이 되었다.

유물 발굴에 있어서 카터는 유난히 운이 좋았다. 그가 화가인 아버지 덕택으로 유럽에서 가장 중요한 이집트 유물들을 소장하고 있는 애머스트 경의 저택에서 일하고 있을 때였다. 마침 애머스트 경이 관련된 이집트학 모임에서 이집트 무덤에 그려진 벽화를 모사해줄 화가를 찾고 있었는데, 그의 부인이 카터를 적극 추천했다.

그림을 그리는 실력이 뛰어났던 카터는 이집트에 도착한 후 곧바로 인정을 받았다. 카터에게 찾아온 더욱 큰 행운은 애머스트 경이 텔 엘 아마르나 유적에 관심을 보인 것을 계기로 당대 제일의 이집트학자 윌리엄 매튜 플린더스 페트리에게 고고학적 발굴 기법을 배울 수 있었다는 점이다.

● 행운의 사나이, 하워드 카터(Howard Carter, 1873~1939). 그는 영국의 고고학자로 '세기적 발굴'이라 불리는 소년왕 투탕카문의 무덤을 발굴했다. 20세기 초의 여느 발굴자와 달리 유물을 상세히 분석하고 연구해 오늘날 이집트학에 지대한 공헌을 했다.

발굴 과정이나 발굴 지역을 조직적으로 조사하는 법 등을 전문적으로 배운 것이다. 훗날 카터는 페트리 경에게 배운 발굴지식이 투탕카문 무덤을 발굴하는 데 큰 힘이 되었다고 술회했다.

또한 카터는 사진과 관련해서도 남다른 재주가 있었다. 현재까지 남아 있는 투탕카문의 무덤 사진은 발굴 직후 그가 사진사를 지도하여 찍은 것인데, 당시의 카메라가 매우 조악했음에도 어떤 유물은 50회나 찍었다고 술회할 정도로 카터는 사진 확보에 매우 공을 들였다.

그가 20세기 초의 여느 발굴자와는 달리 유물에 대해 상세하게 분석하고 연구했다는 것은 지금 남아 있는 그의 자료 내역으로도 알 수 있다.

① 유물의 치수, 유물의 스케치, 고고학적인 기록
② 앨런 가디너 박사의 기록
③ 루카스가 보존제로 처리한 내용
④ 무덤 속에서 유물의 위치를 보여주는 사진
⑤ 유물 자체를 찍은 사진
⑥ 상자 안에 들어 있는 유물을 꺼낼 때 여러 각도와 단계에서 찍은 사진

위 내용을 보면 그가 남다르게 사진으로 모든 장면을 찍어 유물을 분석하는데 최선을 다했음을 알 수 있다. 또, 당시 사진을 보면 그가 발굴은 물론 예술 분야에 상당한 조예가 있었음도 알 수 있다.

여하튼 카터는 이집트에서 승승장구했는데 1899년에 이미 이집트 고대유물국이 그를 두 명의 수석 조사관 중 한 명으로 임명할 정도였다. 순조롭게 승진을 거듭한 그는 30대 초반에 상 이집트(이집트의 카이로 이남에서 수단에 이르는 지역) 및 누비아 지역의 사적 주임 조사관의 지위에 올랐다. 이집트 발굴에 관한 상당 부분이 그의 영향력 안에 들어간 것이다.

카터가 발굴자로 성공하는 데는 위와 같은 행운만 있었던 것이 아니다. 어느 날 카터는 말을 타고 집으로 돌아가다가 우연히 땅

바닥 위로 돌출한 지형이 말발굽에 걸리자 이상하게 여기고 그곳을 파기 시작했는데, 바로 그곳에서 그동안 발견되지 않았던 새로운 무덤을 찾아냈다. 또한 카터는 미국의 부호인 시어도어 데이비스의 자문으로 일하면서 투트모세 4세의 무덤을 발굴하기도 했다. 무덤 자체는 이미 도굴되어 발견된 부장품이 거의 없었지만, 어쨌든 거듭되는 성과에 '카터에게는 발굴의 행운이 따른다'는 소문이 떠돌았다.

하지만 발굴의 행운을 몰고 다니는 카터에게도 좌절은 있었다. 이집트 정부의 유물관리국 검사관으로 일하는 동안에 발생한 사건 하나를 미숙하게 처리한 데서 비롯된 일이었다. 프랑스인 관광객과 그의 일꾼들 사이에서 싸움이 벌어졌는데, 영국인답게 완고한 성격을 가진 카터가 중재를 잘못하는 바람에 별것 아닌 사건이 크게 번지고 말았다. 객관적으로 보아 프랑스 관광객의 잘못이 컸는데, 카터가 영국인 일꾼 편을 든 것을 계기로 사건의 본질과 상관없이 영국인과 프랑스인 간의 싸움으로 변질되고 만 것이다.

페트리는 카터가 프랑스인에게 사과하는 것으로 사건을 종결짓기 바랐다. 그러나 카터는 프랑스인이 먼저 잘못한 것이 분명한데, 왜 자기가 먼저 사과해야 하냐며 단호히 거부했다. 할 수 없이 페트리가 그를 좌천시켰고 카터는 사표를 제출했다.

이집트 고고학 전문가인 그가 이집트 정부 관리직에서 해직되었다는 것은 사형선고나 마찬가지였다. 당시에 이집트에서 행해지는 모든 발굴은 이집트 정부와 긴밀한 관계를 맺어야만 가능했기 때문이다.

하지만 이집트 당국의 입장에서 보면 아무리 카터가 유능할지라도 국제적 문제를 야기한 그를 기용할 수는 없는 노릇이었다. 그 일이 화근이 되어 또 다른 국제 문제를 불러올 가능성이 있어서였다. 어쨌든 유물조사국을 그만둔 카터는 카이로에 정착했다. 그리고 관광객에게 풍경화를 팔거나 관광 가이드를 하면서 생계를 꾸려나갔다.

한편 자동차 사고로 불구가 된 카나본 백작은 사고 후유증을 치료하기 위해 이집트에서 요양을 하고 있었다. 본명이 조지 에드워드 스탠호프 몰리뉴 허버트인 카나본 백작은 경주용 자동차 경기에 직접 참가하는 등 스포츠맨 기질을 타고난 영국의 전형적인 귀족이자 대부호였다.

이집트에 머물던 카나본 경은 당시 유럽의 여느 부호처럼 고고학에 관심을 가지고 골동품 수집 및 발굴 작업에 관심을 기울이고 있었다.[4] 그래서 발굴 전문가의 필요성을 절실히 느끼고 있었는데, 때마침 마스페로가 그에게 발굴 현장감독으로 카터를 추천했다. 평소 카터의 능력을 높이 평가하고 있던 마스페로가 카터를 돕는 의미에서 카나본 경에게 추천했던 것이다.

결론적으로 말해 발굴 전문가 카터와 당대의 대부호 카나본 경의 만남은 고고학계의 행운이었다. 1907년 카터는 카나본 경의 발굴책임자로 선임되어 발굴에 참여했는데, 그의 실적은 그야말로 놀라웠다. 발굴에 참여하자마자 제17왕조 시대 왕자의 묘를 발굴한 것이다. 물론 이미 도굴되긴 했지만 무덤에는 상당히 많

● 투탕카문 무덤 발굴은 카나본 경의 자금 지원과 당대 최고 발굴 전문가인 카터 박사의 만남이 있었기에 가능했다. 두 사람은 4년에 걸친 좌절 끝에 투탕카문이라는 위대한 인류 역사의 유적을 발굴할 수 있었다. 카터(좌)와 카나본 경(우).

은 유물들이 남아 있었기 때문에 카터는 또다시 '행운의 사나이'라는 별명을 입증할 수 있었다.

물론 카터 또한 자신의 행운을 적극적으로 활용하는 데 주저하지 않았다. 발굴 작업에서 어느 정도 성과를 거두자 카터는 카나본에게 아직까지 발견되지 않고 있는 투탕카문의 무덤을 발굴하자고 권유했다.

사실 카나본 경도 이런 카터의 제안이 엄청난 도박임을 알고 있었다. 그동안 수많은 사람들이 모두 실패한 발굴이었기 때문에 아무리 유럽의 부호로 손꼽히는 자신이라 할지라도 충분히 파산할 위험이 있다고 생각했다.

하지만 카터는 카나본 경을 이해시킬 수 있었다. 때마침 시어도어 데이비스가 투탕카문 무덤 인근의 발굴권을 이집트 정부에 반납했기 때문이다. 10년이 넘도록 이렇다 할 성과를 거두지 못하자 자금난을 견디지 못해 발굴을 포기한 것이었다.

사실 데이비스는 카터와 상당한 인연이 있었다. 1902년 데이비스는 호렘헤브 왕의 무덤, 하트셉수트 여왕의 무덤, 이크나톤 왕의 할아버지인 투트모세 4세의 무덤들을 발견하여 세상을 깜짝 놀라게 했는데 이들 발굴에 결정적인 조언을 해준 사람이 바로 카터였다. 비록 발굴한 유적들이 이미 도굴당해 별로 실속은 없었지만 말이다.

그러나 데이비스는 또 한번 카터의 조언으로 엄청난 행운을 잡을 기회가 있었다. 왕가의 계곡에 있는 무덤을 발굴하던 중 어느 바위 밑의 조그마한 방에서 투탕카문이라고 새겨진 도자기 컵과 금박 입힌 나무상자를 주운 것이다. 이는 투탕카문과 관련된 물건 가운데 처음으로 발견된 것으로 그동안 소문으로만 알려진 투탕카문의 무덤이 근처 어디엔가 존재할 수 있다는 것을 강력히 시사하는 증거였다. 그런가 하면 어느 구덩이에서는 하얀 토기로 된 12개의 항아리가 발견됐는데, 그 속에는 아마포 묶음과 동물 뼈 그리고 여러 종류의 방부제가 들어있었다. 또, 근처에는

80여 명이 식사한 것으로 보이는 흔적도 발견되어 인근에 투탕카문의 무덤이 있을 가능성이 매우 농후해졌다.

하지만 당사자인 데이비스는 자신이 발견한 보물의 중요성을 몰랐다. 그는 이들 유물의 발견을 대수롭지 않게 생각하고 고스란히 뉴욕에 있는 메트로폴리탄 미술관에 넘겨주었다.

메트로폴리탄 미술관의 원록 박사 역시 데이비스가 발견한 구덩이가 투탕카문의 미라를 방부 처리할 때 쓴 물건들을 보관했던 곳이라 생각했다. 그런데 이상하게도 더 이상 큰 의미를 부여하지 않았다. 물론 원록 박사가 관심을 보였더라도 발굴권은 데이비스가 갖고 있었기 때문에 자신이 직접 발굴할 수는 없었다.

어쨌든 원록 박사는 이 사실을 카터에게 살짝 귀띔했고, 카터는 카나본 경에게 투탕카문 무덤을 발굴하자고 설득하며 이집트 정부에 반납된 발굴권을 신청해 허가 받으라고 조언했다.[5] 카터의 이야기를 들은 카나본 경은 행운의 여신이 자신을 찾아왔다고 생각했다. 그래서 카터의 조언을 듣자마자 곧바로 발굴권을 신청했다. 당시 유물 발굴권은 금광채굴권이나 다름없었기에 정식으로 허가 받기가 꽤 복잡하고 까다로웠는데, 카터와 고대유물국 국장 가스통 마스페로가 서로 잘 알던 사이였기 때문에 카나본 경은 쉽게 허가증을 발급받을 수 있었다.

그런데 이 발굴권을 둘러싼 약간의 후문이 있다. 마스페로가 카터에게 허가증을 주면서 별다른 성과를 얻기는 어려울 것이라고 말한 것이다. 마스페로는 데이비스가 발굴권을 반납하면서 "왕가의 계곡이 바닥났을 것 같은 두려운 생각이 든다"고 말했다며 카터에게 너무 기대하지 말 것을 당부했다.(데이비스는 이 말을 한 후 1년 뒤인 1915년에 세상을 떠났다.)

발굴 처음에는 마스페로와 데이비스의 말이 맞는 것 같았다.[6] 발굴 작업이 더딘데다 때마침 제1차 세계대전이 일어나 카터는 발굴을 중단할 수밖에 없었다.

좌절 끝에 이루게 된 투탕카문 무덤 발굴

1918년이 되자 발굴이 다시 재개되었다. 하지만 그들이 바라마지 않는 투탕카문의 묘는 어느 곳에서도 발견되지 않았다. 당시 카터의 발굴팀이 파낸 흙만 무려 20만여 톤이나 된다고 알려질 만큼 어마어마한 투자가 이뤄지고 있었다.

여하튼 4년이 넘도록 막대한 자금을 퍼부었는데도 불구하고 아무런 성과가 나타나지 않자 카나본 경은 카터에게 사형선고를 내린다. 더 이상 자금을 지원할 수 없으니 작업을 중지하라고 지시한 것이다. 게다가 카나본 경은 자신이 갖고 있는 발굴권까지 포기하겠다고 선포했다.

카터로서는 초조할 수밖에 없었다. 카나본 경의 말은 곧 발굴 실패를 인정하는 것이었는데, 이는 곧 발굴 책임자인 카터가 무능하다는 것을 인정하는 것이었으며 결국 발굴자로서 그의 인생도 끝났다는 것을 의미했다. 카나본 경의 지시에 따르지 않을 수 없었던 카터는 발굴하던 장소를 정리하기 시작하였다.

기적과 같은 일이 일어난 것은 바로 이때였다. 1922년 11월 4일, 투탕카문의 묘가 있으리라고 예상하던 발굴 현장에서 철수를 위해 청소하던 한 인부가 계단 같은 흔적을 발견했다. 보고를 받은 카터는 곧바로 현장으로 달려갔다. 그리고 표면을 석회로 입힌 입구에서 지하묘지를 경비하던 사람들의 관인과 투탕카문의 인장이 찍혀 있는 것을 발견했다. 도굴꾼이 침입한 흔적은 있었지만 봉인의 상태로 보아 완전히 도굴되었을 가능성이 많지 않아 보였다. 카터는 그토록 학수고대해왔던 투탕카문의 무덤을 발견했다고 생각하고 카나본 경에게 급히 전문(電文)을 보냈다. 절대로 발굴권을 다른 사람에게 팔지 말라는 첨언과 함께.

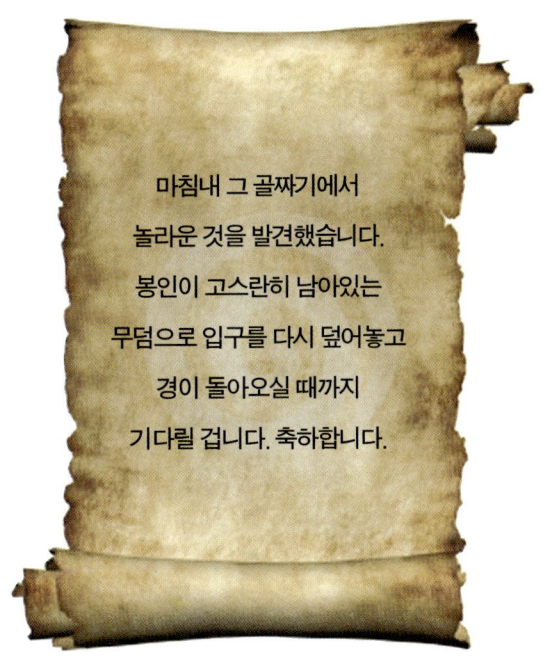

마침내 그 골짜기에서
놀라운 것을 발견했습니다.
봉인이 고스란히 남아있는
무덤으로 입구를 다시 덮어놓고
경이 돌아오실 때까지
기다릴 겁니다. 축하합니다.

'카나본 경이 돌아올 때까지 기다리겠다' 라니! 카터는 전형적인 영국인답게 고지식한 면을 드러냈다. 그는 투탕카문의 무덤을 발견했다고 확신하면서도 자기 혼자 무덤을 개봉할 수 없다고 생각하고 모든 발굴 작업을 중단한 채 무덤을 원상태로 봉쇄했다. 한마디로 다시 무덤을 묻은 것이다. 카터는 카나본 경이 도착할 때까지 무덤이 발견되었다는 것조차 공개하지 않으려고 생각했다.

물론 그의 예상대로 되지는 않았다. 카터가 발굴하던 장소를 다시 묻었다는 것을 안 다른 발굴 전문가들은 뭔가 중요한 것을 발견했기 때문에 보안을 위해 매몰시켰다고 생각했다. 하지만 카터는 주변의 눈치에도 아랑곳하지 않고 자신의 발굴을 철저히 비밀에 부쳤다. 이집트의 언론을 비롯해 세계의 언론이 카터가 발견했을지 모르는 엄청난 사건에 대해서 추측기사를 보도해도 요지부동이었다. 카터는 어떤 이야기도 발설하지 않고 스폰서인 카나본 경을 기다렸다. 그런 그에게 전 세계의 언론이 놀랐다. 세기적인 발굴을 두고 카터처럼 거의 20여 일이나 함구할 수 있는 사람은 아마 어디에도 없을 거라고들 평했다.

다행히도 카나본 경은 카터의 전보를 받자마자 곧바로 출발하겠다는 답신을 보냈고, 11월 23일에 위대한 인류의 역사 발굴현장에 도착했다. 11월 26일, 드디어 카터는 카나본 경과 그의 딸 이블린, 인부들을 뒤에 세워둔 채 문에 구멍을 뚫었다.

훗날 카터는 당시의 상황을 다음과 같이 적었다.

나는 좋지 않은 가스가 들어차 있는지 알아보기 위해 촛불을 켜서 구멍에 들이댔다. 그리고는 구멍을 조금 더 넓히고 촛불을 안으로 집어넣은 뒤 안을 들여다봤다. 카나본 경과 이블린 양, 콜렌더는 내 곁에 붙어 서서 가슴을 졸이면서 내 평결이 떨어지기만을 기다렸다. 그 방에서 새어나오는 더운 공기 때문에 촛불이 펄럭거려 처음에 나는 아무것도 볼 수 없었다. 이윽고 내 눈이 빛에 익숙해지자 그 안에 있는 물건들이 안개 속에서 서서히 떠올랐다. 이상한 동물이며 조각상, 금붙이들, 방 안의 도처에서 황금빛이 번쩍거렸다. 곁에 있는 사람들에게는 거의 영원만큼이나 긴 시간이었을 그 짧은 순간 동안, 나는 너무 놀라서 아무 말도 할 수 없었다.

무덤 안에 무엇이 있는지 궁금한 카나본 경이 걱정스러운 목소리로 카터에게 물었다.
"무엇이 보이오?"
"예… 놀라운 것들이…."
문을 열자 그들 앞에 놀라운 광경이 펼쳐졌다. 왕가의 계곡에 있는 무덤 중에서 가장 작은 편에 속하는 투탕카문의 전실(前室)에는 의식용 침대와 옥좌, 아름다운 상자와 단지, 황금 장의자, 동상, 배의 모형, 무기 항아리 등 이루 헤아릴 수 없는 수많은 유물이 쌓여 있었다.
한쪽 벽에 또 하나의 문이 있었다. 그 앞에는 지하 묘지를 지키는 사자(死者)의 신 아누비스(늑대 혹은 자칼 머리 모양)가 제단으로 보이는 곳에 앉아 있었다. 아마포 스카프가 아누비스의 목을 감싸고 있었으며 제단 전체는 들것 위에 올려져 있었다. 아누비스의 발밑에는 불이 꺼진 횃불이 떨어져 있었고, 횃불 받침대에는 마법의 주문이 새겨져 있었다. 아누비스 뒤에는 금도금한 커다란 나무상자가 있었는데, 그 속에는 왕의 시신을 미라로 만들 때 들어낸 내장을 담아두는 설화석고로 만든 카노픽 항아리들이 들어 있었다.

투탕카문 파라오의 미라가 들어 있던 방을 개봉한 것은 1924년 2월 17일의 일이었다. 길이 5미터, 너비 3.3미터, 높이 2.73미터에 이르는 거대한 4층의 금박을 한 목제 궤를 열자 '네브-케펠-라'라는 상형문자가 쓰인 3층으로 된 황금관이 들어 있었다. '네브-케펠-라'는 투탕카문 파라오를 일컫는 말로 그 속에는 투탕카문 파라오의 미라가 안치되어 있었는데, 미라는 상하 이집트를 나타내는 코브라와 매의 문장이 붙은 왕의 두건을 쓰고 있었다. 제1관은 황금 무게가 110킬로그램이나 됐다. 3개의 관 모두 왕의 모습을 본뜬 황금마스크가 덮여 있었고, 제3관은 3.3밀리미터 두께의 순금으로 만들어져있었다. 특히, 제3관의 황금 마스크는 현존하는 전 세계의 문화재 가운데 가장 중요한 유물로 평가되고 있다.

1923년 2월 18일 투탕카문의 무덤을 공식적으로 공개하는 행사에 참석한 《내셔널 지오그래픽》의 기자 메이너드 오웬 윌리엄스는 당시의 발굴 현장을 다음과 같이 적었다.

거의 3000년 만에 공개되는 행사에는 이집트 왕비, 벨기에의 엘리자베스 여왕, 영국인 고등판무관인 앨런바이 경을 비롯하여 유명 인사들이 참석했다. 무덤의 주위에는 푹푹 찌는 더위에도 아랑곳없이 기자들이 죽치고 앉아 새로운 유물이 나오지 않을까 잔뜩 기대하고 있었다.

카터는 앞장서서 무덤 안으로 여왕을 안내했다. 카나본 경은 여왕의 왼편에 나란히 걸어 내려갔고 그의 딸 이블린이 그들의 뒤를 따랐다. 30분쯤 후에 일행이 밖으로 나왔는데 사람들은 앨런바이 경의 상의에 먼지가 잔뜩 묻어 있는 걸 보고 깜짝 놀랐다. 도대체 카네이션까지 멋지게 단 양복이 왜 저렇게 더러워진 것일까?

투탕카문 무덤을 오랫동안 찾을 수 없었던 이유는 그보다 훨씬 후대의 파라오인 람세스 6세의 무덤을 만들 때 일꾼들이 투탕카문 무덤 입구를 흙으로 덮어버렸기 때문이다. (중략) 투탕카문의 현실(玄室) 앞에 서 있던 2개의 조각상은 한 손에 직장(職杖)을, 다른 한 손에는 긴 막대기를 들고 있었으며 피부색은 이집트 미술에서 남성을 상징하는 검은색이고 머리쓰개, 목장식, 팔찌, 스커트, 샌들은 금박을 입혀놓았다. 이 조각상들은 죽은 왕을 지하세계의 신인 오시리스로 형상화한 것이다.

투탕카문의 관이 들어 있는 현실의 크기는 길이 5미터, 높이 3미터, 폭은 3.5미터였다. 방 벽과 관 사이의 폭은 한 사람이 겨우 지나갈 만큼 좁았다. 이 사이를 지나가느라 앨런바이 경의 등에 먼지가 묻었던 것이다.

02

소년왕, 투탕카문의 정체

파라오의 저주가 사람들에게 더욱 신비롭게 각인된 것은 저주의 장본인이라 할 수 있는 투탕카문의 일생이 드라마틱할 뿐 아니라 베일에 싸여 호기심을 자극하기 때문이다. 전설에 의하면 투탕카문은 죽을 때 자신의 죽음에 대한 진실이 밝혀질 때까지 복수를 하겠다고 다짐했다고 한다. 이에 대한 설명은 엉뚱하다. 투탕카문이 권좌를 노리던 이들에게 계획적으로 살해당하자 '죽음의 저주' 라는 극약 처방까지 동원하여 후대에라도 그 음모가 밝혀지기를 고대했다는 것이다.

사람들은 투탕카문 왕을 '비운의 소년왕' 이라고들 한다. 10살의 나이에 파라오가 된 그가 겨우 18살~19살의 어린 나이로 사망했기 때문이다. 이집트의 파라오들이 비교적 장수한 것에 비해 그는 무척 단명한 셈이다. 특히 소년왕 투탕카문이 자연사하거나 질병, 사고로 사망한 것이 아니라 살해되었을지도 모른다는 점이 더욱 파라오의 저주를 부추겼다.

갑작스럽게 사망하여 '파라오의 저주'가 태어나는 데 크게 기여한 사람으로 인식되는 카터의 조수 아서 메이스도 다음과 같이 투탕카문의 살해설을 지지했다.

> 우리는 왕이 죽었을 때 그가 아직 소년에 불과했고, 그가 왕위를 계승하는 것을 거들어주고 그의 짧은 치세 동안 조언자 역할을 한 사람이 그의 후계자 아이(Ay)였다고 믿을 만한 이유를 갖고 있다. 또한 그의 장례식을 주재한 사람도 아이였으므로 그가 자신이 정권을 장악할 만한 시기가 무르익었다고 판단하고 투탕카문을 죽이려는 음모를 꾸몄을 가능성이 있다.[7]

투탕카문이 파라오가 되었을 때는 전통적인 이집트인들의 관점에서 볼 때, 이크나톤이 이집트를 17년이나 엉망으로 만든 후였다. 때문에 전 이집트 사람들이 강력한 군주의 등극을 열망하고 있었는데, 안타깝게도 이크나톤의 후계자였던 스멘크카레(재위 기원전 1334년~1333년)가 즉위 후 곧장 죽고 말았다. 이런 상황에서 겨우 10세의 투탕카문이 파라오에 올랐다.

하지만 소년왕 투탕카문에게 거는 이집트인들의 기대는 컸다. 그 기대가 얼마큼인지는 카르나크의 돌기둥에 적힌 그의 선포로도 잘 알 수 있다.

폐하께서 왕위에 오를 즈음, 신들과 여신들을 모신 신전들은 황폐해졌고. (중략) 이 땅의 모든 것들은 엉망이 되었고 신들은 이집트에 등을 돌렸다. (중략) 그러나 많은 날들이 지나간 뒤 폐하께서 부왕의 옥좌에 오르시어 호루스의 땅을 통치하셨다. 검은 땅과 붉은 땅은 폐하의 감독 하에 들어갔으며 모든 사람들은 폐하의 권세 앞에서 고개를 숙였다.

학자들은 투탕카문이 강력하고 유능한 아이(Ay)의 지원 하에 무사히 이크나톤의 망령된 시기를 회복시킬 수 있었다고 믿는다. 아이는 아멘호테프 3세와 이크나톤, 스멘크카레를 섬겨온 노련한 정치가였고, 네페르티티의 아버지이자 투탕카문의 의붓 외할아버지였기 때문이다.

투탕카문이 너무 일찍 죽은데다 남긴 자식이 없어 아이가 유족 대표로 투탕카문의 장례식을 주재했다. 이런 사실은 투탕카문의 무덤에 적힌 글로 알려졌는데, 왕가의 계곡에서 선왕의 무덤에 후계자의 이름이 새겨진 경우는 거의 없다.

카터는 오시리스 신으로 상징되는 죽은 투탕카문의 입을 여는 의식을 아이가 주재하는데, 이는 그가 역사적인 인물로 부상하는 의미심장한 장면이라고 적었다. 또한, 카터는 산 파라오와 죽은 파라오 사이에 놓인 탁자 위의 의식과 관련된 물건들도 큰 의미가 있다고 적었다. 선왕의 장례를 집전한 사람이 후계자가 된데다 투탕카문의 무덤에 아이의 이름이 들어있을 정도로 밀접한 관계를 맺고 있었기 때문인지, 투탕카문을 살해하고 아이가 왕권을 탈취했다는 가설은 많은 사람들의 지지를 받았다.[8]

남편을 잃은 15살 난
소녀 왕비의 편지

투탕카문이 살해되었다는 가설은 영국 리버풀대학 연구진이 1968년 "투탕카문 미라의 X-선 촬영 결과 머리 부분에서 작은 뼈의 단편이 발견됐다"며 "이는 그가 뒤통수를 강타당해 숨졌음을 시사한다"고 밝힌 이후 더욱 힘을 받았다.

게다가 투탕카문의 어린 시절이 수수께끼에 둘러싸여 있다는 점도 소문을 부채질하는 데 큰 역할을 했다. 그의 어머니로 추정되는 키야는 투탕카문의 탄생과 거의 같은 시기에 갑자기 사라졌는데, 학계에서는 출산할 때 죽었을 가능성도 있지만 왕궁 내의 음모에 의해 희생되었을 가능성이 더 크다고 보고 있다.

투탕카문을 키운 사람은 이크나톤의 본부인인 네페르티티 왕비였다. 그런데 이크나톤이 사망하자 여자로서는 드물게 네페르티티가 정권을 잡았다. 아마도 네페르티티의 아버지이자 신의 아버지라는 칭호를 가진 '아이'가 섭정을 했기 때문에, 그녀가 권력을 장악할 수 있었던 것이 아닐까?

네페르티티가 사망하자 투탕카문이 10살이라는 어린 나이에 왕위에 올랐다. 그리고 이크나톤과 네페르티티의 딸인 이복누이 앙크에스엔아멘과 결혼한다. 투탕카문의 묘에 매장되어 있던 2구의 태아 유해는 그들 사이에 생긴 아이로 추측된다.

그런데 이들 태아들도 투탕카문의 살해설의 근거로 제시되었다. 학자들은 이 태아들이 투탕카문의 자식들일 가능성이 높다고 보

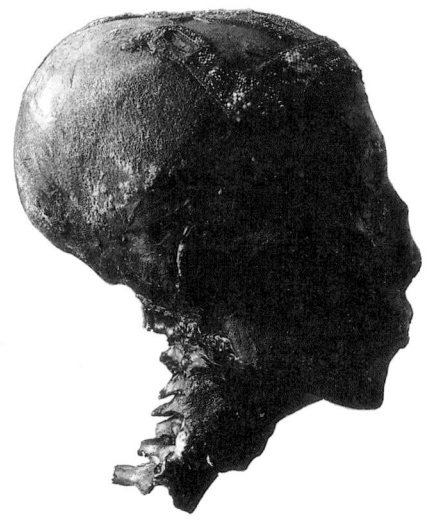
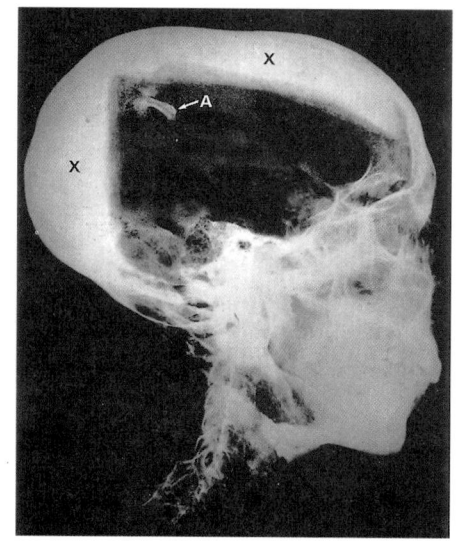

● 투탕카문 살해설은 미라의 X-선 촬영 결과 머리 부분에서 작은 뼈의 단편이 발견되면서 더욱 힘을 받았다.

면서도, 왕비가 다른 사람의 아이를 낳았을 가능성도 배제하지 않았다. 왕비가 자식을 사산할 경우 왕위를 노리던 사람들에게 매우 좋은 명분을 줄 수 있으므로 투탕카문을 살해했을 수도 있다는 것이다. 여하튼 투탕카문은 파라오가 된 지 10년도 채 안 되어 갑자기 사망했다. 이 사실은 투탕카문의 왕비인 앙크에스엔아멘이 히타이트에 보낸 다음 편지로도 알 수 있다. 그녀는 히타이트의 왕자를 남편으로 맞아들이겠다는 전갈을 보냈다.

이집트에서는 금번에 왕이 별세했습니다. 그러나 왕에게는 왕자가 없습니다. 왕비는 히타이트 왕에게 많은 왕자가 있음을 알고, 그중의 한 분을 왕비의 남편으로 맞아 그분을 이집트의 왕으로 모시고자 합니다. 그러면 많은 금과 선물을 드리겠습니다.

히타이트에서는 처음에 진의를 의심하고 답변을 미루었다. 그러다가 결국 왕자 한 명과 함께 사절단을 파견했는데, 왕자는 이집트의 국경을 넘자마자 살해되고 말았다. 일부 학자들은 이집트의 왕위를 노리고 있던 네페르티티의 아버지인 신관 아이가 히타이트 왕자를 살해하고 투탕카문 왕의 왕비인 앙크에스엔아멘과 결혼하면서 왕이 되었다고 추정한다.

당시 이집트의 왕위 계승은 파라오의 딸들을 매개로 계승되었다. 즉, 왕권을 물려받은 여성의 남편이 파라오가 되었기 때문에 왕비에 따라 왕이 결정되었다. 파라오와 결혼했던 왕비의 남편이 되면 이집트의 파라오가 될 수 있었던 셈이다.[9]

일반적으로 왕이 되기 위해서는 왕자로서 정비(正妃)의 몸에서 태어난 공주와 결혼을 해야 했다. 파라오가 된 왕자들이 대부분 정비가 아닌 후비 소생인 경우가 많았기 때문이다. 물론 정비의 아들인 경우도 같은 어머니 아래 태어난 친동생이나 친누나와 결혼하는 경우도 비일비재했다.[10]

투탕카문의 후계자인 경우 투탕카문에게 자손이 없었기 때문에 파라오가 되기 위해서는 앙크에스엔아멘과 결혼하는 것이 가장 효과적인 방법이었다. 투탕카문이 갑자기 사망하자 예상대로 투탕카문의 왕비인 15살의 앙크에스엔아멘과 결혼한 아이가 파라오가 되었다. 그러나 아이 역시 파라오가 된 지 채 4년이 못 되어 사망하고, 평민 출신 장군이자 왕의 부관이었던 호렘헤브가 파라오가 되었다.

호렘헤브는 파라오가 되자마자 제일 먼저 이크나톤과 투탕카문의 이름을 모든 건축물에서 지워버리게 했다. 이것은 아톤신에 대한 이집트인들의 증오를 바탕으로 자신에 대한 국민적 인기를 얻기 위한 제스처로 볼 수도 있다. 미처 셀 수 없을 정도로 다양한 신을 숭배하는 이집트에서 곧 파라오로 대변되는 이크나톤의 태양신 아톤 숭배사상은 환영받지 못했는데, 이를 의식해 펼친 정책일 가능성이 크다는 뜻이다.

그러나 기원전 1314년 호렘헤브 역시 집권한 지 몇 년 되지 않아 사망했다. 이로써 제18왕조는 막을 내렸고, 이후 람세스 1세가 파라오로 등극하면서 이집트 역사상 가장 찬란한 시기라고 평가되는 제19왕조가 시작되었다.

투탕카문 왕은 흑인이었나?

이집트 역사를 보면 20년~30년이라는 짧은 기간 동안에 여러 명의 파라오가 등장하는 일이 매우 드물다. 그만큼 이집트에서는 외적의 침입이 있을 때라든가 정치적으로 극히 혼란한 시기를 제외하고는 여러 명의 파라오들이 계속해서 단명한 경우가 거의 없다.

투탕카문의 무덤이 신왕국 시대의 전통적인 무덤 양식과 다소 다르다는 것도 투탕카문의 살해를 지지하는 요소 중 하나로 인식된다. 투탕카문의 무덤은 반듯하지 않고 구불구불한 평면을 갖고 있는데, 이런 무덤은 이집트에서 이교(아톤신)를 도입하려고 했던 이크나톤과 그의 후계자인 스멘크카레, 투탕카문에만 한정된다.

이는 투탕카문이 이크나톤의 유일신 개념을 부정하고 과거의 다신 숭배로 돌아섰지만, 당대의 집권층은 투탕카문을 완전한 다신론자로 인정하지 않았다고 볼 수도 있다. 반면 아이의 뒤를 이은 호렘헤브의 무덤을 보면 전통적인 방식을 따라 반듯한 형태를 띠고 있는데, 이를 근거로 호렘헤브 시대는 아톤신이라는 유일신 개념이 거의 사라졌다고 추정할 수 있다. 다시 말해 투탕카문 때만 해도 아직 이크나톤이 세운 유일신적 세계관에서 벗어나지 못했다는 뜻이 되며, 투탕카문은 이런 와중에서 살해당했다고 해석할 수 있는 것이다. 관련 학자들은 이러한 역사적인 사실을 근거로 '파라오의 저주'라는 말이 공전의 흥미를 자아냈다고 평가한다. 투탕카문이 매우 불행하게 살았고, 결국 살해당한 불운한 소년왕이었다고 극화시킴에 따라 사람들의 호기심을 자극하게 됐다는 것이다.

한편에서는 투탕카문이 흑인이냐 아니냐는 설전도 벌어진다. 실제로 미국에서 투탕카문 유물 전시회가 열리자 미국의 흑인들은 투탕카문이 흑인임을 인정하라고 시위를 하기도 했다. '투탕카문과 파라오들의 황금시대'라는 당시의 전시회에서 투탕카문이 흑인이었음에도 불구하고 실제보다 더 옅은 피부색을 가진 인물로 묘사했다고 주장한 것이다. 특히 일부 흑인 운동가들은 당시 미국 로스앤젤레스에서 개최된 투탕카문 유물 순회 전시회에 출품된 투탕카문의 흉상이 백인 모습을 하고 있다며 흉상의 철거를 요구해 논란이 되기도 했다.

그러나 이집트 고유물최고위원회의 위원장 자히 하와스 박사는 투탕카문이 검은 피부를 가진 흑인이었을 것이라는 흑인 미국인들의 주장을 반박했다. 그는 투탕카문은 흑인이 아니며 '고대 이집트 문명에 흑인적 요소가 있다는 주장에는 아무런 진실성이 없다'고 주장했다. 이집트가 아프리카 대륙에 있지만 고대 이집트인들은 인종적으로 아프리카 흑인이 아니기 때문이다.

투탕카문이 살던 당시 고대 이집트인들의 인종에 대해서는 아직도 학자들 간에 논쟁이 한창이다. 그러나 고대 이집트인들을 흑인으로 단정 짓기에는 무리가 있다는 것이 이집트학 전문가들의 일반적인 견해이다.[11]

카터는 무덤에서 발굴된 수많은 유물들을 근거로 소년왕 투탕카문이 어느 인간과 다름없는 소년기를 살았다고 설명했다. 유물을 보면 생전에 파라오가 즐겨하고 직접 체험한 것이 많이 반영되어 있는데, 이에 의하면 투탕카문이 여느 사람들과 마찬가지로 사냥을 좋아하는 열성 스포츠맨 타입이었다는 것이다.

벽화에는 새끼 사자를 거느린 투탕카문이 활로 들오리를 쏘고 있는 동안 왕비가 그의 발치에 웅크리고 앉아 있는 장면이 있다. 왕비는 한 손으로 화살 한 대를 투탕카문에게 건네주고 다른 한 손으로는 살찐 오리를 가리키고 있다.

전차 마구에도 소년왕 투탕카문이 활 쏘는 장면이 있다. 무덤에는 사냥용 부메랑이나 화려하게 보석으로 치장된 아름다운 활이 유물로 남아 있고, 그의 미라 옆에 있던 황금 단검의 칼집에는 야생동물이 부조되어 있다. 또한 석회암 판에는 투탕카문이 사냥개의 도움을 받아가며 창으로 사자를 죽이는 광경을 묘사하고 있는데, 이것들은 모두 파라오인 그가 여느 젊은이들과 마찬가지로 사냥 등 스포츠를 매우 좋아했다는 것을 암시한다.

투탕카문 유물에는 왕과 왕비의 애정 어린 사생활을 보여주는 것이 많다. 그중에는 왕비가 파라오의 목에 펜던트를 매주는 장면도 있고, 투탕카문이 왕비의 손에 향유를 부어주는 장면도 있다. 이는 어느 부부에게나 보편타당하게 인식될 장면으로 투탕카문이 여타 폭군과 같은 이미지를 갖고 있지 않았다는 것을 시사한다.

재미있는 것은 투탕카문의 미라 양쪽 귓불에 구멍이 뚫려있다는

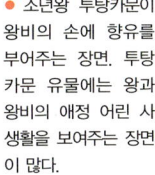
● 소년왕 투탕카문이 왕비의 손에 향유를 부어주는 장면. 투탕카문 유물에는 왕과 왕비의 애정 어린 사생활을 보여주는 장면이 많다.

점이다. 카터는 이를 두고 투탕카문이 어렸을 때 귀걸이를 착용한 것이라고 설명했는데, 그의 무덤에서 발견된 귀걸이에는 잘 움직이는 유연한 것과 그렇지 않은 것 2가지 종류가 있다. 두 경우 모두 귓불의 구멍에 끼운 장식 못을 이용해 귀에 걸었던 것으로 보이는데, 정작 투탕카문 미라에는 귀걸이가 없는 것으로 보아 그가 성장한 후에는 일체 귀걸이를 착용하지 않았다고 보인다. 카터는 무덤에서 발견된 여러 가지 장면들이 젊은 투탕카문의 취향과 기질을 보여준다고 설명했다. 그는 다른 파라오들의 유물에서는 망자에 대한 따뜻한 애정의 증거들을 찾기가 쉽지 않은데, 투탕카문 묘의 유물은 소박한 인간의 감정을 표현하고 있어 놀랐다고 실토했다.[12] 이들 이미지만을 감안하면 투탕카문이 살해되었다는 설과는 너무나 동떨어질 정도라는 것이다.

03

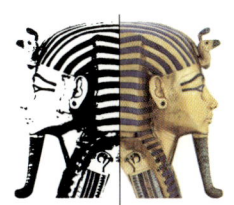

도저히
믿어지지 않는 문명

투탕카문의 무덤이 세계를 놀라게 한 것은 이집트 파라오의 무덤치고는 작을 뿐만 아니라 두 번의 도굴이 있었음에도 불구하고 현존하는 세계 최고의 유산을 우리들에게 보여주기 때문이다. 이를 역으로 생각해보자. 투탕카문의 무덤이 아니라 역사적으로 위대한 파라오의 무덤이었다면, 어느 정도의 보물이 들어 있었을까? 예컨대 람세스 2세의 무덤에 있는 7개의 방이나 사상 최대의 보물을 넣었다고 알려진 클레오파트라의 무덤은 어떠했을까? 무덤 안의 방이 31개나 되는 페피의 무덤 속 보물이 얼마나 많았을지는 그야말로 상상이 불허한다.

투탕카문 무덤에서 공식적으로 발굴된 유물의 숫자는 무려 3500

여 점에 달한다. 이처럼 엄청난 유물이 남아있을 수 있던 것은 투탕카문의 무덤 입구가 너무 작아서 도굴꾼이 3중관 등을 비롯한 대다수의 덩치 큰 유물들을 무덤 밖으로 반출할 수 없었기 때문이다.

여하튼 투탕카문의 무덤 발굴과 함께 발견된 유물들은 인류 문명의 발상지 중 하나인 고대 이집트의 역사와 문화를 이해하는데 더없이 소중한 위치를 차지한다. 생각해보라. 세계적으로 3300년 전이나 되는 고대 유물이 얼마나 남아 있을 것인가! 투탕카문의 무덤에서 발견된 유물을 미라에 관계된 것과 장례에 관한 부장품으로 나누어 살펴보자.

투탕카문의 무덤에서 발견된 유물들은 무척이나 많다. 때문에 이 책에서는 '파라오의 저주'와 직결되면서도 중요한 몇 가지 유물만 다루고, 유물에 대한 소개는 발굴의 주인공인 하워드 카터가 그의 조수 아서 메이스와 함께 쓴 『투탕카문의 무덤(The Tomb of Tutankha-men)』에서 주로 인용한다.[13]

■ 석관

투탕카문의 미라와 목관들이 들어있는 석관은 최상급의 노란색 규암을 깎아서 만들었다. 길이는 2.7미터, 폭 1.45미터, 높이 1.45미터이다. 석관의 외면은 4명의 수호여신 이시스, 네프티스, 네이트, 셀케트로 장식되어 있다. 여신들은 석관 네 모서리에 각기 하나씩 묘사되어 있는데, 활짝 펼친 날개와 뻗은 팔이 마치 왕을 보호하듯 석관을 둘러싸고 있다. 유해의 발 부분에 해당하는 석관의 아랫부분은 보호용 상징들이 판벽으로 둘러싸여 있다. 뚜껑은 장밋빛 화강암으로 만들었고 금이 간 자리는 회를 발라 구분이 어렵게 만들었는데, 카터는 애초에 석관의 뚜껑으로 제작된 것이 왕의 장례식에 맞춰서 도착하지 않아 금이 간 뚜껑을 씌웠을 가능성을 제기했다. 여하튼 카터는 이 석관이 이집트 석관 중에서 가장 장엄하고 화려하다고 평했다.

● 장밋빛 화강암으로 만든 투탕카문의 석관.

■ 황금관

카터는 석관 속의 내용물들이 고운 수의들로 싸여 있어 처음에는 상당히 실망했다. 그러나 수의를 하나하나 풀자 눈부신 광경이 나타났다. 석관 내부 전체를 가득채운 투탕카문의 황금빛 형상이 모습을 드러낸 것이다.

황금관의 길이는 2.1미터로 오시리스 형상의 관 뚜껑이 덮여있었는데 그것을 열면 안에 2개의 속관이 있었다. 그리고 맨 안쪽 속관은 날개 달린 이시스와 네프티스 여신이 몸체를 감싸고 있었다.

왕의 얼굴과 이목구비는 금판으로 만들어져 있었고 두 손은 가슴 위에서 구부러진 지팡이와 도리깨를 들고 있었다. 두 눈은 선석(화산암맥과 접촉해 변질된 석탄)과 흑요석으로 만들었고 눈썹과 눈꺼풀은 청금석 상감으로 장식했다. 인체형상 관에서 깃털 문양으로 덮인 부분은 순금으로 제작했고, 얼굴과 손의 살에 해당하는 부분은 순도가 떨어지는 금으로 제작했다. 그리고 투탕카문의 이마에는 상하 이집트의 상징물인 코브라와 독수리를 상감 양식으로 정교하게 빚어놓았다.

둘째 관도 첫째 관과 비슷하게 제작됐다. 두 번째 관 역시 오시리스의 모습을 하고 있었다. 이 관에 형상화된 왕의 모습은 줄무늬 모양의 머리장식 '네메스'를 두르고 있으며 독수리 모양을 한 네크베트 신과 뱀 모양을 한 부토 신의 날개들이 몸체를 감싸고 있다.

그 다음 마지막 관이 그 유명한 투탕카문의 미라가 들어있는 속

● 총 3겹의 황금관 중에서 세계를 놀라게 했던 세 번째 관. 180센티미터 길이에 두께 2.5~3.5밀리미터 두께의 순금으로 제작됐으며 2개의 다른 관들보다 얼굴이 더 젊게 만들어졌다.

관이다. 이것도 앞의 두 관처럼 오시리스의 형상을 하고 있는데 유명한 황금마스크로 덮여있었다. 목과 가슴은 파피루스로 만든 뒷받침에 구슬과 꽃을 엮어서 만든 정교한 목걸이 장식으로 덮여 있었고 아마포 냅킨이 네메스 머리장식 바로 위를 감싸고 있었다.

학자들을 놀라게 한 것은 길이 180센티미터의 세 번째 관이 두께 2.5밀리미터에서 3.5밀리미터 가량의 순금으로 만들어져있었다는 점이다. 이것이 세계를 놀라게 한 '황금관'의 정체이며, 카터는 세 번째 관을 들려면 적어도 건강한 어른 8명이 함께 들어야 할 정도로 무겁다고 적었다. 몸체는 이시스와 네프티스 여신이 감싸는 것으로 디자인되어 있어 첫째 관의 모습과 같았다. 또, 세 번째 황금관의 얼굴은 전통적인 양식에 따라 오시리스를 상징했으나 다른 관들의 얼굴보다 젊게 만들었다.

도저히 믿어지지 않는 문명

■ 황금마스크

투탕카문의 무덤에서 발견된 유물 하나하나는 전 세계를 놀라게 했다. 특히, 그중에서도 가장 유명한 것이 바로 황금마스크다. 투탕카문 미라는 세 번째 속관에 들어있는데, 미라는 오시리스 형상을 하고 머리와 어깨를 '황금마스크'로 덮고 있었다. 역시 이마에는 이집트를 상징하는 독수리신 네크베트와 뱀신 부토가 황금으로 만들어져 있고, 턱에는 전통적인 오시리스의 수염이 달려있었다. 턱은 황금과 청금석 빛깔의 유리로 제작되었다.

목에는 황금과 푸른색 파양스(faience, 광택이 나는 고급 채색의 도자기)로 만든 원반 모양의 구슬로 이루어진 세 가닥의 목걸이가 걸려 있었다. 목에 걸려있는 펜던트는 금으로 상감 장식한 줄에 커다란 스카라베가 달려 있었다. 황금마스크에는 다음과 같은 글이 적혀 있었다.

'당신의 오른쪽 눈은 밤의 배요, 왼쪽 눈은 낮의 배입니다. 당신의 눈썹은 에니아드(Ennead, 이집트의 아홉 신을 말함)의 것들과 같습니다. 당신의 목덜미는 호루스의 것과 같고 머리 타래는 타소커의 것과 같습니다. 지금 당신 앞에 있는 오시리스는 당신에게 감사하고 있습니다. 당신이 그를 신의 길로 인도했고 당신은 그를 위해 싸웠으니까요. 이제 그는 헬리오폴리스(태양의 도시라는 뜻)의 거대한 왕궁 안에 있는 에니아드 앞에 당신의 적을 내던질 겁니다.'[14]

일반적으로 마스크는 거의 모두 얼굴을 바꾸거나 감추기 위해 사용된다. 그러나 이집트에서 마스크는 가면 쓴 사람을 신과 같은 존재로 격상시키기 위한 매개물이다. 이집트에서 미라를 만드는 사람이 자칼 형태의 동물 가면을 쓰는 것도 같은 이유이다. 보통 사람의 능력으로는 감당할 수 없는 질병에 걸렸거나 사고의 위험에 처했을 때, 혹은 사후에 내세로 가는 험난한 길에 직면했을 때 '마스크'가 신과 같은 능력을 가져다준다고 여겼던 것이다.

공감주술(sympatetic magic, 원하는 결과를 모방하면 이루어진다는 믿음)에 의하면, 가면을 쓰면 그 사람은 그가 바라는 신적인 존재와 동일해진다. 가면이 초인적 능력으로 온갖 위험을 물리칠 수 있는 힘을 준다고 믿는 것이다. 그래서 관련 학자들은 고대 이집트 사회에서 가면이 중요한 역할을 했을 것으로 추정한다.

이집트인들이 가면을 미라 위에 안치하는 것은 미라로 만들었음에도 어떤 사정으로 육체가 사라지게 됐을 경우, 가면이 영혼의 부활에 필요한 육체적인 형태를 제공한다고 믿었기 때문이다. 이와 관련해 이집트인들이 내세에서 가장 두려워하는 재난 중의 하나가 '머리가 없어지는 일'이라는 사실은 대단히 중요한 의미가 있다. 『사자의 서』에서 가장 중요한 주문 중에 하나가 '오시리스의 머리를 그에게서 빼앗지 못하듯이 내 머리도 빼앗아가지 못하리라'임을 상기해보면 이는 더욱 명확해진다. 고대 이집트들에게 가면은 만약의 경우 머리를 대신할 수 있는 '보험'과도 같았던 것이다.

이집트에서 최초의 미라 가면은 일반적으로 기원전 2200년~2100년(무려 지금으로부터 약 4300년 전이다) 사이에 나타나지만, 기자의

● 고대 이집트인들은 가면이 신과 같은 힘을 준다고 생각했다. 가면을 쓰면 온갖 위험을 물리칠 수 있는 '초인적인 능력'이 생긴다고 믿은 것이다. 황금가면은 황금빛 얼굴이 지하세계를 환히 밝혀주어 죽은 자들에게 새로운 생명을 가져다준다는 태양신의 머리와 동일시됐다.

피라미드가 건설된 고왕국 시대에도 그 전조가 발견된다. 그때부터 이집트 사람들은 이미 '머리'에 특별한 관심을 기울여 미라를 감싼 천에 얼굴을 그려 넣거나 천으로 감싼 머리 위에 회반죽으로 직접 얼굴 모양을 나타냈다. 또한 가면의 머리와 머리 장식은 틀로 뜨고 귀처럼 세부적인 부분은 나무나 진흙으로 만들어 추후에 붙이는 카토나지(안팎으로 회반죽을 바른 여러 겹의 아마포로 만든 가벼운 재료)가 대유행했다.

가면이나 관의 가발에는 청색이 가장 많이 사용되었는데 이는 신의 머리카락이 군청색이며 청금석으로 되어 있다고 믿었기 때문이다. 얼굴은 노란색이나 붉은색으로 칠하거나 금박을 입히기도 했다. 또, 가면에는 문자를 새겨 넣어 그 기능을 분명히 알려주기도 했는데, 투탕카문의 황금마스크에는 다음과 같은 글도 적혀있다.

'오시리스 앞에 있는 당신 덕분에 그가 보고, 당신이 그를 바른 길로 인도하며 세트의 동맹군을 물리쳐 그가 아홉 신들 앞에서 당신의 적을 쳐부술 수 있게 하고.'

고대 이집트인들은 가면을 '신비한 머리'라고도 불렀다. 밤에 가면을 쓰고 지하세계를 여행하면 '황금빛 얼굴'이 지하세계를 밝게 비춰 그곳에 사는 '죽은 자'들에게 새로운 생명을 가져다 준다는 태양신의 머리와 가면을 동일시한 것이다.[15]

그러나 미라의 황금 손은 마스크와 분리되어 엇갈린 채 아마포 붕대로 감싼 가슴 위에 얹힌 뒤 실로 꿰매 단단히 고정된다. 두 손은 오시리스의 상징인 채찍과 구부러진 도리깨를 움켜쥐고 있으며, 그 손 바로 아래는 황금제 칠보 세공으로 제작한 막대기 모양의 가슴장식이 있다. 장식에는 역시 황금 장신구들이 매달려 있으며, 가슴 금판에는 대지의 신인 게브의 말이 새겨져 있다.
 '내 사랑하는 아들, 오시리스의 상속자, 케페루네브레 왕이여. 그대의 고귀함은 완벽하고 궁전도 막강하다. 레키트는 그대의 이름을 칭송하고 살아 있는 사람들은 그대를 칭송한다. 오, 오시리스, 투탕카문 왕이여. 그대의 심장은 몸속에 영원히 머물러 있다. 레 신이 하늘에서 안식을 취하듯 그대도 살아 있는 여러 영혼들 앞에 자리하고 있다.'

■ 투탕카문의 미라

'저주' 주인공은 사실상 투탕카문의 미라다. 투탕카문의 미라가 공개되지 않았다면, 파라오의 저주라는 단어 자체가 존재하지 않았을 것이기 때문이다. 카터도 투탕카문 미라의 중요성을 알고 상당히 많은 부분을 미라와 미라의 부장품에 관련한 내용에 할애했다.
관 속의 투탕카문 미라는 약간 비스듬히 누운 자세로 있었는데, 미라를 관에 안장할 때 약간의 충격을 받았기 때문으로 보인다. 미라는 동서 방향으로 누워있는데, 머리가 서쪽을 향해 있다.
시체를 감싼 방식은 정통 미라를 제작하는 방법과 같았다. 미라를 만드는 작업 또한 아주 정상적으로 이루어졌으며 최상품의 아마포 붕대와 아마포 천, 아마포 심이 사용됐다. 아마포 심은 인체의 형상을 완성하는 데 꼭 필요한 재료이며 미라에서 발견된

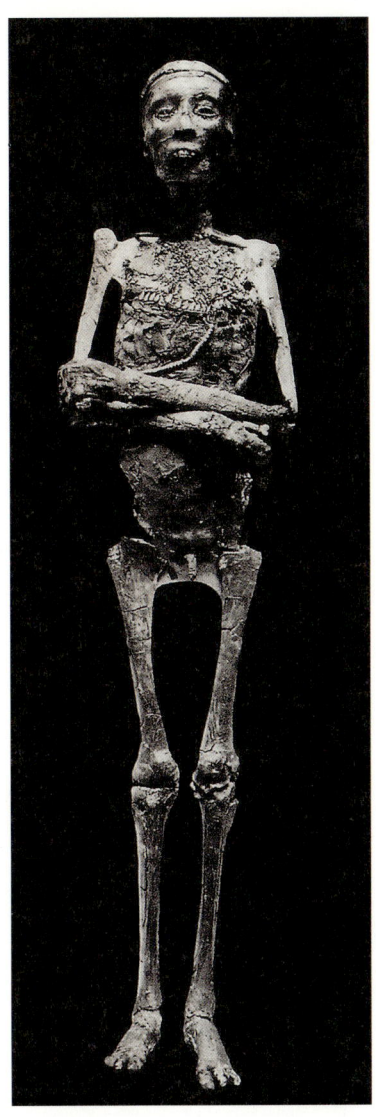

● 모든 붕대를 벗기고 난 투탕카문의 미라. 소년왕의 얼굴을 처음 본 카터는 이목구비가 반듯하고 입술 윤곽이 뚜렷했다고 전했다. 미라의 키는 약 168센티미터 정도.

많은 장신구들은 총 143점으로 아마포 천과 붕대로 감긴 두툼한 외피의 여러 층 속에 있었다.

왕의 머리에는 왕관형 머리장식이 쓰여 있었는데 띠 모양이었다. 홍옥수들이 원형을 그리고 있었고 홍옥수 고리 중앙에는 작은 금 돌기들이 붙어 있었다. 투탕카문 미라는 이마에 황금으로 만든 넓은 관자놀이 밴드를 둘렀고 밴드는 양쪽 귀 뒤에서 끝났다.

카터는 왕의 얼굴을 감싸고 있는 마지막 붕대를 벗길 때 머리가 탄화된 상태이므로 극도의 주의를 기울였는데, 모든 붕대가 벗겨지자 젊은 왕의 얼굴이 나타났다. 카터의 말을 들어보자.

'젊은이의 얼굴은 우아하고 기품이 있어 보였으며 이목구비는 반듯했다. 특히 입술은 윤곽이 뚜렷했다. 나는 그 얼굴이 거기 참석한 모든 이들에게 안겨준 최초의 가장 놀라운 인상을 여기에 기록해도 데리 박사(이집트 대학교 의과대학 해부학 교수)와 살레 베이 함디 박사(알렉산드리아 공중위생국 관리)의 영역을 침범하는 일이 되지는 않으리라 믿는다. 투탕카문의 얼굴은 장인 이크나톤의 얼굴, 기

념 건조물들에서 볼 수 있는 그 얼굴과 아주 닮았다.'

카터는 투탕카문의 얼굴이 이크나톤의 얼굴과 놀랍도록 닮았다는 점을 들어 투탕카문이 이크나톤의 후궁 소생일 가능성을 제기했다. 또한, 다른 한편으로는 이크나톤의 어머니인 티 왕비(이크나톤의 아버지인 아멘호테프 3세의 처)의 얼굴과 이크나톤, 투탕카문의 얼굴이 닮았다는 점을 들어 투탕카문이 티 왕비의 손자일지도 모른다고 추정했다.

어쨌든 투탕카문 미라의 얼굴을 보면 무덤에서 발견된 많은 조각상들이 투탕카문의 얼굴을 정확하게 모사한 것임을 알 수 있다. 투탕카문의 목에는 두 종류의 상징적인 목걸이 장식이 걸려 있고 『사자의 서』를 비롯한 20개의 부적이 6개의 층을 이루는데,

● 놀랍도록 닮은 이크나톤과 투탕카문의 얼굴. 이를 근거로 카터는 투탕카문이 이크나톤의 후궁 소생일 가능성을 제기했다.

이들 유물층 사이에는 아마포 붕대가 자리 잡고 있다. 그리고 맨 위에는 양각에 금박으로 장식한 '호루스의 목걸이 장식'이 미라의 목을 덮고 있다.

왕의 목 부위에 배치해 놓은 많은 부장품들은 사자가 저승에서 맞닥뜨릴 위험한 상황이나 대상을 얼마나 두려워했는지 보여준다. 이들 부장품들은 모두 사자가 저승여행을 할 때 입을지도 모를 위해로부터 고인을 보호해주기 위한 목적으로 만들어진 것이다.

목과 배 사이의 가슴 부위에는 35개의 유물들이 들어 있었는데, 특히 쇄골 아래에는 4줄의 황금제 목걸이가 걸려 있었다. 가슴 아래의 오른쪽, 왼쪽에는 황금으로 만든 3개의 팔찌형 부적이 있었으며, 그중 2개는 청금석과 홍옥수로 만든 구슬이 달려있었고 세 번째 것에는 '호루스의 눈'이 달려있었다.

가장 놀라운 것은 호루스의 눈이 '철제'라는 점이다. 기원전 14세기에 이미 이집트에 철기가 들어와 있었던 것이다! 일부학자들은 투탕카문의 무덤에서 철제 장식품이 3점 발견되었는데, 이는 당대에 철기가 황금보다도 비쌌기 때문에 도굴꾼이 우선적으로 철기를 훔쳐갔을 것으로 보기도 한다.

미라의 가슴에서 청금석으로 만든 3개의 스카라베가 있는 가슴 장식이 발견되었다. 쇠똥구리를 의미하는 스카라베는 철봉 위에서 뒷다리로 네브 신의 상징물들을 쥐고 있는가 하면, 하늘의 상징인 태양과 달의 원반들을 떠받치고 있다. 그리고 철봉에서는 마거리트 꽃이 피어나고 연꽃이 떠 있다.

한편, 가슴과 배를 싸고 있는 붕대 층에서 두 그룹의 반지가 발견되었다. 오른쪽 손목 위로 5개, 왼쪽 손목 위로 8개가 있었는데 이것들은 황금, 청금석, 옥수(玉髓), 터키석 등으로 만들어졌다. 반지에는 왕의 모습이나 그의 이름이 적힌 카르투슈가 새겨져 있었다.

미라는 팔과 팔뚝, 손 등 각각의 부위를 붕대로 감은 후, 전체 몸통을 덮는 붕대로 다시 감아 완성되었다. 양쪽 팔뚝은 배의 윗부분에 올라가 있고 왼쪽 팔뚝은 오른쪽 팔뚝보다 조금 더 높은 곳에 위치해 있었는데, 오른손은 왼쪽 허리, 왼손은 가슴 오른쪽 아랫부분에 놓여 있었다.

그런데 미라의 양쪽 팔뚝에는 팔꿈치부터 손목에 이르기까지 장식품이 줄줄이 걸려 있었는데 오른쪽 팔뚝에 7개, 왼쪽 팔뚝에 6개였다. 카터는 이들 부장품이 하나 같이 장례식과는 무관하다고 적었다. 이들 장신구들은 투탕카문이 살아있을 때 실제로 착용했다는 것이다.

미라의 배 부분은 붕대로 감은 층마다 10개의 유물을 하나씩 배치했는데, 허리띠에는 단검 하나가 꽂혀 있었다. 자루는 배의 오른쪽, 칼집 끝은 허벅지 상단 부분에 위치했는데 특별히 강화 처리한 금으로 만든 단검 날은 아무 장식 없이 칼집 안에 들어 있었다. 카터는 이 단검에 야생동물이 그려져 있는 것을 보고 사냥용이라고 적었다. 그리고 미라의 두 다리 사이에 놓인 유물을 보고 찬탄을 금하지 못했다.

전통적인 미라의 형상을 만들려면 유해의 두 다리를 따로따로 감싼 뒤 다시 하나로 감싸줘야 했는데, 이때 두 다리 사이에는 많은 양의 붕대와 심이 들어갔다. 그런데 미라의 붕대를 풀어가던 카터가 도중에 의식용 앞치마를 발견했다. 앞치마는 여러 색깔의 유리로 상감 장식한 7개의 금판으로 이루어졌으며 금판들은 가장자리를 두르고 있는 구슬들로 연결되어 있었다.

놀라운 일은 또 있었다. 바로 그 앞치마 곁에 황금칼집에 들어있는 독특한 단검이 있었는데, 이 검의 칼날이 철이었을 뿐 아니라 전혀 부식되어 있지도 않았던 것이다! 이 단검의 자루는 낟알 모양이었는데, 금으로 된 바탕에는 여러 빛깔의 보석들로 된 줄을 칠보 세공 양식으로 장식했다.

하지만 무엇보다 카터가 놀란 것은 이 철제 단검이 부식되지 않았다는 사실이었다. 카터는 철이 히타이트를 통해 이집트에 들어왔다고 추정했는데, 실제로 기록에 따르면 투탕카문보다 약 100년 후 파라오인 람세스 2세에게 히타이트 왕이 배 한 척 분량의 철과 철로 만든 검 하나를 선물했다고 한다.

미라의 발에서는 골풀로 짠 듯이 양각한 금으로 된 샌들이 발견됐다. 발가락에는 금으로 만든 발가락 덮개를 하나씩 씌워 놓았고 오른쪽 발목에는 줄 모양의 발목 고리가 채워져 있었다.

이러한 투탕카문 미라의 유물들은 크게 2가지로 구분된다. 투탕카문이 살아 있을 때 실제로 사용한 것과 종교적인 의미로 만들어진 것으로 나뉜다. 종교적 의미를 담아 '부적'으로 만든 것들은 단순한 형태에다 비교적 질이 좋지 않았다. 하지만 가슴받이, 칠보 세공한 목걸이 중에서도 질이 뛰어난 것, 반지, 팔찌들과 단검, 왕관형 머리띠 등은 모두 투탕카문이 살아 있을 때 직접 사용한 것이라 생각되는 최상품의 물건들이었다. 반면에 여러 목걸이, 금판과 상감으로 만든 부적, 발가락과 손가락 덮개들, 샌들, 앞치마 등은 장례용 물품이라고 생각됐다.

미라를 살펴본 카터는 투탕카문이 어떤 연유로 사망했는지 알 수 없었다고 실토했다. 그러나 미라를 둘러싸고 발견되는 수많은 부장품들을 볼 때, 당대의 이집트인들이 자신들의 군주인 투탕카문에게 남다른 정성과 애정을 쏟았다는 것은 확실하다고 말했다. 가디너 윌킨슨 경은 이에 대해 다음과 같이 경탄했다.

"그들은 군주가 살아 있는 동안에는 사랑과 존경을 바쳤고 사망한 뒤에는 계속해서 추모했다. 군주의 장례식에는 은혜로운 군주가 더 이상 존재하지 않음에도 여전히 그의 자비에 감사하고 그가 지녔던 많은 미덕을 찬양하는 마음을 가졌다는 사실을 분명히 보여준다. (중략) 자비로운 군주가 살아서 자신을 추모하는 광경을 보는 것도 아닌데 그렇게 했다는 것처럼 그들의 진실성을 웅변해주는 것이 또 있겠는가?"

■ 카노픽 단지

이집트인들은 미라를 만들 때 전통적으로 심장은 미라 속에 남겨두고, 내장은 따로 빼내 4개의 단지 속에 보관했다. 이를 카노픽 단지(항아리)라고 하는데, 투탕카문의 내장을 보관한 카노픽 단지는 가로 150센티미터, 세로 120센티미터, 높이 195센티미터 되는 커다란 상자에 넣어두었다. 처마 장식 위에 화려하게 상감

● 내장을 담은 카노픽 단지를 보관하는 상자. 4개면을 각각 수호 여신들이 두 팔로 감싸고 있다.

장식된 코브라들이 태양 원반을 떠받치고 있으며, 상자의 4개면은 금박을 입힌 수호 여신들이 각각 한 명씩 서서 두 팔로 감싸고 있다.

이집트인들은 미라를 만들기 전에 시신에서 빼낸 내장을 호루스의 아들로 인식되는 임세티, 하피, 두아무테프, 케베세누프 신과 관련된 4개의 작은 설화석고 용기 속에 따로 보관했다. 이들 신은 각각 네프티스, 이시스, 네이트, 셀케트 여신의 특별한 보호를 받았는데, 이집트인들은 이들 수호 여신이 내장을 보관하는 신들을 내면에 품고 있으면서 그들을 보호한다고 생각했다. 이들 4명의 신 때문에 별 탈 없이 죽은 자가 부활할 수 있는 것이다. 카노픽 단지는 미라가 부활하는 데 있어 미라, 관, 석관, 석관을 보호해주는 사당 다음으로 중요한 것이었다.

■ 옥좌

옥좌는 상단부에서 하단부까지 모두 금으로 덮였고 유리와 도자기, 보석으로 상감 장식을 했다. 옥좌의 다리는 고양이과 동물의 다리 모습이며 다리 맨 위는 사자머리 모양으로 장식했다. 팔걸이는 화려한 관을 쓰고 날개가 달린 독사의 형태이다. 옥좌의 뒤판을 지지해주는 세로대 사이에는 나무에 조각을 하고 금박을 입혔으며, 보석으로 상감 장식한 6마리의 코브라 수호신들이 있는데 모두 머리에 태양 원반을 이고 있다.

옥좌의 장식널에는 왕이 한 팔을 등받이에 아무렇게나 걸친 자세로 앉아 있는 모습이 그려져 있고, 그 앞에는 앳된 모습을 한 왕비가 서서 왕의 몸단장을 마무리해주고 있다. 장식널의 배경을 이루는 옥좌의 다른 뒷면은 금판으로 덮여있다.

카터는 이 옥좌를 예술적인 가치 외에도 역사적 사실을 기록한 점에서 높이 평가했다. 옥좌의 그림들은 투탕카문이 살던 시대의 정치와 종교적 동요를 보여주는데, 바로 '이크나톤 신앙'이다.

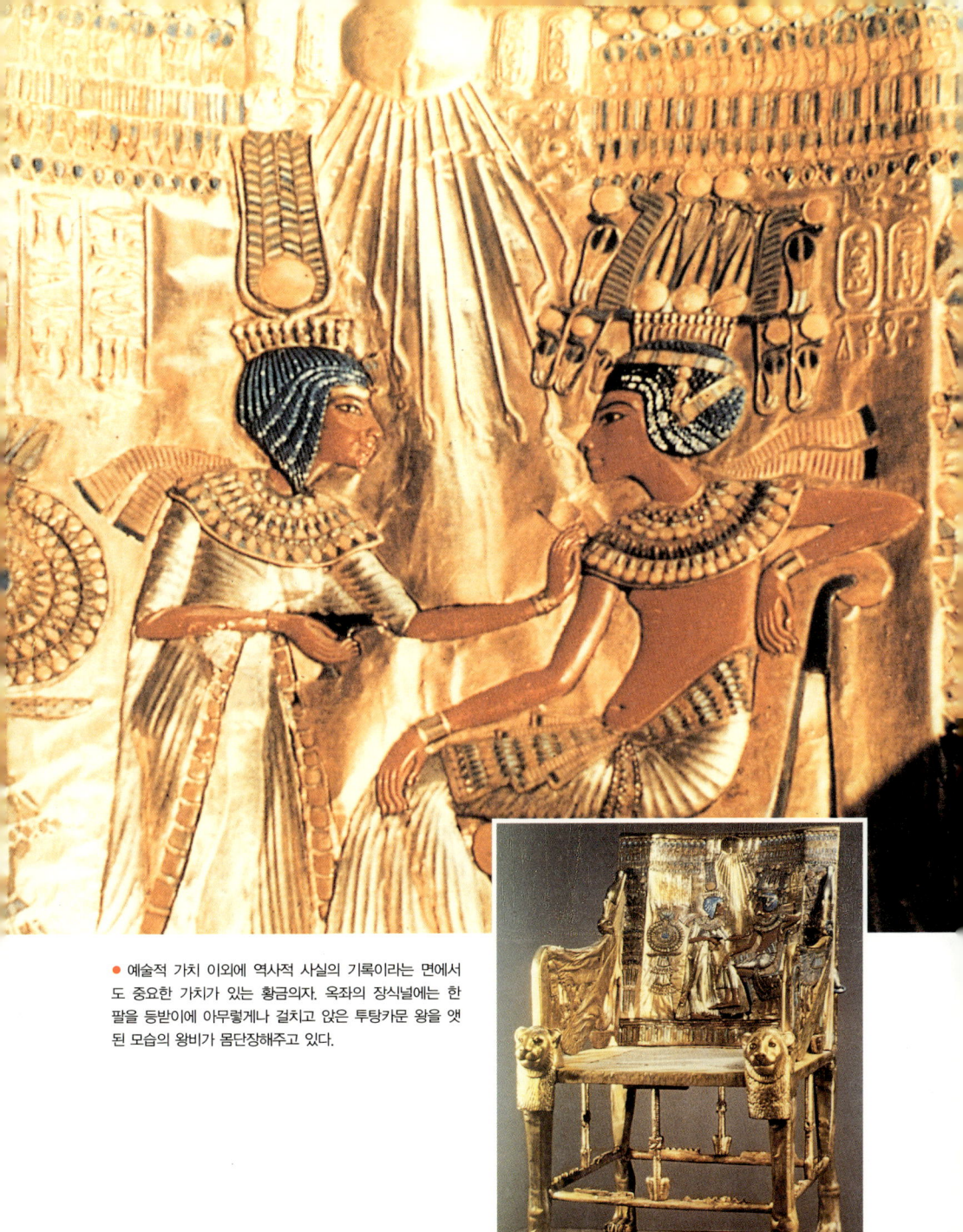

● 예술적 가치 이외에 역사적 사실의 기록이라는 면에서도 중요한 가치가 있는 황금의자. 옥좌의 장식널에는 한 팔을 등받이에 아무렇게나 걸치고 앉은 투탕카문 왕을 앳된 모습의 왕비가 몸단장해주고 있다.

■ 전차

투탕카문의 무덤에는 여러 대의 전차가 있다. 전차들은 무덤의 출입구가 너무 좁아 애초부터 2개로 잘라 나누었고, 바퀴도 분리하여 따로 쌓아놓았다. 전차들은 모두 금박으로 덮여 있고 금판에는 각종 유리와 보석으로 상감 장식했다. 다행하게도 목재로 만든 전차의 경우엔 보관 상태가 좋았지만 마구들과 가죽은 습기의 영향을 받아 검게 변색돼 있었다. 그러나 마구의 가죽이 거의 금판으로 둘러싸여 비교적 보존이 잘 되어 있었던 까닭에 원래 상태로 복원이 가능했다. 현재 투탕카문의 유물 중 가장 많이 주목받는 것이 전차에 그려진 활쏘는 장면이다. 카터는 무덤 안

● 원래 상태로 복원한 투탕카문의 전차. 마구의 가죽이 거의 금판으로 둘러싸여 비교적 보존이 잘 되어 있었다고 전한다.

에서 많은 활과 화살이 발견된 것을 볼 때 투탕카문이 뛰어난 활 솜씨를 갖고 있었다고 추정했다.

■ 채색함

투탕카문의 부장품 중에서 카터가 채색함이라고 불렀던 것도 무척 놀라운 유물이다. 여러 개의 채색함 중에서 가장 중요한 것이 대기실에서 발견된 것인데, 이 채색함은 겉면을 석고로 완전히 도포한 후 그림을 정교하게 그려 넣었다. 뚜껑에는 사냥하는 장면이 그려져 있고 양 옆에는 전투 장면이 있는데, 투탕카문과 시종들이 적들과 격렬하게 싸우고 있다. 또, 채색함의 양쪽 끝 면

● 가장 뛰어난 이집트 예술품의 하나로 평가받는 채색함.

에는 사자 형상을 한 파라오가 외국의 적들을 짓밟고 있는데, 카터는 이들 그림의 생생함과 상상력, 극적인 표현 방식 등을 볼 때 이집트 예술품 중에서 가장 뛰어난 것 중 하나라고 적었다.

투탕카문의 무덤에서 많은 사람들의 시선을 끈 것은 놀이기구이다. 놀이기구는 여러 가지가 있었는데 방에 두고 사용해야 할 정도로 큰 것에서부터 주머니 속에 넣고 다닐 수 있는 작은 것들까지 다양했다. 투탕카문의 무덤에 그런 놀이기구들을 함께 부장한 것은 내세에서도 파라오가 즐거운 시간을 보낼 수 있도록 하기 위해서였다. 그중에서 카터는 작은 놀이기구는 생전에 투탕카문이 직접 사용했을 것으로 추정했다.

놀이기구 중에서 가장 주목을 받은 것은 가로 53.7센티미터, 세로 27.5센티미터, 높이 17.5센티미터 가량의 게임판이다. 재료는 흑단이지만 윗면과 아랫면에 상아를 입혔고 전체적으로 직사각형 비슷한 타원형인데, 치수가 27.5센티미터, 9센티미터, 5센티미터 가량 되는 중간 크기는 나무 몸체에 조각된 상아를 입혀서 만들었다. 이 게임판들은 크기가 똑같은 30개의 정사각형으로 나뉘었으며 가로로 10개, 세로로 3개씩 배열했다.

게임하는 방법은 다음과 같다. 게임판마다 체스의 폰(pawn)과 같이 검고 하얀 열 개의 말이 있어 게임 참여자에게 5개의 말을 배정한다. 이것을 주사위를 던져서 나온 숫자대로 이동시키면서 경기를 진행하는 것이다. 주사위 대신 검고 하얀 작은 막대를 사용하기도 했다. 이 게임은 현재도 중동 사람들이 즐기는 '엘-타벨-세가'라는 게임의 초기 형태로 추정한다.[16]

이집트를 세계에 알린
영광의 파라오

투탕카문 보물은 전 세계의 호사가들을 강타하여 '투트 마니아'라는 말을 만들었다. 그리고 쇠똥구리 모양의 각종 장신구, 주석으로 만든 투탕카문 시가 케이스, 청록색의 투탕카문 팔찌, 이집트 상형문자가 들어간 옷과 핸드백, 투탕카문의 옥좌를 본뜬 식당의자 등이 크게 유행했다. 또한 미국의 많은 가정에서는 투탕카문의 이름을 따 아들은 튜터(Tutter), 딸은 튜티(Tuttie)라는 이름을 붙였다.

이와 같은 열풍은 1929년 대공황이 일어날 때까지 계속되었다. 투탕카문은 어린 나이에 파라오가 된 후 10년 정도 왕위에 있었으므로, 이집트 역사에서 볼 때 그다지 큰 업적을 이루지 못했다. 하지만 이집트의 파라오 중에서 가장 유명한 인물로 부각되었다. 가히 클레오파트라와 견줄 만했다.

투탕카문의 이름이 전 세계인들의 입에 자주 오르내렸으며, 투탕카문 열풍은 식을 줄을 몰랐다. 1970년대에 55점의 투탕카문 유물이 미국의 전역을 돌며 전시된 적이 있었는데, 400곳이 넘는 회사들이 투트 마니아 만들기에 열중했을 정도였다. 유명 코미디언 스티브 마틴이 부른 이집트 풍 노래가 대단한 인기를 끌었으며, 유명 백화점에서는 인테리어를 각종 투탕카문 양식으로 장식하기도 했다.

투탕카문 열풍이 그토록 오랫동안 지속된 것은 투탕카문의 무덤 발굴이 매우 중요한 고고학적 발굴이었기 때문이라고 설명된다.

아주 저급한 수준의 것일지라도 그것이 투탕카문 무덤 발굴에서 나온 유물이기 때문에, 사람들은 그 유물을 통해 자신이 세기적으로 중요한 의미를 갖는 발굴 작업에 동참하는 듯한 느낌을 갖는 것이다.

이후 세계 여러 나라에서는 이집트 전문가는 아니라도 소년왕 투탕카문과 그 무덤에 대해 이야기할 수 있어야 지식인다운 교양을 갖추었다고 생각되었다. 그뿐만이 아니다. 현재에도 이집트와 파라오, 미라에 관한 이야기는 사람들의 관심과 흥미를 불러일으키며 '파라오의 저주'는 아직까지 보통 사람들이 즐겨 찾는 최고의 화젯거리요 인용의 대상이다.[17]

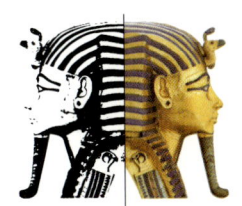

서서히 드러나는
이집트 역사

이집트가 세계문명 4대 발상지 중 하나일 수 있었던 것은 바로 나일 강 때문이다. 세계에서 제일 긴 강으로 알려진 나일 강은 에티오피아에서 발원하는 청나일(Blue Nile)과 우간다의 빅토리아 호에서 시작하는 백나일(White Nile)이 카르툼(Cartum)에서 합류하여 본류를 이룬다. 나일 강의 본류는 대사막을 달려서 하 이집트의 부챗살과 같은 삼각주 지역을 거쳐 지중해로 빠져나가는데 총길이가 6400킬로미터에 달한다.

이집트는 상하로 나뉘는데 나일 강의 물줄기를 따라 상 이집트는 넓고 급격한 형태의 폭포가 있는 건조지대에 있고, 하 이집트는 비옥한 델타지역으로 지중해성 기후이다. 현재는 아스완 댐의 건설로 수위가 조절되지만, 전통적으로 이집트에선 매년 7월부터 9월까지 나일 강이 범람했다. 그래서 비옥한 땅으로 변모되었는데, 씨앗을 뿌리기만 하면 식물들이 잘 자랐기 때문에 특별히 농사에 신경 쓰지 않아도 되었다. 이집트의 역사를 두고 '나일 강 범람의 역사'라고 부르는 이유가 여기에 있다.

그러나 매년 정규적으로 범람하는 나일 강변이 처음부터 사람들이 살기에 편한 곳은 아니었다. 강의 범람을 연구하고 그에 맞는 농사법을 배우고, 범람에 대처하는 토목과 관개기술을 습득해가면서 사람들은 '고대 이집트 문명'이라고 불리는 위대한 문명을 쌓아갔다.

연속적인 통일에도 불구하고 이집트는 길게 늘어진 강을 따라 오래전부터 상, 하로 나뉘었는데, 그리스인들은 이를 노미(Nomi)라 불렀다. 그렇다면 도대체 이집트왕조의 역사가 시작된 것은 언제부터일까?

아득히 멀고 먼 역사의 시작

현재 공식적으로 사용되고 있는 이집트의 역사는 프톨레마이오스 왕조의 신관 마네토(기원전 246년)가 분류한 31왕조 방식에 따른다. 그는 상하 이집트를 통일한 메네스(일명 나르메르)부터 이집트 출신의 마지막 파라오인 넥타네보 2세의 죽음(기원전 343년)까지를 기록했다. 자신이 태어나기도 훨씬 전인 2700년 전 이야기를 서술하고 있다는 점에서 마네토의 서술은 정확하지 않을 수 있지만, 그의 분류를 따르면 이집트 역사는 다음과 같이 나뉜다.

기원전 3200년경 상하로 나뉜 이집트가 통일되어 제1, 2왕조에 해당되는 트리니트 왕국을 열었다. 그후 기원전 2780년~2280년까지 약 500년간을 고왕국 시대라고 부르는데, 제3왕조부터 제6왕조까지는 이집트의 최고 번성기로 피라미드의 시대 혹은 파라오의 시대라고 부른다. 저 유명한 기자의 피라미드와 스핑크스가 만들어진 것도 바로 이 시기이며, 제6왕조의 페피 2세는 6세의 나이에 왕위에 올라 총 94년 동안 이집트를 통치했다고 알려져 있다.

그러나 제6왕조 이후 이집트는 계속해서 분열되었고, 기원전 2060년 제12왕조에 이르러서야 중왕국 시대를 열었다. 중왕국 시대 역시 빛나는 이집트 역사를 이룩했다. 아몬 신의 위상을 강화시키고 주요 신들의 지위를 높였는가 하면, 누비아와 수단에 이집트의 거점을 만들고 식민지를 건설했으며 멀리 팔레스타나까지 진출했다.

이집트는 기원전 1700년경 제13왕조 때 말과 철을 사용하는 기마군단 힉소스인에게 점령당했다. 이집트 역사상 처음으로 외국인에게 점령당한 것이었는데, 마네토는 '이집트의 잊지 못할 사건들' 이라는 제목으로 당시 이집트 상황을 기록해 남기기도 했다. 그러나 정복자 힉소스인들의 군사적 우월성은 이내 이집트의 찬란한 문화에 동화돼 이집트화하였고, 끈질긴 독립운동으로 정복자를 이집트 밖으로 몰아냈다.

기원전 1550년부터 기원전 1070년까지의 이집트는 '신왕조'라고 부른다. 이집트 최후의 번영기, 신왕국 시대 혹은 제국 시대라고 불리는 이 시기는 화려한 타이틀만큼이나 전해오는 문화유산과 역사적 위인이 많다. 대표적인 예로 아부심벨 신전을 건설한 람세스 2세와 여성으로서 최초로 통치 권력을 손에 거머쥔 하트셉수트 여왕, 이집트 철학 및 예술에 큰 영향을 미친 이크나톤, 황금마스크 등으로 유명해진 투탕카문 등이 있다.

그러나 이집트는 신왕조 말기에 아시리아의 지배를 받다가 기원전 6세기 말에 이르러 페르시아에 점령당하고 만다. 그후 기원전 332년에 마케도니아의 알렉산더 대왕이 페르시아인들을 축출하고 이집트를 차지했는데, 이듬해 알렉산더 대왕이 사망하자 이집트에는 새로이 '프톨레마이오스 왕조'가 열리게 된다. 전 세계에 걸친 알렉산드리아의 방대한 영토를 분할하는 과정에서 우여곡절을 거쳐 이집트가 프톨레마이오스 장군에게 돌아가게 된 것이다.

이집트 최후의 파라오는 저 유명한 여인 클레오파트라 7세(기원전 51년~30년)다. 기원전 31년 그녀는 안토니우스와 연합해 옥타비아누스에 대항했지만, 결국 악티움 해전에서 패배해 스스로 목숨을 끊었다. 이후 이집트는 독립된 나라가 아니라 로마의 한 주로 편입되게 되었고, 3200년 동안 총 31왕조에 달한 독자적인 왕조 역사의 막을 내렸다.(이 책의 연대표기는 기본적으로 마네토의 것을 따르되 완전하지 않거나 모호한 데가 있는 연대는 카터의 신왕조 분류법에 의거해 적었다.)

변화를 거부한
이집트인

학자들은 선사시대 이집트인들이 지중해 민족이었을 거라고 추정한다. 길쭉한 두상에 달걀형의 섬세한 얼굴을 가진 호리호리한 민족이었을 것으로 보는 것이다. 하지만 그와 같은 종족적 특징은 팔레스타인 지역에서 유입된 민족과 혼합되면서 변해갔다고 생각된다. 넓적한 두상에 강한 뼈, 굵은 손목과 발목이라는 신체적 특징을 갖게 된 것이다.

역사적으로 이집트인들은 대부분 농사를 짓고 살았다. 이집트는 동시대의 다른 어떤 지역보다 과일, 잠두콩, 제비콩, 아마 등이 풍부했고 그중 밀, 기장 등의 곡물은 인근지역으로 수출할 수 있을 만큼 부유했다. 그런데다 이집트인들은 금·은·동 등 금속을 다루는 데 매우 능해서 일찍이 고왕국 시대부터 반지, 팔찌, 귀걸이, 목걸이와 같은 금속 장신구 착용을 즐겼다.

이집트인들은 무역에도 능했다. 그들은 누비아, 아라비아, 페니키아인들과 거래하여 생활에 필요한 여러 가지 물품을 조달했다. 누비아를 상대로 말과 양파, 무기와 보석, 목재와 가죽, 금과 상아를 바꾸었고, 질 좋은 향신료와 목재는 각각 아라비아와 페니키아에서 수입했다. 그리고 제18왕조부터는 더욱 적극적으로 지중해 각국과 거래했다.[18]

이집트의 농부는 고대의 다른 전제국가와 달리 노예 신분이 아니라 자유민이었다. 그래서 파라오나 귀족, 신전의 신관을 위해서 땅을 경작하기는 했지만 법의 기준을 벗어나 무조건적인 복종을 강요받는다거나 비인격적인 대우를 받는 일이 없었다. 또한, 수확한 작물 대부분을 지주에게 바쳐야하긴 했지만 그 나머지는 자신의 몫으로 가질 수 있었기 때문에, 농민들은 사후에 가지고 갈 인형(우샵티 혹은 샤웁티)이나 일상에 필요한 용품 등을 물물교환 할 수 있었다.(이집트에 화폐가 생긴 것은 기원전 332년 알렉산더 대왕이 점령하면서부터다.) 고대 이집트인들은 동시대의 다른 문명인들보다 풍족하고 건강한 생활을 누렸던 것이다. 게다가 이집트는 천혜의 입지 조건으로 외적의 침투가 거의 없었다.

이런 이집트에 대해 그리스의 역사가 헤로도토스는 《역사》라는 책에서 이렇게 말했다.(그는 제2권 전체를 이집트에 할애했다.)

'이것을 믿는 사람은 이집트인의 이야기를 그대로 받아들이면 된다. 이 책을 통해 내가 취하고 있는 원칙은 각각의 사람이 말하는 바를 들은 그대로 서술하는 것이다.'

물론, 현대 학자들은 이집트에 관한 헤로도토스의 기록이 상당 부분 사실과 다르다고 설명한다. 피라미드에 관한 서술도 상당히 오류가 있을 뿐 아니라 연대 기술의 오류는 매우 심각할지경이라는 것이다. 그럼에도 불구하고 헤로도토스의 이집트 서술은 매우 생동감이 있다.

거의 모든 점에서 이집트인들은 다른 민족과 정반대되는 풍속과 습관을 갖고 있다. 예컨대 여자는 시장에 나가 장사를 하는 데 반해 남자는 집에서 옷감을 짠다. (중략) 짐을 운반할 때도 남자는 머리에 이고 여자는 어깨에 진다. 소변을 볼 때도 여자는 서서 보고 남자는 쭈그리고 앉아서 본다. (중략)

사제들은 다른 나라에서는 머리를 길게 기르지만 이집트에서는 삭발한다. 그리고 다른 나라에서는 상을 당하면 죽은 사람의 가까운 친척들이 머리카락을 자르는데, 이집트인들은 그때까지 짧게 깎고 있던 두발과 수염이 길게 자라도록 내버려둔다. 또한, 다른 민족은 가축과 따로 생활하는데 이집트인은 가축과 함께 산다.[19]

고대의 전제국가 중에서 이집트처럼 남녀의 차별이 많지 않았던 경우도 드물다. 여자들은 자신의 재산과 하인을 소유할 수 있었으며 자신의 재산을 마음대로 처분할 수 있었다. 친형제는 물론 남편도 아내의 재산을 마음대로 처분할 수 없었다.

고대 이집트에선 여자도 전문 직업이 있었다. 일반적으로 악사, 미용사, 재단사 등은 여자들이 주로 하는 일로 인식되었는데, 많은 하인들과 집안일을 총관리 감독하는 일도 여자들이 담당했다. 그런데 놀라운 것은 여자들이 궁전이나 사원의 고위직으로 임명되기도 했다는 것과 남편이 고위관리일 경우 그의 아내는 남편을 대신할 수 있는 권리가 있었다는 사실이다.

결혼은 모든 여자들에게 의무였다. 그러므로 미혼여성이나 미망인은 가족 구성원 중에서 가장 홀대받는 위치였다. 결혼은 까다로운 의식이나 절차 없이 쌍방 간의 간단한 계약으로 이루어졌는데, 놀라운 것은 '결혼계약'이 결혼 전에 얼마든지 협상의 대상이 될 수 있었다는 점과 여성이 이혼에 대비해 결혼 당시 자신의 재산목록을 작성할 수 있었다는 점이다.

이집트에서 여자와 남자의 대등한 권리는 수많은 부부 조각상으로도 알 수 있다. 아내는 다정한 손길로 남편의 등을 감싸고 있는데 이는 사랑의 표현이자 남편을 보호하는 몸짓이기도 했다. 부부는 가능한 한 많은 아이를 낳는 것을 이상적으로 여겼으며 양자도 허용되었으나 친자식을 갖는 것이 바람직한 가족관계를 유지하는 데 필수적이었다. 따라서 이혼은 부정이나 불임같이 비난받을 만한 근거가 있어야 허용되었다.

고위관리의 부인들은 가사를 남자 하인들에게 맡겼다. 그러나 대부분의 여자들은 집안일을 돕기 위해 남자와 함께 들판에서 일을 하거나 부호의 집에서 일하기도 했다. 재미있는 것은 장례식 때 곡을 해주는 전문직업인이 있었는데 그들 대부분은 여자였다.[20]

근면하고 낙천적인 이집트 사람들

피라미드와 같이 거대한 건축물을 실제로 보게 되면 고대 이집트인들이 압제에 억눌려 살았던 건 아닐까 상상하기 쉽다. 항상 죽음의 관념에 사로잡혀 있고, 감독자의 난폭하고 잔인한 채찍 밑에서 평생 거대한 돌덩어리를 끌면서 노예처럼 살아야 했던 불쌍한 존재라고 생각하는 것이다. 그러나 이러한 생각은 전혀 터무니없는 그릇된 상상에 지나지 않는다.

이집트인들은 인생을 즐긴 낙천적인 사람들이었다. 그들은 인생을 사랑하고 죽음 또한 행복한 인생의 연장이라고 생각했다. 사실 동시대의 수많은 고대 민족 중에서도 가장 근면한 사람들이었다고 해도 과언이 아니다.

신이자 지배자인 파라오의 지배 하에서 이집트인들의 생활은 전체적으로 볼 때 결코 나쁜 생활이 아니었다. 3000년이 넘는 세월 동안 전쟁이나 정치적 혼란, 기근 등으로 불안한 기간도 있었으나 평소 생활은 대체로 평온했다. 지리적 조건 때문에 비교적 자주 침입자에게 짓밟히고 약탈당하는 다른 고대 민족들에 비해 이집트인의 생활은 훨씬 평안하고 근심도 적었다.

만족스러웠기 때문일까? 이집트에서는 시간이 지나고 세대가 바뀌어도 신분계급이 변하지 않았다. 파라오의 가계에서 파라오가 나오고 재상의 가문에서 재상이 나오며, 장군의 가문에서 장군이 나왔다. 벽돌공이나 상형문자를 새기는 사람도 마찬가지였다. 이집트에서 직업은 세습되었다.

파라오 가문에서 파라오가 세습되는 것은 이해가 되지만, 파라오가 임명하는 재상이나 장군도 한 가문에서 계속 이어받는다는 것은 현대인으로서는 이해하기 힘든 일이다. 제도적으로 보아도 파라오는 언제든지 자신이 총애하는 사람을 재상이나 장군으로 임명할 수 있기 때문이다. 그럼에도 불구하고 고대 이집트에서는 이러한 파격적인 인사가 거의 일어나지 않았다. 그들은 자신 앞에 정해진 벽을 깨뜨리려 하기보다는 자신의 운명에 조용히 순종하고자 했다. 이유는 간단하다. 인간들이 분별이 없어져 유서 깊은 전통들을 무시할 경우 어떠한 일들이 일어날 수 있는지를 알고 있었기 때문이다. 메소포타미아의 「길가메시」 서사시와

쌍벽을 이루는 「인류 파멸의 이야기」는 바로 그런 이야기를 적고 있다.

이집트인들이 신들에게 반란을 일으킬 음모를 꾸미고 있었다. 이런 음모를 알게 된 위대한 태양신 레는 화가 나서 인류 전체를 파멸시키기로 결심했다. 레는 '레의 눈'으로 알려진 자신의 딸 하토르를 불러 인류를 학살하라고 명령했다. 하토르는 별로 내키지는 않았지만 어쩔 수 없이 명령에 따랐다. 그런데 막상 시작하고 보니 인간들을 학살하는 것이 매우 재미있었다.

그러는 동안 화가 풀린 레가 인간들을 용서하려고 했다. 하지만 이미 때가 늦었다. 레는 교묘한 방법을 생각했다. 레는 신관들에게 붉은 황토와 맥주를 섞어서 피처럼 보이게 만들라고 지시했다. 들판은 그 액체로 차고 넘쳤으며 하토르는 그걸 피라고 생각하고 마음껏 마셨다. 하토르는 인류를 말살하는 일도 끝내지 않고 술에 취한 채 아버지에게 돌아갔다. 그렇게 해서 인간들은 구원을 받았다.

이 이야기는 인간들이 신들에게 버림받을 수 있다는 것을 알려주었다. 또한 이집트인들은 3000년이라는 긴 세월 동안 몇 차례의 혼란과 불안을 이미 경험했기 때문에, 신이 없고 파라오가 없을 때 어떤 재앙이 닥칠 수 있는지를 좀 더 분명하게 알 수 있었다. 이집트에서 혼란은 결코 추상적인 개념이 아니었다. 비옥한 나일 강 주변은 비옥하고 풍요로웠지만 나일 강을 지나서 펼쳐지는 사막은 이집트인들에게 무질서라는 반대되는 개념을 떠올려주는 충분한 역할을 했다. 나일의 검은 땅에 비해 사막지대에서는 불모의 붉은 땅만 있었다.

이집트인들은 구성원 모두가 적절히 제 기능을 다할 때 신들은 물론 온 이집트가 행복해진다는 것을 알았다. 백성들이 파라오를 위해 열심히 일하고 파라오는 신들을 위해 열심히 일하는 한 이집트인들에게는 '마아트(maat, 진리 또는 올바르고 온당한 상태)'가 지속되며 '이스페트(isfet, 혼란)'가 찾아오지 않는다고 믿었다.

마아트는 레의 딸이자 진리와 정의, 조화를 상징하는 여신으로 의인화되었는데, 『사자의 서』에 보면 긴 머리에 타조 깃털 하나를 꽂고 몸에 꼭 달라붙는 수수한 모양의 긴 옷을 걸친 모습으로 그려져 있다.

이집트인들로서는 마아트를 유지, 보존하는 것이 기본 생활 철칙이었다. 즉 신들을 공경하고 파라오에게 충성하고 동료인간들을 존중하면서 산다면 사후에도 문제없이 영원한 삶을 살 수 있는 것이다. 하지만 그들은 죽어서도 파라오는 파라오고 재상은 재상이며, 죽은 사람도 살아 있는 사람처럼 음식도 먹고 음악을 들으며 놀이를 한다고 생각했다. 비록 죽은 몸일망정 자신들이 먹을 식량을 재배하고 물고기나 가축도 길러야 하는 것이다.

이집트 사람들은 죽어서 신하나 하인들에게 잘 대접받기 위해서는 생전에 그들에게 잘 대우해줘야 한다고 여겼다. 공연히 제도적인 틀을 바꿈으로써 잡음을 내거나 신하들을 화나게 할 필요가 없는 것이다. 그들은 파라오의 선조가 어떻게 해서 왕이 되었는지를 알려고 하지 않았고, 관례적인 모순점을 타파하여 파라오가 되거나 고관의 자리에 오르려고 하지 않았다. 그들에게 쿠데타나 세습제도의 변경은 그리 중요사항이 아니었다. 오직 자신들에게 주어진 임무에만 충실하면 죽어서도 자신에게 주어진 일을 계속할 수 있다고 생각했다.

한편, 이집트인들은 자부심이 대단했다. 자신들이 곧 세계의 중심이자 자신들의 생각이 곧 세계인의 생각이었기 때문이다. 더구나 그들의 문명을 본 다른 지역의 사람들이 이집트를 따르려고 노력하였으므로, 이집트 사람들은 '야만적인' 다른 문명을 생각할 필요가 없었다. 그러나 당연한 일이지만 이집트의 찬란했던 고대 문명이 과거만을 되씹는 문명으로 자리 잡게 되자 더 이상의 발전은 이루어지지 않았다. 그들 스스로 자기 앞의 높은 벽을 깨뜨리려고 노력하지 않았기 때문이다.

이집트에 부귀영화를 가져다준 파피루스

고대 이집트에는 글자와 기록이 존재했기 때문에 다른 고대국가와 달리 이집트에 대해 많은 것을 알 수가 있다. 다른 나라에서는 글을 적기 위해 매우 불편한 점판이나 돌, 가죽을 사용한 것에 반해 이집트에서는 현재 종이와 유사한 파피루스를 사용했기 때문이다.

파피루스는 이집트의 나일 강 삼각주의 늪지대에서 자라는 갈대(사이프러스 파피루스)의 일종으로 보통 2미터 정도이나 큰 것은 4미터~5미터에 달한다. 나일 강의 홍수와 계절적으로 다른 수위의 변화에 잘 적응해 멍석이나 바구니, 샌들, 돛 등을 만드는 데 이용되었다.

하지만 파피루스가 특별한 것은 바로 그 줄기를 이용하여 종이를 만들 수 있기 때문이다. '파피루스'는 오늘날 종이를 뜻하는 영어 '페이퍼(paper)'의 어원이다.

파피루스 종이를 만드는 과정은 다음과 같다. 첫째, 단면이 삼각형으로 된 파피루스의 줄기를 길이 30센티미터 정도로 얇게 잘라서 여러 개를 서로 이어 붙인다. 그 다음 그 위에 다시 한 번 90도로 엇갈리게 한 겹을 더해 압축시키면 줄기에서 나오는 끈끈한 액체 때문에 자연적으로 접착이 되고 이것을 건조시키면 누런 빛깔의 종이가 된다. 이것을 세로로 이어붙이면 10미터 길이의 두루마리 파피루스 용지도 만들 수 있었는데, 펜은 갈대줄기 끝을 깎은 것을 사용했다. 잉크는 해면(갯솜)으로 닦아 지웠다. 때문에 문자를 쓸 수 있는 서기는 항상 갈대 펜과 잉크 항아리가 달린 팔레트를 휴대하고 다녔다.

파피루스에 자신의 역사, 문화, 생활상 등을 모두 기록하게 된 이집트인들은 문화적인 면에서 비약적인 발전을 이루었고 여타 민족을 압도했다. 심지어 이집트를 정복하러왔던 침략자조차 이집트의 문명에 동화되었다.

당시 가볍고 편리한 파피루스의 인기는 대단했다. 파피루스는 이집트의 주력 수출품이었으며, 부를 축적하는 가장 큰 원천이었다. 파피루스는 기원전 7세기경 페니키아인들에 의해 그리스로 전해졌다고 알려진다. 그리스인들은 파피루스를 비블로스라고 불렀으며 이는 책이라는 뜻으로 사용되기도 했는데, 파피루

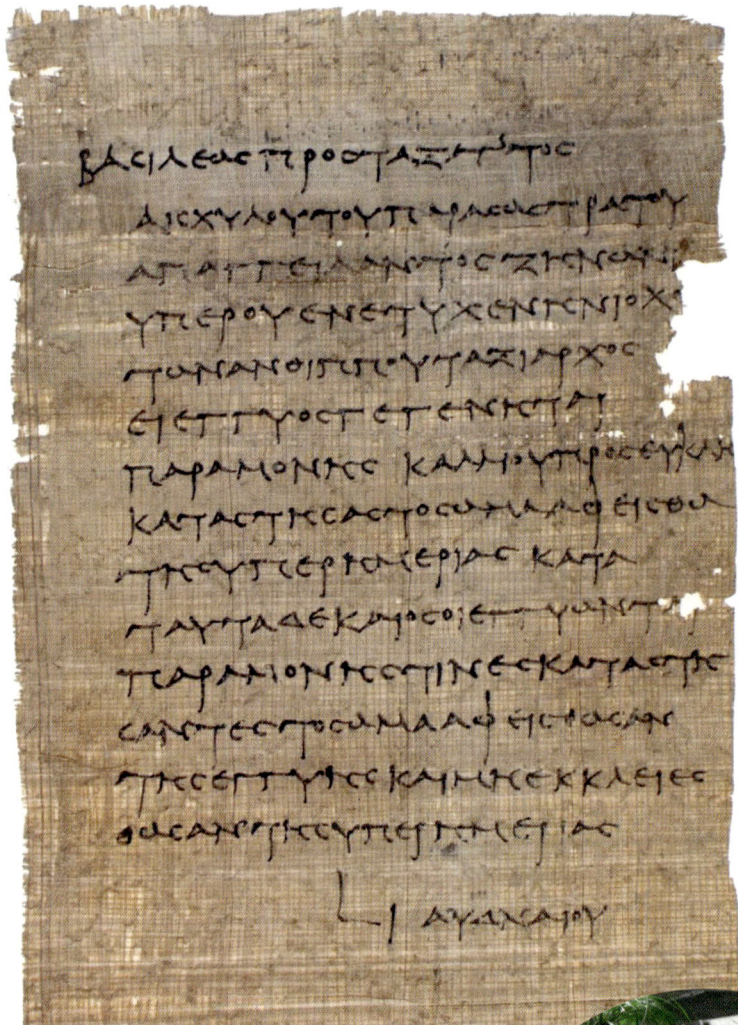

● 삼각형으로 된 파피루스의 줄기를 30센티미터 정도로 얇게 잘라 여러 개를 이어붙인 후 그 위에 90도로 엇갈리게 한 겹을 더해 압축시켰다. 그러면 줄기에서 나오는 끈끈한 액체 때문에 자연스럽게 접착이 되었는데, 이것을 말리면 누런 빛깔의 종이가 되었다.

스가 페니키아의 비블로스 항에서 수입되었기 때문이었다. 비블로스가 바이블(Bible)과 비블리오그라피(Biblography)의 어원이 된 이유가 여기에 있다.

파피루스가 로마에 전해진 것은 기원전 3세기경으로 추정되며,[21] 이집트에는 파피루스에 관한 다음과 같은 이야기가 전해온다. 알렉산더 대왕이 사망하자 그의 광대한 영토는 4개로 분할되는데 그중 가장 중요한 지역을 차지한 사람은 프톨레마이오스 1세 소테르(알렉산더 대왕의 이복형으로 추정)였다. 그는 당대에 가장 부유하고 중요한 이집트의 알렉산드리아를 근거지로 삼고, 이곳을 아테네와 같은 문명의 중심지로 만들기 위한 계획을 세운다.

프톨레마이오스 1세 소테르가 이와 같은 생각을 하게 된 이유는 간단하다. 이집트를 통치하게 된 새로운 세력들의 원래 출신지는 그리스반도였고, 그리스는 당시 세계에서 가장 선진적인 문명을 갖고 있었다. 물론 이집트의 문명도 그리스에 못지않았지만, 너무 오래되어 이집트는 구태의연해 보이는 면이 있었.

그러나 프톨레마이오스 1세 소테르는 실제로 이집트를 통치하면서 모든 면에서 그리스보다는 이집트의 환경이 월등하게 좋다는 것을 알았다. 그는 영리한 사람이었기 때문에 점령자인 그리스인들이 이집트의 전통을 무시하거나 훼손한다면, 이집트인들의 마음을 얻지 못하리라 생각했다. 이집트를 오랫동안 통치하기 위해서는 이집트인들 스스로가 '그리스인들은 선진문명을 가진 문화민족' 이라고 인정해야 하는 것이다.

때문에 소테르는 이집트의 전통을 그대로 인정하면서도 새로운 그리스 문명을 이집트인들에게 접목시키려고 시도한다. 그 일환으로 건축가 데메트리오스는 아테네에 있는 뮤즈 신의 전당과 유사한 건물을 건설하는데, 이 건물이 바로 '박물관'이라는 이름을 얻은 알렉산드리아의 도서관이다.

세계 최초의 초대형
도서관의 등장

프톨레마이오스 1세 소테르는 알렉산드리아에 사는 모든 주민들이 걸으면서 생각할 수 있도록 하기 위해서는 도서관의 역할이 가장 중요하다고 생각했다. 그래서 국가 적극적인 지원 아래 '도서관'은 연구원·작가·학생·교수들의 전당이 되었으며, 도서관에 종사하는 사람들은 모두 국가의 지원을 받고 연구와 공부에만 정진할 수 있었다.

4세기 말의 주교인 에피파니우스는 프톨레마이오스 1세가 지구의 모든 왕과 통치자들에게 다음과 같은 편지를 썼다고 적었다.

'모든 저자들, 즉 시인과 산문작가, 수사학자와 소피스트, 의사와 예언자, 그밖에 역사학자와 다른 모든 저자들의 작품을 나에게 보내주시오.'

기원전 240년, 프톨레마이오스 2세는 도서관을 위해 구입 가능한 자료는 그리스 본토에 있는 것을 포함하여 모두 구입하라고 지시했다. 갈리마크에 의하면 당시 도서관에 보관된 자료는 40만 권이 되며 종류로는 9만 종이 되는데 일반 사람들이 사용하기에 편리하도록 모든 자료가 색인되었다고 했다.

프톨레마이오스 3세는 더욱더 고서나 진귀한 책들을 구입하는 데 자금을 아끼지 않았다. 주변국 왕들에게 책을 빌려 복사본을 만들었으며 에우리피데스, 소포클레스, 아리스토텔레스를 비롯한 그리스 학자들의 책 원본을 상당수 소장했던 것으로 알려져 있다. 특히 그는 그리스 비극을 좋아하여 비극이 실려 있는 책들 모두를 알렉산드리아에서 보관하도록 명령했다. 이런 그의 의지는 2세기의 의사이자 의학 전문 저술가인 갈레노스의 글에서도 알 수 있다.

'프톨레마이오스 3세는 항구에 들어오는 모든 배를 수색하고 이때 발견된 책들을 압류하여 그것을 베낀 뒤 주인에게는 원본 대신 복사본을 주도록 명령했다.'

이런 노력의 결과 때문인지 프톨레마이오스 1세부터 3세까지 수십 년간, 알렉산드리아에서 이루어진 초기 과학적 연구는 대단히 놀라운 것이었다. 『원추곡선론』을 쓴 아폴로니오스, 처음으로 성좌도와 목록을 만든 히파르코스, 최초의 증기기관을 연구한 헤론 같은 사람들이 이곳 출신이었다.

알렉산드리아 도서관은 당시 세계적 지성인들의 학문의 전당이었다. 가장 위대한 그리스 해부학자의 한 사람으로 직접 생체해부를 했다고 알려진 헤로필로스가 지능은 심장이 아니라 뇌에서 나온다는 이론을 세웠는가 하면, 트라키아의 디오니소스가 언어학의 틀을 갖추고 그 원리를 밝힌 것도 이곳 도서관에서였다.[22] 아르키메데스는 시라쿠사(시칠리아의 도시)에서 알렉산드리아로 옮겨와 공부를 했으며 박물관장이었던 에라토스테네스와 서신을 주고받으며 지적 담론을 펼쳤다. 그러나 알렉산드리아의 영광은 오래 지속되지 않았다.

재정문제가 가장 큰 요인이었다. '왕립' 도서관이었기 때문에 이집트 왕이 모든 교수와 연구원을 임명하고 봉급을 지급했는데, 시간이 갈수록 프톨레마이오스 왕조가 이집트화됨에 따라 이러한 학문적 연구와 성과를 이해하지 못하게 되었다. 특히 이집트의 신관과 종교적 발전은 학자들의 연구정신을 사라지게 하였고, 프톨레마이오스 왕조의 왕들도 자금만 드는 '도서관 운영'에 점점 흥미를 잃었다.

그럼에도 불구하고 알렉산드리아 도서관에 대한 프톨레마이오스 왕가의 재정지원은 소규모나마 계속되었기 때문에 '세계에서 가장 큰 도서관'이라는 명성 또한 잃지 않았다. 하지만 프톨레마이오스 7세(재위 기원전 144년~116년) 때 뜻하지 않는 위기에 맞닥뜨리게 된다.[23]

아들과 불화가 일자 프톨레마이오스 7세는 자신의 아들을 살해한 후 그 시체를 잘게 잘라 며느리에게 보냈다. 이에 분노한 아들의 측근이 반란을 일으켜 도서관으로 몰리자 프톨레마이오스 7세는 수많은 반대에도 불구하고 도서관을 불태우라고 명령한다. 그리고 포위된 반란군이 불 속에서 튀어나오자 그 자리에서 그들 모두를 살해한다.

그런데 이 같은 사건이 있은 후 알렉산드리아 도서관의 명성 때문에 다소 엉뚱한 일이 벌어진다. 프톨레마이오스 7세의 방화 지시로 인해 수많은 자료들이 분실되었다는 소식을 들은 각국에서는 자기 나라의 도서관이 세계 최고의 명성을 맞이하게 되었다고 생각하고 대대적인 확장 공사를 벌이기 시작한다.

특히 페르가몬(에게 해 근방의 고대 그리스 도시)은 알렉산드리아의 도서관보다 더 거창한 도서관 세우려고 온 힘을 기울인다. 수많은 자료가 파손된 알렉산드리아 도서관이 다른 지역의 도서관을 단기간에 따라 잡기란 다소 버거울 거라 판단했기 때문이다.

그러자 이집트에서는 이런 각국의 의도를 봉쇄할 만한 묘안을 찾아냈다. 당시에 사용되던 책은 이집트가 독점적으로 생산하고 있던 파피루스로 만들었는데, 바로 이 파피루스의 수출을 전면 금지한 것이다. 책을 만드는 파피루스의 공급을 중단하면 더 이상 책을 만들 수 없을 거라고 생각했던 까닭이다.

그러나 이집트인들의 잔꾀는 보기 좋게 실패로 돌아갔다. 각국에서는 책을 만들던 파피루스의 구입이 불가능하자 책을 만들 수 있는 다른 방법을 찾기 시작했다. 그래서 개발된 것이 양과 염소의 가죽으로 책을 만드는 방법이었다. '양피지'가 등장하게 된 것이다.

동물의 가죽으로 만든 책이 파피루스보다 더 질기고 사용하기도 편리하다는 사실이 알려지자 페르가몬이라는 뜻의 양피지 '파르슈멩'이 전 세계적으로 퍼져나갔다. 이집트의 수출 제1호였던 파피루스는 그때부터 큰 타격을 입고 판로를 잃었다. 세계인들이 공유해야 할 지식과 정보를 얕은꾀로 막으려던 시도가 실패하는 것은 당연한 일이었다.

아직도 학자들은 당시 알렉산드리아 도서관이 현재의 어디쯤 되는지 명확하게 단정 짓지 못한다. 그냥 막연하게 알렉산드리아에서 '폼페이 기둥'이 있었던 곳이 도서관 자리가 아닐까 추정할 뿐이다.

전설의 알렉산드리아의 도서관은 2002년 10월 '알렉산드리아 도서관(Bibliotheca Alexandrina)'을 개관하면서 현시대에 부활했다. 유네스코가 세계 각국의 지원을 받아 1987년부터 추진해온 일이 드디어 성과를 맺은 것이다.

새로 건축된 이 도서관은 10층짜리 건물로 높이 32미터에 달하는데, 고대의 도서관과 같이 지중해를 마주보도록 지어졌다. 설계자는 노르웨이 건축가 스노헤타이며, 그는 1987년 국제 현상공모 628명의 응모자 중에서 당선되었다.

알렉산드리아 도서관은 아스완 지역에서 채취한 화강암으로 지었으며 그 벽면을 고대 이집트 문자들을 비롯한 세계 각국의 언어들로 치장했는데 그중에는 한글도 있다. 도서관 신축 공사에는 세계의 많은 나라가 자금과 기술, 장비를 지원했다. 이집트 정부가 5헥타르 부지를 제공하고 아랍 산유국들이 6500만 달러를 기부했다. 일본은 시청각시설, 노르웨이는 열람실 집기, 독일은 자료 자동 운송기기, 짐바브웨는 대리석, 남아공화국은 케이블, 이탈리아는 복구기술을 각각 제공했고, 프랑스는 도서관 직원 정보처리 교육을 맡았다.

신축한 알렉산드리아 도서관에는 각국에서 보낸 도서, 마이크로필름, 원고 등 수십 만 점이 보관되어 있다. 이 중에는 과거 알렉산드리아에 흩어져있던 지역도서관에서 수집된 고서들과 5000

여 권에 이르는 10세기~18세기의 중요 과학도서들이 포함돼 있다. 유네스코가 주관하는 이 도서관은 전설로 전해오는 고대 도서관을 되살리는 것뿐만 아니라 인류 공동의 이상적인 도서관 설립을 목표로 삼고 있다.[24]

● 2002년 10월에 부활한 알렉산드리아 도서관. 그 벽면은 고대 이집트 문자를 비롯한 세계 각국의 문자로 치장했는데 그중에는 한글도 있다.

05

이집트 신들과
문화의 탄생

이집트에 대한 이야기를 읽을 때 가장 놀라는 것은 이집트의 신들이 매우 많다는 점이다. 각기 다른 성격을 갖고 있는 이집트의 신들은 무려 700여 명에 이른다. 이집트에 이렇게 많은 신들이 존재하는 이유는 신들의 탄생이 비교적 자유롭기 때문이다.

이집트 신들은 2가지 유형으로 존재한다. 하나는 어떤 종족이나 지역에서 자연적으로 생겨난 신들이고, 다른 하나는 파라오나 신관들이 자신들의 권위와 지배를 위해 창조 혹은 변형시킨 특수 신들이다.

이집트의 신들은 그리스 로마의 신들처럼 전지전능하지도 않고 영원불멸하지도 않다는 특징이 있다. 그들은 인간들처럼 늙고

병들고 죽으며 사랑과 증오와 분노, 기쁨의 감정에 지배받는다. 인간이나 동물, 식물의 형상을 하고 있는 이집트의 신들을 봐도 그렇다. 이집트인들이 생로병사로 요약되는 인간의 삶을 신화에 그대로 접목시켰다는 것을 알 수 있다.

그러면서도 이집트인들은 어떤 동물은 인간의 능력을 초월하는 힘과 지혜를 갖고 있다고 생각했다. 사자는 그 힘과 위엄 때문에 태양의 상징으로 표현했고 암양은 번식과 생산의 신으로, 들개는 사막에 길을 만들고 오아시스로 인도하는 신성한 동물로 간주했다. 조류와 갑충도 숭배했다. 독수리는 하늘을 나는 왕자로서 태양신의 상징이 되었고 따오기는 지상의 식물을 찾아내는 습성 때문에 지혜의 신 토트의 상징이 되었다. 쇠똥구리는 동물의 배설물을 동그랗게 말아 올리는 모습 때문에 케페라 신과 동일시되었다. 영원불멸을 상징하는 케페라 신은 하늘 위로 태양을 굴린다고 믿었기 때문이다. 악어 머리의 남신 세베크는 급류 주변에 위치한 콤옴보 호수의 주인으로 숭배되었다. 이집트인들은 이집트에 존재하는 모든 동식물이 숭배 받아야 할 존재라고 믿었으나 단지 서열이 있다고 생각했다.

이집트에 이렇게 많은 신이 있는 것은 이집트인들의 독특한 우주관 때문이다. 이집트 신화에 따르면 태초의 세계는 땅, 바다, 공기도 존재하지 않았고 하늘의 폭포수에서 흘러내리는 물인 누(Nu)만 존재했다. 누는 아툼(Atum)의 화신이자 곧 물의 화신이었다. 이집트인들은 누가 자신의 입 속에서 거대한 물을 흘려보내 내세를 관통하고 계곡을 2개로 분리시켜 거대한 강을 만들었다고 생각했다. 누의 물은 아툼이 거주하는 곳이며 태양도 여기에서 떠오른다고 생각했다. 페피 1세의 피라미드에서 출토된 파피루스에는 아툼 신을 다음과 같이 설명했다.

 '아툼 신은 하늘과 지구가 존재하지 않았던 시대에 그리고 사람도 신도 아직 태어나지 않았고 죽음도 없었던 태초에 존재했다.' 아툼은 어떤 구체적인 모습으로 존재한 것이 아니라 자신이 원할 경우 태어난다는 것이 중요하다. 아툼은 자신의 마음속으로 천국을 만들고 하늘과 신, 지구, 인간, 동물, 식물을 생각해냈다. 아툼의 이러한 생각을 토트 신이 단어로 기록한 후 아툼이 이들 단어를 중얼거리자 모든 만물이 그대로 창조되었다.[25]

이집트인들의 사고방식과 우주관

'이집트 최고의 신조차 자신이 원할 때 태어난다'는 이집트인들의 우주관은 인간이 원할 때 신을 만들 수 있다는 개념으로 발전했고, 이집트인 특유의 실용적인 세계관과 접목되었다. 예컨대 태양 주기와 인생 주기를 동일하게 보는 것을 들 수 있다. '일출-정오-일몰-일출'이라는 태양의 주기는 인간의 '탄생-생활(생명)-죽음-환생'과 같다고 보는 것이다.

환생에 대한 아이디어는 인생의 다른 주기의 시작, 즉 두 번째 생활의 시작으로 정착된다. 태양의 신 '레'는 하늘과 땅 사이를 하루 만에 여행하는데, 밤에는 반대 방향으로 여행한다. 그런데 태양신 '레'도 아침에 다시 태어나기 위해서는 밤의 신 '누트'의 몸 안으로 들어가야 한다. 이집트인의 가장 중요한 인생 목표 중 하나인 '환생'을 위해서는 현생의 모든 생활이 천상의 신들 몸 안에서 이루어져야 하는 것이다.

이집트인들의 일상생활과 가장 밀접한 관계를 맺고 있는 신은 저승의 왕 오시리스다. 이집트인들에게 오시리스는 영생과 부활을 상징하는 신이다. 국가적으로 볼 때 파라오는 생전에 호루스와 동일시되고, 죽어서는 오시리스와 동일시된다. 그리고 다음 후계자인 파라오는 다시 호루스와 동일시된다. 이집트에서 가장 유명한 오시리스, 이시스, 세트, 호루스에 관한 신화는 다음과 같다.

땅의 신 게브와 하늘의 신 누트 사이에서 오시리스, 이시스, 세트, 네프티스가 태어났다. 이집트 최초의 파라오가 된 오시리스는 여동생 이시스를 아내로 맞아 백성들에게 농사를 가르치고, 도구를 만드는 기술을 발명하고 최초의 사원을 세우는 등 평화롭게 나라를 통치하였다.

질투에 불탄 동생 세트는 형 오시리스를 살해하고 그 시체를 전 국토에 뿌렸다. 남편을 찾아 나선 이시스는 오시리스의 몸을 모두 찾아내 마술로 다시 남편을 환생시킨 후 호루스를 낳는다.

장성한 호루스는 왕위를 물려받고 아버지 오시리스의 원수를 갚기 위해 사막의 신인 세트와 전투를 벌인다. 처음에는 오히려 세트가 승리(세트를 숭배한 민족이 승리한 것을 뜻함)한다. 그러나 결국에는 호루스가 승리(호루스를 숭배한 민족이 이집트를 통일함을 뜻함)

한다. 그후 호루스는 잠자는 아버지, 즉 죽은 아버지를 다시 살릴 수 있는 힘을 갖고 아버지에게 요술 눈을 준다. 요술 눈을 받은 오시리스는 환생하여 저승을 지배한다.

삶과 죽음에 대한 이집트인들의 관념은 신화를 보면 그 원리를 쉽게 알 수 있다. 신왕국 시대부터 테베는 종교의 중심지였는데, 그곳 테베에서 최고의 신으로 모시는 신은 '숨겨진 신'이란 뜻을 가진 '아몬'이었다. 그런데 이 '아몬' 신은 '레'와 합쳐져 우주에서 가장 힘이 있는 신이자 이집트의 최고 신인 '아몬 레'가 된다. 그가 어떻게 태어나는지 보자.

① 그 자신이 제일 먼저 자신을 만든다.(방법은 비밀)
② 뱀의 모양인 '케마테프'가 되어 테베의 원시 신 '프타-테넨'을 창조한다.
③ '프타-테넨' 형태로 '오그도드'를 창조한다.
④ '오그도드' 형태로 태양의 신 '레'를 창조한다.
⑤ '아몬'과 합쳐져 세계를 다스린다.

여기에서 이집트인들이 가장 경배한 아몬 신이 우주를 창조할 때 사용한 방법이 비밀이라는 것은 매우 중요한 점을 시사해준다. 바로 가장 근원적이고 원리적인 의문점은 논란의 대상이 아니라는 사실이다. 이집트인들은 궁극의 의심과 호기심에 관심 갖기보다 현실적인 문제를 더 중요시했던 것이다.

이 같은 사상이 모든 생활상을 좌우했기 때문에 이집트는 다른 세계가 갖지 못한 독특한 문명을 탄생시키고, 그 문명을 3000년 이상 지속해나갈 수 있었다. 이집트의 수많은 신들 중에서 가장 잘 알려진 주요 신들에 대해서 알아보자.

■ 오시리스

이집트의 많은 신들 중 으뜸으로 나일 강을 상징하며 그리스 신화의 디오니소스와 동일시된다. 오시리스는 그리스인들이 붙인 이름이며 이집트어로는 '아사르(Asar)'라고 한다. 그의 별명은 '운 네페르(Un nefer)'인데, 아사르는 '눈의 위력'이라는 뜻이고 운 네페르는 '아름다운 사람'이란 의미다.

오시리스가 이와 같은 이름을 얻은 것은 상하 이집트의 지배자로서 곡물과 과수 재배 방법, 포도주와 맥주를 빚는 양조법, 광물 제련법, 무기를 사용하여 수렵하는 방법, 밭을 경작하는 방법을 가르치는 등 이집트인들이 생활할 수 있는 모든 것을 알려주었기 때문이다. 더욱이 오시리스는 무력을 사용하지 않고 음악과 시가로 민심을 순화시켰기 때문에 아름다운 사람으로 찬양되었다.

오시리스의 아내는 이시스이며 그는 아들 호루스와 함께 이집트 전역에서 '선한 왕, 착한 존재'로 숭배 받았다. 오시리스는 죽은 자의 수호신이자 저승의 파라오로서 환생을 보장하는 신이었으며, 고대 이집트의 장구한 역사 동안 가장 추앙받았다.

대부분 오시리스는 미라처럼 딱 달라붙는 수의처럼 생긴 옷을 입고 있다. 머리에는 상 이집트의 백관과 타조의 깃을 단 관을 합해 만든 아테프 관을 쓰고, 손에는 주권과 통치권을 상징하는

● 죽은 자의 수호신이자 저승의 파라오인 오시리스. 고대 이집트의 장구한 역사 동안 가장 추앙받은 신으로 곡물 및 과수 재배법, 포도주와 맥주 빚는 법, 광물 제련 법 등 생활에 필요한 모든 것을 알려주었다고 한다.

왕 홀과 도리깨를 들고 있으며 목에는 붉은 끈을 맸다.

오시리스 신화가 정확히 어느 시대에 탄생한 것인지는 분명치 않으나 왕조시대 이전부터 내려져 왔다고 추정한다. 일설에 의하면 리비아 또는 시리아, 수메르에서 유래된 신이라고 하나 확실하지 않다.[26]

■ 세트

오시리스의 동생으로 그리스 신화에서는 여러 개의 머리를 가진 반인반수의 티폰(Typhon)과 동일시된다. 그는 사막을 상징하며 악의 정령으로서 선(善)에 대립하는 존재이자 혼돈의 신이다. 전설에 따르면 세트는 상 이집트의 나카다에서 하늘의 신 누트의 자궁을 찢고 나왔다고 한다. 폭력과 혼돈이 세트의 속성이지만, 사실 세트는 오시리스보다 훨씬 더 오래된 신이다.

신화에서는 오시리스와 호루스의 적수로 등장하지만, 이집트 역사상 가장 강력한 제국을 건설하였던 제19왕조의 람세스 2세는 세트 신을 신봉하였다. 이는 신왕국에서 세트 신을 믿는 부족이 호루스를 믿는 부족을 정복하였다는 것을 뜻한다. 그러나 고대 이집트 역사를 보면 거의 전 기간에 걸쳐 호루스 신을 믿는 부족이 주도권을 잡았다.

■ 호루스

상하 이집트의 지배자 파라오는 '살아 있는 호루스'의 칭호를 가지며 그리스 신화의 아폴로와 동일시된다. 매의 신 호루스는 일찍부터 왕권을 상징했는데, 태양빛 아래서는 모든 생명체가 기력을 잃지만 새들의 왕인 매는 하늘을 날기 때문이다. 그래서 이집트 벽화에는 호루스의 두 날개가 태양신 '레'를 양쪽에서 떠받들고 비행하는 모습이 자주 등장한다.

● 매의 신 호루스(좌)와 악의 정령 세트(우).

■ 이시스

그리스 신화의 헤라, 아프로디테와 동일시된다. 오시리스의 동생이자 부인이며, 매년 나일 강의 범람으로 기름지게 변하는 이집트의 토양을 상징한다. 이시스 여신은 모든 종류의 주문과 마술의 힘을 사용하는 보호의 여신으로서, 이집트뿐만 아니라 인근 국가에서까지 오랫동안 숭배의 대상이 되었다.

벽화에서 보이는 이시스는 아름다운 여인의 모습이다. 그녀는 머리 위에 왕관을 쓰고 있거나 하토르 여신을 상징하는 2개의 쇠뿔 사이에 태양 원반이 위치한 머리 모습을 하고 있으며 생명을 상징하는 앙크를 들고 있기도 하다.

'생명'이라는 의미의 상형문자 앙크는 T자형 위에 타원형의 고리가 연결되어 있는 모습인데, 이것은 샌들 끈 또는 주술적인 매듭에서 그 모양이 유래된 것으로

● 오랫동안 숭배를 받았던 이집트의 여신 이시스. 그녀가 입은 쉬스드레스는 남녀 공용이지만 주로 여자들이 입었다. 머리의 붉은 원판은 우주를 뜻하고 뿔은 신성을 나타낸다.

● 생명이라는 의미의 상형문자, 앙크.

알려져 있다. 이집트의 벽화나 조각에서는 신이 앙크를 왕의 코 앞에 갖다 대는 모습이 자주 묘사되는데, 이것은 왕의 코에 생기를 불어넣는 것을 의미한다.

■ 토트

그리스 신화에서 '하늘의 사자'라고 불리는 헤르메스와 동일하며 '달의 신' '지혜의 우두머리'라는 이름을 갖고 있다. 천문학, 기하학 등 학문과 음악, 미술 등 예술을 발명하고 특히 문자를 발명하여 이집트인들을 가르쳤다.

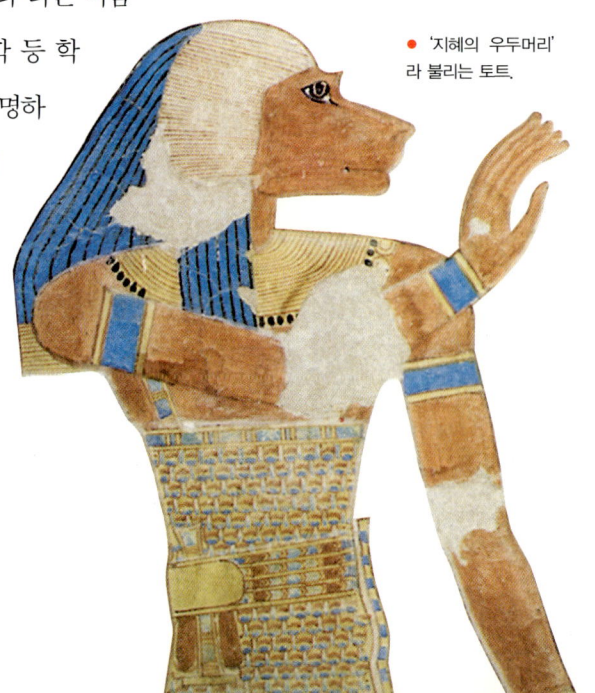

● '지혜의 우두머리'라 불리는 토트.

■ 크눔

크눔은 숫양의 머리를 가진 인간으로 다산과 창조의 신이다. '인간을 만든 도공, 신들의 형상을 만든 자'로 불리며 나일 강 범람지의 신이다. 아스완에서 크눔은 범람의 신 하피의 동굴을 관리한다.

매년 일어나는 나일 강의 범람은 이집트의 풍요를 상징했다. 강의 범람으로 토지가 비옥해졌기 때문에 그냥 보리와 밀의 씨를 뿌리기만 해도 농사는 풍년이었다. 저 멀리 수단에서부터 실려 온 진흙층이 적당히 물기를 머금어 천연적으로 농사짓기 좋은 땅이 형성된 것이다. 때문에 범람의 신 크눔은 이집트 사람들에게 매우 존경받았다.

특히 크눔의 가장 큰 업적은 도자기를 빚는 물레에서 인간을 만들었다는 것이다. 물레로 인간의 육신을 반죽한 크눔의 행동은 상세한 해부학적 기록으로 남아 있다. 물론 크눔이 인간만 만든 것은 아니다. 크눔은 신과 인간, 동물, 새, 물고기와 파충류를 만들어낸 범세계적인 창조주이다.

● 숫양의 머리를 가진 모습으로 다산과 창조를 관할하는 크눔.

■ 아누비스

자칼 머리를 한 무덤의 신으로 특히 미라 제작 과정에서 중요한 역할을 한다. '서부인들(죽은 자들)의 우두머리'로 불리기도 하는 아누비스는 죽은 자가 매장될 때 행해지는 '입 여는 의식'을 주도하며 심판 때 죽은 자의 심장을 저울에 다는 역할을 한다. 실제로 미라를 제작하는 제사장들은 자칼 모양의 아누비스 탈을 머리에 쓰고 의식을 집행했다.

아누비스는 이집트에서 특별히 중요시했으므로 카터는 아누비스 연구에 많은 시간을 할애했다. 우선 그는 아누비스가 원시 시대 이집트인들이 가축화한 자칼이나 개와 같은 종에서 유래했을 가능성을 제기했다. 아누비스가 갯과에 속하는 몇 가지 특징을 갖고 있기 때문이다. 아비누스는 검고 매끄러운 외피를 지녔고 그레이하운드보다 좀 더 홀쭉한 몸매와 길고 뾰족한 주둥이, 곧추선 긴 귀, 둥그런 눈과 눈동자를 지녔다. 앞발에는 5개의 발가락, 뒷발에는 4개의 발가락이 달렸고 아래로 축 늘어진데다 아주 길고 곧은 꼬리를 지녔다.

카터는 아누비스를 갯과의 또 다른 종과 교배된 자칼의 가축화된 형태로 추정했다. 주인이 죽을 때까지 애정을 표하는 갯과 동물들의 일반적인 특징을 고려해볼 때, 고대 이집트인들이 고인을 충실하게 지켜주는 동물로 이 자칼같이 생긴 개(아비누스)를 선택한 것은 충분히 수긍 가는 일이라고 말했다.

그러나 아누비스가 성의 특징이 없는 형태로 표현된다는 사실은 상상의 동물이었을 가능성이 있다는 점을 암시해준다. 더불어

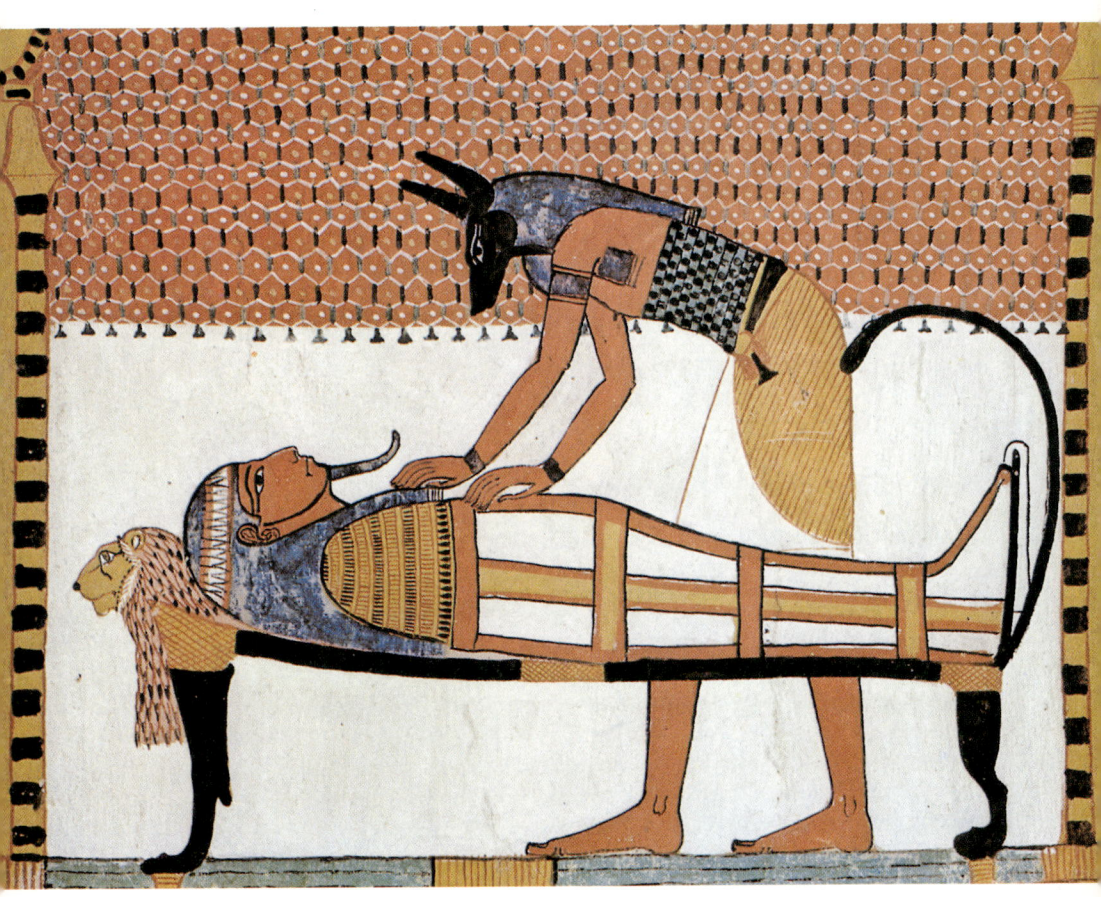

● 자칼 머리를 한 무덤의 신 아누비스. 미라를 제작하거나 입을 여는 의식을 주도한다. 카터는 아누비스가 자칼이나 개와 비슷한 종일 거라고 생각했다. 검고 매끄러운 외피, 그레이하운드보다 홀쭉한 몸매와 길고 뾰족한 주둥이, 곧추선 긴 귀, 길고 곧은 꼬리를 지니는 등 갯과에 속하는 몇 가지 특징을 가졌기 때문이다.

이집트의 개들 중에는 아누비스처럼 꼬리가 곧고 축 늘어진 개가 없다는 것도 한 이유이다.[27]

■ 임호텝

임호텝은 제3왕조 조세르(기원전 2684년~2667년)의 재상으로 계단식 피라미드를 건설한 장본인이다. 이집트 역사상 평민으로서는 드물게 신격화된 인물로 알려져 있지만 일설에는 왕족이었다고 한다.

하왕조 시대(기원전 747년~332년)부터 지혜, 기술, 의학의 신으로 숭배되었다. 그리스 시대에 임호텝은 그리스 의학의 신인 아스클레피오스와 동일시되었고, 그의 무덤이 있는 사카라에는 병원의 일종인 아스클레피온이 건설되어 수많은 병자들의 순례지가 되었다.

당시 순례자들은 지혜의 신 토트와 연관된 따오기 미라를 임호텝을 위해 봉헌하였다. 임호텝은 앉아서 무릎 사이에 파피루스 두루마리를 펼쳐든 모습으로 표현된다.

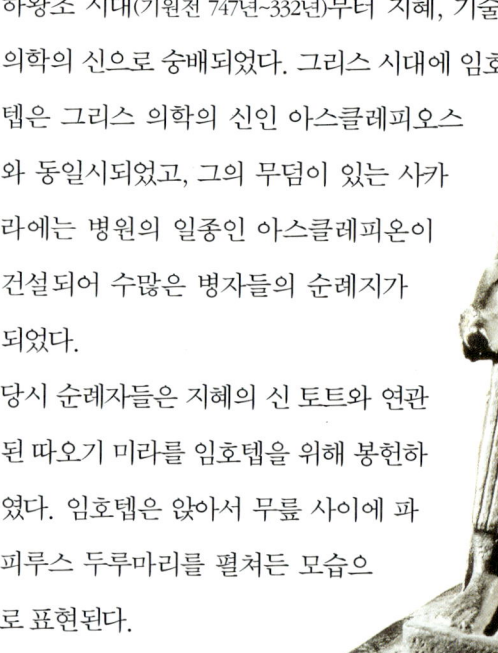

● 평민으로서 신격화된 인물로 조세르 왕의 피라미드를 지은 건축가 임호텝.

II.

이집트 역사의 신비가 풀린다

01

1억 5000만의
미라가 살고 있다

1999년 제작된 스티븐 소머즈 감독의 영화 〈미이라〉는 람세스 2세의 아버지 세티 1세의 시대를 그렸다. 줄거리는 이렇다.

세티 1세의 후궁인 앙크수나문은 파라오의 총애를 한 몸에 받던 재상 임호텝과 금지된 사랑에 빠진다. 그러나 그들의 운명적인 사랑은 파라오에게 발각되고 앙크수나문은 자결하게 된다. 임호텝은 흑마술로 그녀를 부활시키려 하지만, 파라오의 근위대에 붙잡혀 '홈다이'라는 형벌을 받는다. 홈다이는 산 채로 석관에 갇혀 영원히 생시체가 되는 끔찍한 극형이다.

앙크수나문과 임호텝의 금지된 사랑은 그렇게 파라오의 저주로 비극적인 끝을 맺고, 왕족들이 잠든 하무납트라는 죽음의 도시가 되어 역사 속에 묻힌다.(여기에서 파라오의 저주란 투탕카문의 저주와는 다른 개념이다.)

한편 황금의 유물을 찾아 여러 탐험가들이 하무납트라를 찾아오지만 하나같이 의문의 죽음을 당한다. 그중 전투 중에 피신했던 외인부대 장교 오커넬만이 유일하게 살아 돌아오는데, 이집트 박물관 사서 이비와 그녀의 오빠 조나단이 오커넬을 찾아온다. 하무납트라의 황금유물을 찾자는 것이다. 하지만 파라오의 저주를 푸는 열쇠를 손에 넣은 조나단은 실수로 임호텝을 부활시키고, 마침내 3000년을 기다려온 임호텝의 복수가 이집트를 뒤덮는다.

영화 〈미이라〉의 주제는 '죽은 자의 저주'이며 이는 '파라오의 저주'라는 개념의 연장선상에 있다. 그래서 미라에 대한 비교적 정확한 고증을 통해 고대 이집트인들의 사고를 보여주는데, 가장 공들인 부분이 미라에 대한 개념이다. 영화는 곳곳에서 이집트인들이 '육신은 영혼이 잠시 머물렀다 가는 것이므로 영원한 삶은 죽음에서 비롯된다'고 믿었다는 것을 부각시킨다.

'역사의 아버지'라고 불리는 헤로도토스는 피라미드에 대해 다소 과장되게 설명한 점이 있지만, 미라에 대해서는 비교적 정확한 자료를 제시했다. 그는 이집트인들이 장례를 치르는 방법은 물론 미라를 만드는 방법에 대해 비교적 설득력 있게 적었다.

> 이집트에는 미라 만드는 일을 전문으로 하는 사람들이 있다. 그 사람들은 시신이 들어오면 고인의 유족들에게 나무로 만들고 채색까지 된 실물처럼

보이는 미라의 여러 가지 모델을 보여준다. 가장 완벽한 모델은 어떤 신의 모습을 본뜬 것으로, 내 생각에는 그 신(오시리스로 추정)의 이름을 함부로 사용하는 것은 과히 종교적이지 못한 것으로 보인다. 두 번째 모델은 첫 번째 것보다 하등품이며 비용도 저렴하다. 세 번째 것은 값이 가장 싸다. 장의사가 유족들에게 시신을 어떤 식으로 처리해주기 바라는지 묻고 유족들은 원하는 모델을 선택한다. 그것으로 거래가 이루어지면 유족들은 집으로 돌아가고 장의사들은 작업에 들어간다.

미라를 만드는 법

　　　　　미라가 전 세계를 통해 이집트에서만 만들어진 것은 아니다. 하지만 제일 먼저 이집트를 떠올리게 되는 것은 3000년이 넘는 장구한 시간 동안 부단하게 미라를 제작해왔고 현재 우리 주위에 많이 보이는 미라가 대부분 이집트의 것이기 때문이다. 남아메리카의 잉카 제국에서도 많은 미라가 만들어졌으나 이집트처럼 전 잉카인들이 미라로 만들어진 것은 아니다.

전 이집트인이 미라를 만든 것은 죽은 자의 영혼이 언제라도 육체로 돌아오게 하기 위해서였다. 영혼이 육체로 돌아오자면 시신이 썩지 않아야 했던 것이다. 또 그들은 인간이 죽으면 태양이 뜨는 동쪽에서 태양이 지는 서쪽으로 옮겨간다고 믿었기 때문에 모든 피라미드 및 무덤을 나일 강 서쪽에 건설하였다.

사람이 죽으면 죽음의 신인 아누비스 가면(늑대 혹은 자칼 머리 모양)을 쓴 신관이 시신을 미라로 처리한다. 이때 내장은 카노픽 항아리에 담아 따로 보관하는데, 앞서 설명한 투탕카문 미라의 경우 4개의 카노픽 항아리에 담았다. 고대 이집트에서 행해진 정통적인 미라 제작 방법은 다음과 같다.

① 두개골을 절개한다.
② 왼쪽 옆구리를 절개하여 내장을 제거하는데 심장만은 꺼내지 않는다.
③ 내장과 시체 공동(空洞) 부분을 살균 처리한다.
④ 내장은 천연 탄산나트륨을 이용하여 탈수 및 건조 과정을 거친 후 기름을 바르고 용해된 수지로 표면을 처리한다.
⑤ 탄산나트륨 및 수지로 임시 방부 처리를 한다.
⑥ 시신을 40일 동안 천연 탄산나트륨에 담가둔다.
⑦ 임시로 투여한 재료를 제거한다.
⑧ 피하(皮下)에 모래, 점토 등을 주입한다.
⑨ 향기 나는 수지에 적신 섬유나 몰약, 계피, 톱밥 등이 채워진 가방으로 시체 공동 부분을 방부 조치한다.
⑩ 향유(고약) 기름을 바른다.
⑪ 용해된 수지로 시체의 외부를 처리한다.
⑫ 마지막으로 미라 처리된 시신을 붕대로 싼 후 준비된 관에 안치하고 각종 보석이나 장신구로 장식한다.

* 참고로 남자 미라의 머리카락은 짧게 잘랐고 여자의 긴 머리는 그대로 두었다.

영국 브리스톨대학 리차드 에버세드 박사는 기원전 1985년부터 기원후 395년 사이에 만들어진 13구의 미라를 대상으로 화학조성을 조사했다. 그 결과 이집트인들이 세균을 막고 수분을 차단하기 위해 식물성 수지와 밀랍 등 다양한 물질을 사용했다는 것과 시신에 붕대를 감기 전에 탄산나트륨을 사용했다는 것을 밝혔다.

이집트인들은 미라를 만들 때 상당히 많은 재료를 사용했다. 중동에서 수입한 노간주나무, 히말라야삼목의 기름 등 값비싼 재료는 물론 각종 식물에서 얻은 수지, 기름, 향료, 동물성지방, 밀랍 등이 쓰였으며 전반적으로 동물성 지방보다는 식물성 기름을 많이 사용했다. 식물성기름은 자연적으로 굳어 수분 침투를 막는 역할을 하는데, 에버세드 박사는 이들 식물성 기름이 방부제

● 미라 만드는 모습.

역할을 하는 값비싼 재료를 녹이기도 했을 것으로 추정했다. 흥미로운 점은 송진과 밀랍의 사용량이 후대로 갈수록 증가했다는 점이다. 오랜 경험을 통해 이들 재료가 미생물과 수분의 침투를 막는 데 가장 효과적이라는 사실을 알게 됐던 것이다. 또한 같은 시대임에도 불구하고 재료가 달랐던 것은 경제적 능력에 따라 재료를 선택했기 때문으로 파악됐다.[1]

소, 악어, 따오기도
미라가 되다

고대 이집트인들의 특징 중 하나는 생활 주변에서 발견되는 동물들도 신앙의 대상으로 삼았다는 점이다. 사카라, 테베, 부바스티스에는 원숭이, 고양이 등 성스러운 동물들을 미라로 만든 무덤이 많이 있다. 그러나 이집트인들이 가장 성스럽게 생각한 동물은 소이다. 이마에 하얀 반점을 붙인 검은 소는 특별하고 성스러운 존재로 취급됐다. 성스러운 소는 인간과 마찬가지로 죽은 뒤에 오시리스의 양자가 되고 죽은 사람들의 신으로 추앙되며 '서쪽의 주인'이라 불렸다.

소 무덤에서 관이 있는 방으로 가기 위해 바위를 뚫어 만든 길이 400미터나 되는 경우도 있었다. 또, 소의 미라 속에 많은 부장품이 많이 들어있었기 때문에 소의 무덤도 도굴꾼에게 약탈당했다. 1851년 프랑스의 고고학자 마리에트가 도굴당하지 않은 소 무덤을 발견하고 다음과 같이 적었다.

성스러운 소 아피스의 무덤에 들어가면서 나는 매우 강렬한 인상을 받았다. 몇 천 년 동안 인간이 발을 들여놓은 적이 없기 때문이다. 며칠 뒤 나는 벽으로 막혀 있는 방을 하나 발견했는데, 기원전 1270년에 람세스 2세가 막았다는 기록도 있었다. 벽과 바닥에는 마지막으로 손을 댄 이집트인의 손자국과 발자국이 선명하게 남아있었다. 기대한 대로 소 미라 또한 완벽한 모습이었다.

● 이마에 하얀 반점이 있는 검은 소 아피스(Apis)는 매우 특별하고 성스러운 존재였다. 죽으면 신으로 추앙되며 '서쪽의 주인'이라고 불렸다.

소뿐만이 아니다. 이집트인들은 악어와 따오기도 성스러운 동물로 생각했다. 주요 신전은 사카라 남쪽 오아시스인 파이윰에 있는데, 고대 그리스인들은 이 도시를 '크로코디로폴리스' 곧 '악

어의 도시'라고 불렀다.

테베 주민들은 악어를 극도로 신성시해 직접 사육하기도 했다. 악어의 귀에 유리나 황금으로 만든 귀걸이를 해주거나 앞발에 팔찌를 끼워줄 정도였다. 또, 악어가 죽으면 미라로 만들었다. 악어와 관련해 죽은 사람들도 특별대우를 받았다. 악어에 물리거나 혹은 강물에 휩쓸려 사망한 경우 시체가 떠오르면, 시체를 발견한 그 도시의 주민이 유해를 미라로 만들어 신성한 묘지에 매장해야 했다. 물론 미라는 가장 정교한 방식으로 만들어야 했으며, 그런 경우 누구도 시체에 손을 댈 수 없었다. 악어로 인해 사망한 시체는 인간 이상의 존재로 간주되었기 때문에 나일 강의 신에게 봉사하는 사제들이 직접 매장했다.

따오기에 대한 특별대우도 이에 못지않다. 고고학자 사미 카브라가 발견한 따오기 무덤은 34미터 길이의 120개 계단으로 만들어졌다. 큰 홀에는 수많은 복도로 이뤄진 복잡한 미로가 연결되어 있었는데, 한 복도의 길이가 무려 120미터나 되었다. 벽에는 수많은 구멍이 뚫려있고 신성한 따오기의 관을 넣어 두었는데 그 숫자가 무려 4000개나 되었다. 아마도 전국에서 모인 따오기들은 이곳에서 영원한 휴식을 보장받았을 것이다.

고양이 역시 특별대우를 받은 동물이었던 반면에 돼지는 이집트인들로부터 차별대우를 받았다. 헤로도토스는 고양이와 돼지에 대해 매우 흥미 있는 이야기를 기록으로 전한다.

화재가 일어났을 때 참으로 기괴한 일이 일어난다. 사람들의 관심은 불 끄는 데 쏠리는 것이 아니라 온통 고양이에게만 쏠린다. 이집트인들은 불이 나면 죽 늘어서서 고양이를 지키는데 고양이는 사람들 사이를 빠져나가거나 그 위를 뛰어넘어 불 속으로 뛰어들기도 한다.

이러한 일이 일어나면 이집트인들은 매우 슬퍼하며 그 죽음을 애도한다. 고양이가 자연사를 했을 경우에는 그 집 가족 모두가 눈썹을 민다. 개가 죽었을 경우에는 머리와 전신의 털을 깎는다. (중략) 이집트에서는 돼지를 부정한 짐승으로 간주한다. 그러므로 길에서 우연히 돼지를 건드리면 곧 옷을 입은 채로 강에 뛰어 들어가 몸을 씻는다. 또한 돼지를 기르는 사람은 이집트 내 어떤 신전에도 들어갈 수 없으며, 그에게는 누구도 딸을 보내려하지도 않고 그의 딸을 얻으려고도 하지 않는다. 그래서 돼지를 기르는 사람들은 그들끼리 시집보내고 장가간다. 이집트에서는 일반적으로 돼지를 신에게 제물로 바치는 것을 금하고 있는데, 세멜레(이시스로 추정)와 디오니소스(오시리스)에게만은 보름 때 돼지를 제물로 바치고 그 고기를 먹는다.[2]

그렇다면 이집트에서 만들어진 미라는 얼마나 될까? 학자들은 미라가 기원전 3000년경부터 만들어졌으며, 그때부터 제작된 미라의 수는 대략 1억 5000만이 될 것으로 추정한다.[3] 이들 미라 1구당 10점의 부장품이 있다고 쳐도 모두 15억 점이 된다. 이점을 이해하면 근래에 이르기까지 이집트에서 '도굴 열풍'이 사라지지 않는 이유를 충분히 이해할 수 있다.

02

죽는 것은
영원히 사는 것

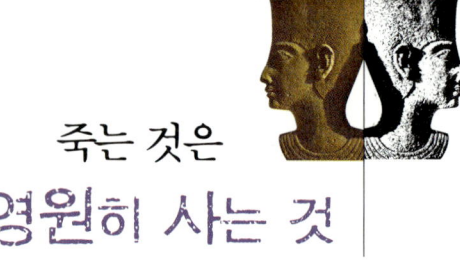

이집트인들이 삶에서 가장 중요하게 여긴 것은 저승에서의 부활이다. 그들이 환생하는 방법은 단순하다. 동생 세트에게 살해된 오시리스가 여동생이자 아내인 이시스에 의해 부활했던 것을 떠올리면 간단하다. 여신 이시스가 한 것처럼 행하면 누구든 다시 살아날 수 있다.

부활하기 위해서는 반드시 영혼과 육신이 결합해야 했다. 영원히 살기 위해서는 육신도 영혼도 절대 파괴당하지 않아야 하는 것이다. 이집트 사람들이 그렇게도 미라에 집착한 이유가 여기에 있다.

이집트인늘은 영혼이 카(Ka)와 쿠(Khu)로 이루어진다고 믿었다.

카는 영(靈)에 해당하고 쿠는 혼(魂)에 해당하는데, 여기에 제3의 개념으로 영혼의 새인 바(Ba)가 있다. 카는 모든 인간에게 그림자와 마찬가지로 따라다닌다. 사람이 태어날 때부터 일생 동안 따라다니며 당사자가 죽으면 묘에 남는다. 특이한 것은 카는 인간뿐만 아니라 인간이 만든 모든 것에 존재한다는 점인데, 그 때문에 이집트인들은 사자의 묘 앞에 물과 음식, 생전에 사용했던 물건, 도구를 제공하는 것을 당연하게 생각했다.

쿠는 인간의 육체 속에 있지만 인간이 잠들어 있는 동안에는 몸 속을 빠져나가 여기저기를 오가며 사람들도 만날 수 있다는 점이 특이하다. 이때 사람들이 불가사의한 꿈을 꿀 수도 있는데, 꿈속에서 죽은 사람을 만나 이야기하는 것은 죽은 사람의 쿠가 산 사람의 쿠와 만났기 때문으로 보았다.

바는 매우 독특한 이집트인들의 상상력의 발로이다. 바는 사람의 머리에 새 모습을 하고 있는데 생전에는 육체에 있지만, 사후에는 몸 밖으로 빠져나가 사자의 미라 주위를 선회하거나 미라 위에 앉아 있다가 다시 몸속으로 들어간다.

이집트인들은 바가 묘지의 여신으로부터 식물과 음식을 부여받아 생존한다고 믿었다. 이처럼 '몸에서 빠져나간 바가 다시 사체와 결합해 새로운 삶을 시작한다'는 그들의 믿음은 곧 어떠한 경우라도 사체를 보호해야 한다는 이집트인 특유의 관념으로 바뀌었다고 볼 수 있다.

이집트의 부활은 동양에서 많이 믿고 있는 인과응보적인 윤회사상과는 다르다. 이집트인들은 생전에 악행과 악업을 저지른 사람은 오시리스의 법정에서 혼을 파괴당하므로 사람에 따라 그들의 바가 다시 환생할 수 없다고 믿었다. 이집트인들은 영혼이 파괴되는 것을 가장 무서워했다. 재사(再死), 즉 영혼이 파괴되는 것은 그야말로 완전하게 죽음에 이르는 것이라 여겼기 때문이다. 반면에 동양에서는 선행을 하던지 악행을 하던지 다시 태어나지만 과거의 업보에 따라 태어나는 존재가 다르다. 선행을 하면 현생에 노예 신분이라도 다음 생에서 고관으로 태어나지만, 악행을 하면 동물로 태어나게 된다.

죽은 자들의 여행과 태양의 배

이집트 사람들은 살아생전에 의로운 일을 하면, 오시리스 법정에서 무죄를 판결 받아 죽어서도 다시 살 수 있다고 믿었다. 물론 몇 가지 전제 조건은 있었다. 우선 육체가 미라로 만들어져야 했다. 또 미라가 벌레가 침범하거나 부패하면 바(영혼)가 온전하게 귀환할 수 있는 장소를 잃어버리거나 손상을 입는 것이기 때문에 미라가 온전하게 보관되어야 했다. 영혼의 그림자 카는 묘실에서 정기적으로 공물을 받지 못하면 고통과 갈증으로 죽어간다. 카가 기아에 허덕이면 사막을 배회하다가 부패하거나 썩은 물을 먹어 죽게 되는 것이다. 따라서 이집트인들은 죽은 사람에게 부활하는 데 필요한 신선한 공기와 물을 제공하고, 부활을 방해하는 해충이나 벌레를 방지하는 데 많은 관심을 기울였다.

이밖에 이집트인들이 저승에 가기 위한 조건으로 생각하는 것은 매우 많았다. 그중 가장 중요하게 생각한 것은 미라가 되는 것, 태양의 배를 타는 것, 그리고 『사자의 서』를 갖고 가는 것이었다. 태양의 배와 『사자의 서』에 대해 알아보자.

고대 이집트인들에게 부활하는 데는 모든 과정에 격식이 있었다. 이 중에서 사자가 태양의 배를 타고 나일 강 동쪽에 있는 이승에서 나일 강 서쪽에 있는 저승으로 가는 것이 중요했다. 태양은 위대한 신 레를 의미했다. 이집트 종교는 다신교였기 때문에 그들은 태양을 비롯하여 달, 새, 벌레 등 신변의 많은 것을 신으로 숭배했다.

하지만 그중에서도 태양신을 가장 소중히 여겼다. 이집트인들은 파라오가 죽으면 그 혼이 태양신 레와 함께 천공을 여행한다고 생각했는데, 그 여행에 사용되는 것이 바로 '태양의 배'였다.

푸른 하늘을 보고 바다를 떠올렸기 때문에 하늘을 이동하는 수단으로 '배'를 생각했던 것일까? 이집트인들의 믿음에 따르면 태양의 배는 두 종류가 있다. 하나는 해가 뜨는 동쪽에서 해가 지는 서쪽으로 항해하는 '마아네제트'이고, 다른 하는 그 반대 방향으로 이동하는 '메세케테트'이다.

이런 가설에 부합하듯이 쿠푸의 대피라미드 근처에는 두 척의 배가 부장되어 있었다. 대부분의 학자들이 이 배들을 태양의 배로 간주하고 있지만, 혹자는 이집트 특유의 종교사회적 의미를 감안하여 쿠푸 왕의 장례 집기를 운반했던 장례배가 아닐까 추정한다. 또 쿠푸 왕이 살아 있을 때 나일 강에서 타고 다녔던 실제의 배였거나 쿠푸가 죽고 난 후 지하의식을 거행할 때 혹시 그에게 닥칠지도 모르는 위험을 방지하기 위한 상징적인 배라고 추측하는 사람도 있다. 대개 학자들은 태양의 배의 진정한 임무가 무엇이든지, 이 중에서 적어도 2가지 이상의 역할을 하였을 것으로 추측한다.

파라오만 저승으로 가는 길에 태양의 배를 타는 것은 아니다. 규모와 형식은 다르지만 일반인들 역시 미라로 만들어진 후 자신의 무덤에 묻히기 위해서 반드시 태양의 배를 타야 했다.

그런데 미라가 만들어졌다고 모두 태양의 배를 타는 것은 아니다. 죽은 후 70여 일에 걸쳐 미라가 되면 가족의 연장자가 '죽은 사람의 미라를 나일 강 동쪽에서 서쪽으로 이동시켜줄 태양의 배에 태울 것이냐'를 놓고 재판을 한다.

간단하게 말해 이 같은 재판에서 어떤 사람이 나타나 '망자가 생전에 악행을 저질렀으므로 태양의 배를 태워서는 안 된다'고 주장하면, 장례를 집전하는 사람이 고발의 진실성을 검토한다. 그리고 고발한 사람의 주장이 옳다고 생각되면, 비록 미라로 만들어졌다고 해도 태양의 배에 태우지 않고 나일 강 동쪽에 매장하라고 선언한다.

이는 당대의 이집트인들에 있어 저승에서의 부활이 불가능하다는 뜻으로 곧 '영원한 죽음'을 말하는 것이기 때문에 생전에 선하게 살도록 하는 데 큰 기여를 했다. 아무리 권력과 재산을 갖고 있는 사람이라도 죽고 난 후에는 얼마든지 이의제기를 받을 수 있는 것이다. 예나 지금이나 '죽은 사람에게는 관대해지기 마

● 파라오를 위한 태양의 배. 1954년 4월 22일 쿠푸의 대피라미드 남쪽 18미터 지점에서 2대의 태양의 배가 발견됐다. 사진은 당시 여러 조각으로 분해된 채 안치되어 있던 배를 원형 그대로 복원한 제1태양의 배. 목재의 탈수 현상으로 사이즈가 다소 축소되었지만 전체 27미터 길이에 폭이 0.95미터나 되는 엄청난 크기다. 원형의 모습은 총 43.6미터 길이에 폭 5.9미터, 무게 45톤의 대형 배였을 것으로 생각되며, 발굴 현장에서는 6.5~8.5미터에 달하는 6쌍의 로프와 매트리스도 함께 발견되었다. 레바논에서 수입한 백향목이 주된 재료인데 약 150톤의 물건들을 운반할 수 있었을 것으로 추정되었다.[4]

련'이라는 말이 있지만, 대체로 고대 이집트인들은 원한을 가진 사람이 자비를 베풀지 않으면 영원히 죽게 되는 위험성을 부담하면서까지 악행을 저지르고 싶어하지 않았다.

『사자의 서』는
죽은 자들의 필수 지침서

고대 이집트인들은 매우 현실적인 사람들이었다. 그들은 저승에서 부활하자면, 많은 난관이 있다는 것을 알고 있었다. 따라서 어떻게든 그 난관을 해결해야 했는데, 그를 위해서 죽은 자들은 반드시 몸에 『사자의 서』를 몸에 지니고 있어야 했다. '부적'처럼 사자에게 닥칠 수 있는 수많은 어려움을 『사자의 서』가 물리칠 수 있도록 도와준다고 믿었기 때문이다.

그런데 특이하게도 고대 이집트인들은 인간을 삶의 길로 인도하고 인간을 보호하는 신들을 인정하면서도, 그 능력에 반대되는 다른 신들의 존재와 능력 또한 인정했다. 그 대표적인 것이 선을 상징하는 호루스와 악을 상징하는 세트이다. 이집트인들은 낮이 있으면 밤이 있고 빛이 있으면 어둠이 있다는 것을 자신들의 신화 속에 담았다.

부적의 일종인 『사자의 서』를 오늘날의 사고방식으로 접근하면 이해하기 어렵다. 약 200개의 주문들로 이루어진 『사자의 서』는 기원전 16세기경 신왕국부터 이집트의 중심적인 장례 문서로 정착되었는데, 그 개념은 고왕국 시대 피라미드 건축기부터 싹텄다고 보인다.

『사자의 서』는 크게 세 종류가 있다. 고왕국 시대에는 주로 피라미드 현실에 기록했는데 이를 '피라미드 텍스트'라고 한다. 중왕국 시대에는 일반인들도 『사자의 서』를 휴대하기 시작했는데 이 문구를 정리한 것이 '코핀 텍스트'이다. 즉, 미라를 보존하는 관에서 나왔다는 뜻이다.

마지막으로 신왕국 시대부터 프톨레마이오스 왕조에 이르는 『사자의 서』이다. 이때의 『사자의 서』는 시기와 죽은 자의 지위 등에 따라 다르게 제작되므로 통일되어 있지 않지만 대체로 주로 다음 세 가지 내용을 담고 있다.

첫째, 『사자의 서』가 사자의 명복을 비는 장의용 주문집으로 최선의 임무를 다할 수 있도록 초반부는 주로 사자가 몸에 지니고 다녀야 할 것에 많은 부분을 할애했다.

둘째, 이집트인들이 신봉하는 2명의 신, 즉 지하세계를 다스리는 오시리스와 태양 신 라에 대한 찬가이다. 이들 신을 기쁘게 하기 위한 자기 고백과 심판 등이 적혀있는 것이다. 죽은 자들의 세계인 오시리스 왕국에서 사자가 부활해 행복을 누리기 위해서는 자신을 이끌어줄 저승의 신을 찬양하는 것이 무척 당연하다.

셋째, 이집트인들은 『사자의 서』가 사망한 후에도 현생과 같은 삶을 유지시켜주는 역할을 한다고 생각했다. 그래서 죽은 사람이 살고 있을 법한 미래의 세계를 적어 놓았다.

하지만 미래의 세계는 곧 현생의 연장선이기 때문에 『사자의 서』에는 이집트 신화를 구성하는 세계관 및 사회관습, 풍습이 고스란히 반영되어 있다. 예컨대 우주, 태양과 달, 나일 강 등에 대한 신화적 사고와 토템적 신앙뿐만 아니라 중왕국 시대의 평등사상, 사회의 구성 원리였던 족내혼, 일상생활의 소소한 습속 등이 적혀있다. 이승과 저승이 별로 다르지 않는 세계라고 믿었던 까닭이다.

『사자의 서』는 단지 '부적'에 지나지 않는 것이 아니라 사자가 지하세계에서 살아야 할 모든 것을 알려주는 로드맵이었다. 때문에 『사자의 서』를 읽으면 이집트인들의 생활 전반에 걸친 맥락을 알 수 있다.[5] 물론 모든 사람이 동일한 『사자의 서』를 갖고 가는 것은 아니다. 각자의 직업과 생활 여건이 다르므로 『사자의 서』는 고객에 따라 기록되는 내용 또한 모두 달랐다.

『사자의 서』 본연의 목적은 '사자의 사후 부활'로 가장 중요하게 여긴 부분은 무덤 앞에서 행해지는 '사자의 입을 여는 의식'이다. 입을 여는 의식은 사자가 먹고 마시고 생각하고 말하며 움직일 수 있도록 신관들이 힘을 부여하는 의식으로 사자로서는 반드시 거쳐야 하는 장례 절차로 자리매김되었다.

이집트인들이 매우 현실적인 생각을 했다는 것은 입을 여는 의식이 왜 중요한지를 보면 알 수 있다. 사람이 죽고 나면 미라로 만들어지는데 마법의 힘으로 사자를 재생시킨다고 하더라도 아마포로 감싸진 붕대를 사자 스스로 풀 수는 없는 일이다. 그래서 아마포를 제거하기 위해서는 사자의 입을 여는 의식이 필요하다고 생각한 것이다.

죽은 자를 위한
하인 우샵티

다음으로 중요한 것은 사자가 죽은 후 환생했을 때 부릴 하인들을 주문으로 불러오는 의식이었다. 죽어서도 고관은 고관이고 귀족은 귀족이라고 생각했기 때문에, 이집트인들은 죽을 때 반드시 하인 대용으로 우샵티나 샤웁티라고 불리는 인형들과 함께 묻었다. 사자가 살아있을 때와 마찬가지로 편안하게 생활할 수 있도록 하기 위해서였다.

이집트인들의 실용주의적 세계관은 여기서도 명백하게 드러난다. 죽은 후에 부릴 하인들이 필요하다고 해서 고대의 다른 나라들처럼 산 사람을 함께 묻는 순장(殉葬)제도가 나타나지 않고 있는 것이다.[6] (초기 1, 2왕조 시대를 제외하고는 거의 없었다고 추정한다.)

『사자의 서』는 대부분 파피루스에 기록되어 있으며 관 속에 들어있거나 미라를 감싸고 있는 천 속에 끼워진 채 발견된다. 그중 『사자의 서』에서 가장 중요한 내용은 42명의 신들 앞에서 '살아생전에 이러이러한 나쁜 일들을 하지 않았다'는 부정고백의 내용을 적은 부분이다.

제일 우선순위의 부정고백은 살아생전에 폭력을 행사하지도 않았고 강도나 도둑질을 하지 않았으며 사람을 살해한 적이 없다는 고백이다. 특히 신전에 바쳐진 물건을 훔치지 않았고 신을 저주하거나 경멸하지 않았으며, 신의 소를 살해하지 않았음을 고하는 일이 매우 중요했다.

그 다음으로 간음하거나 사악한 말을 하지 않고 사람을 속이지

● 이집트인들은 죽을 때 반드시 하인 대용으로 우샵티나 샤옵티라고 불리는 인형들과 함께 묻혔다. 죽어서도 귀족은 귀족이고 고관은 고관이라고 생각했기 때문이다.

않는 것도 사후 다시 태어나는데 있어 중요한 문제였다. 또, 이집트인들의 젖줄인 나일 강의 흐름을 방해하는 것도 중죄였다. 사자가 42명의 신들에게 '죄를 짓지 않고 선하게 살았다'고 고백한 후 심판을 받아 통과되면, 영혼의 지배자인 호루스 신이 사자의 손을 잡고 오시리스의 옥좌 앞으로 데리고 간다.

이때 『사자의 서』에서 가장 중요한 의식이 벌어진다. 바로 사자의 심장을 재판하는 것이다.

이집트인들은 영혼만큼 중요한 것이 양심을 상징하는 심장 즉 '아브(Ab)'라고 생각했다. 사자는 자신의 육체에서 심장을 떼어내어 양심을 재는 저울에 올려놓고 계량해야 했다. 저울의 오른쪽에는 아누비스와 토트 신이 서 있고, 그 뒤에는 무엇이든 먹어치우고 마는 괴물 아무트(Ammut)가 사자의 심장을 노려본다. 아무트는 행실이 나쁜 사자의 심장을 먹어치우는 것이 그 임무다. 죽은 자의 심장은 진리의 신 마아트를 상징하는 깃털과 비교하여 균형을 이루어야 한다. 그래야 사자가 생전에 악행을 저지르지 않았다는 뜻이 된다. 무죄가 증명되는 것이다. 만약 심장이 깃털보다 무거우면 아무트가 잡아먹거나 깊이를 알 수 없는 동굴로 떨어진다.

이 같은 절차가 무사히 끝나면 이제 오시리스를 알현하기 위한 마지막 판결이 4단계로 이루어진다. 먼저 토트 신이 '사자가 오시리스의 법에 합당하다'는 것을 선포하면, 사자가 그 뒤를 이어 '자신이 말이나 행동으로 다른 사람들을 해치지 않았다'는 사실을 선포한다. 그리고 '신과 인간의 재물에 정직하게 대한다'는

● 심장을 재판하는 장면. 심장의 무게가 깃털과 균형을 이루어야 무죄가 증명되는데, 이집트인들은 심장을 곧 영혼이 사는 곳이자 인간의 본성이 깃들어 있는 곳이라고 믿었다.

것을 선포하며, 마지막으로 '신에 대한 불경죄를 범하지 않는다'고 선언한다.

이 절차가 끝난 후 사자는 드디어 오시리스 앞으로 나갈 수 있다. 오시리스는 사자가 모든 절차를 무사히 통과했음을 보고받고, 사자에게 케이크와 음료를 마시게 하고 자신의 옆에 있도록 허락한다. 그리고 사자는 태양신 라와 함께 내세의 천국에서 살아갈 수 있는 자격을 얻었기 때문에 라의 배에 승선한다.

이것으로 『사자의 서』의 역할이 끝난다. 아울러 그동안 사자를 고민하게 만들었던 공포가 사라지고 내세의 즐거운 여행이 시작된다.

● 스카라베 가슴장식은 사자가 저승여행을 할 때, 혹시 입을지도 모르는 위험으로부터 고인을 보호하기 위한 목적도 있었다.

이집트인들이 심장을 매우 중요하게 여기고, 미라를 만들 때도 시신에서 심장을 꺼내지 않은 이유가 여기에 있다. 심장이 곧 영혼이 사는 곳이자 인간의 본성이 깃들어 있는 곳이라고 믿었기 때문이다. 심장이 없다면 미라가 부활하지 못한다고 믿었던 것이다.

미라와 함께 쇠똥구리 형태의 스카라베를 함께 부장하는 것도 매우 중요한 의미를 갖고 있다. 고대 이집트의 종교적 기록에는 쇠똥구리가 앞다리로 태양과 달의 원반을 쥐고 있는데, 스카라베가 태양과 달을 의미한다는 것은 그만큼 이집트인들에게 중요한 대상이라는 것을 의미한다.[7]

또, 이집트인들은 살아있을 때 지은 죄가 모두 심장에 기록된다고 믿었는데, 쇠똥구리는 죽은 사람의 죄가 적혀있는 심장을 감추어준다고 생각했다. 그래서 이집트 사람들은 거의 모두 쇠똥구리 모양의 스카라베를 항상 목에 걸고 다녔다. 쇠똥구리는 태양이 매일 떠오르는 것처럼 부활을 의미하기 때문이다.

03

파라오를 향한 경배

고대 전제국가에서 이집트의 파라오처럼 엄청난 권한을 부여받은 사람이 또 있을까? 다른 전제국가에서도 왕이 신으로 간주되기는 했지만, 이집트의 파라오는 그들 특유의 내세관에 의해 어떤 나라와도 다른 권한을 부여받았다.

파라오도 인간인 부모의 아들 혹은 딸로 태어난다. 그러나 대관식을 거쳐 파라오가 된 인간은 신의 영기(靈氣)를 얻어 반신(半神)으로 거듭난다. 신들과 이집트인들 사이의 중재자가 된 것이다. 반신인 파라오는 인간의 개체성을 상실하고 과거에 죽은 모든 파라오들, 그리고 미래에 등극할 모든 파라오들과 함께 하나의 몸이 된다. 그러므로 살아 있는 파라오는 신과 인간들이 교류할 수 있는 유일한 통로였다.

이집트인들은 마아트의 옹호자인 파라오 혼자서 법과 질서를 유지할 책임이 있다고 생각했다. 현대적 감각으로 볼 때 파라오는 이집트인들의 수장이므로 최고 재판관이었고, 모든 제례의식을 주재하는 제사장이었다.

법과 질서를 위배하는 사람은 마아트에 맞서는 죄로 간주되었다. 그러므로 이집트에서 죄를 지은 사람들을 처벌하는 것은 세 가지 목적을 갖고 있었다. 왕의 권력을 재확인하고 다른 사람들에게 경고를 주며, 마아트가 회복되었다는 명백한 증거를 보여줌으로써 신들을 기쁘게 한다는 것이다. 파라오는 한마디로 이집트 전 기간에 걸쳐 정의의 사자였다.

그러나 파라오의 삶은 사망한 후에 비로소 더욱 진가가 나타난다. 파라오가 사망하면 반신에서 한 발짝 더 올라가 완전한 신이 되는 것이다. 파라오가 반신에서 신으로 올라가기 위해서는 엄격한 절차에 따라 미라로 만들어져야 했고, 피라미드와 같이 하늘과 연결될 수 있는 '무덤'에 안치되어야 했다. 사망해서 완전한 신이 된 파라오는 이집트 안정과 미래를 위해 선임 파라오들과 함께 공조했다.

죽은 파라오가 이집트인들을 위해 일하기 위해서는 살아서와 마찬가지로 먹고 자는 등 일상생활을 영위해야 했다. 때문에 파라오들은 생전에 자신이 생활하는 데 사용했던 모든 것을 무덤에 가지고 갔다. 당연히 재위기간이 길고 강력한 힘을 발휘했던 파라오는 평상시 가지고 있던 재물 역시 누구보다 많았다.

투탕카문의 무덤에서 발견된 유물 중 상당수는 투탕카문이 생존에 사용했던 것이었다. 그것들은 다른 부장품들보다 값지고 질도 좋았다. 도굴꾼들마다 위대했던 파라오의 무덤을 약탈하려고 혈안이 되었던 이유가 여기에 있다.[8]

이집트를 지켜온 200명의 파라오

이집트 역사에서 왕의 숫자는 학자들의 계산에 따라 다르지만 대체로 200여 명이 넘는다. 그런데 이렇게 많은 파라오가 있었음에도 이집트에는 커다란 왕위 계승 다툼이 없었다. 물론, 남아 있는 기록이 없기 때문에 알 수 없다는 이유도 있다. 하지만 더 큰 이유는 이집트 특유의 이원체제 때문이라고 할 수 있다.

기본적으로 이집트는 동시대에 2명의 파라오가 있었다. 대체로 파라오는 어느 시기가 되면 자신의 아들인 황태자를 자신과 똑같은 권한을 가진 파라오로 책봉하여 이집트를 공동으로 통치했다. 아버지 파라오는 외교 등 외부 일을 관장하고 아들 파라오는 내정을 관할했다. 이집트의 마지막 파라오였던 클레오파트라 7세가 자신의 동생과 결혼해 이집트를 공동으로 통치한 것도 같은 이유이다.

이 시스템은 이집트의 정치적 안정에 매우 커다란 기여를 하였다. 종종 외국과의 전쟁에 출정한 파라오가 사망하였을 경우에도 권력 승계에 따르는 소요나 암투를 사전에 제거할 수 있었기 때문이다. 200여 명의 파라오가 있었던 만큼 이집트 역사에는 파라오와 관련한 수많은 이야기가 있다. 그러나 여기서는 역사상 가장 유명했던 파라오와 이집트 역사와 전통에 비추어볼 때 특이한 경우에 속하는 파라오에 대해서만 설명한다.[9]

■ 메네스

● 눈 화장할 때 쓰는 석판 팔레트(앞). 상하 이집트가 통합되었다는 것을 의미하는 그림으로 암사자 2마리가 S자 모양으로 목을 꼬고 있다.

나일 강의 혜택을 입어 생활이 안정되고 인구가 증가하자 기원전 3500년경 유력한 부족을 중심으로 국가 형태의 연합체가 만들어진다. 당연히 풍족해진 수확물을 지키기 위해 외적의 침략을 막는 군대가 구성되고 왕과 같은 특권층도 생겨났다. 이들은 기후와 관습 등이 유사한 북부의 하 이집트와 상 이집트로 나뉘는데, 남부 지역에서 걸출한 왕자 메네스가 태어나 상 이집트 전역을 자신의 지배하에 통합시켰다. 그리고 북부지방의 통치자들을 굴복시켜 마침내 통일왕국을 세웠다. 메네스가 이집트를 최초로 통일한 때는 기원전 3200년경으로 추정한다.

일반적으로 메네스는 스콜피온과 나르메르가 혼합된 호루스 왕, 또는 전설적인 인물 나르메르로 간주한다. 나르메르는 통일 제1왕조와 제2왕조의 왕들의 묘지 안에 최초로 기념묘를 세운 통치자로 알려져 있으며, 네켄(그리스어로 히에라콘폴리스)에서 발견된 유명한 팔레트에는 그가 상하 이집트를 통합했다는 중요한 그림이 그려져 있다. 이 팔레트는 눈 화장을 위한 화장품을 만드는 데 쓰인 석판으로, 이집트인들은 강한 햇빛으로부터 눈을 보호하기 위해 눈 화장을 했다.

● 눈 화장할 때 쓰는 석판 팔레트(뒤). 상 이집트 왕관을 쓴 메네스(나르메르)가 철퇴로 적의 머리를 내리치는 장면이 그려져 있다.

팔레트 뒷면에는 상 이집트의 왕관을 쓴 메네스(나르메르)가 철퇴로 적의 머리를 내리치는 장면이 그려져 있다. 반면에 앞면에는 나르메르가 하 이집트의 통치자임을 뜻하는 왕관을 쓰고 있다. 그 밑에는 S자 모양으로 서로 목을 꼬고 있는 암사자 두 마리가 있는데 이는 상하 이집트가 통합되었다는 것을 의미하며 나르메르는 티니트 왕조를 열었다고 알려진다.[10]

나르메르가 메네스이든 아니든 '메네스'는 상 이집트와

하 이집트의 국경이자 전략적 요충지인 델타의 하단에 수도를 정하고 이름을 멤피스라고 했다. 멤피스는 '백색의 벽'이란 뜻이며 그곳은 죽음과 소생의 비밀을 관장하는 오시리스 신이 묻힌 곳이다.

메네스는 상 이집트의 백색 왕관과 하 이집트의 붉은색 왕관을 합친 이중 왕관을 사용했으며 왕을 파라오라고 불렀다. 메네스의 아들이 멤피스에 궁전을 세우면서 '페르-아(위대한 거처)'라고 명명했는데 파라오는 바로 '페르-아'에서 파생되었다고 알려진다.

메네스는 이집트 전역에 제방을 세우고 운하를 팠다고 알려진다. 메네스가 사망한 후 첫 두 왕조는 계속 그의 유지를 이어나갔고, 제2왕조 말엽 이집트는 완전히 체계가 잡힌 부유한 통일왕국으로 발돋움한다.[11]

■ 이크나톤

이집트 역사 200여 명에 달하는 많은 파라오 중 가장 특이한 인물은 이크나톤으로 그는 투탕카문의 전전 파라오이다. 그가 이집트 왕들 중에서 특이한 존재로 인식되는 것은 과거의 이집트 신들을 자신이 섬기는 유일신으로 대체하였는데, 이는 이집트 역사상 유일한 역사 이탈의 사례이다.

이크나톤은 아버지 아멘호테프 3세(재위 기원전 1390년~1353년)의 이름을 물려받고 아멘호테프 4세(재위 기원전 1353년~1336년)가 되어 처음에는 아버지의 전통을 계승하였다.[15] 그러나 통치 후 5, 6년이 지날 무렵부터 이집트인들로는 상상할 수 없는 과격한 조치를 내린다.

우선 아몬 신들의 근거지인 테베를 벗어나기 위해 테베에서 500킬로미터 정도 북쪽에 있는 현재의 아비도스에 아케타톤 즉 '아톤의 지평선' 이라는 신수도를 건설했다. 또한 과거의 수많은 신들을 버리고 태양신 '레' 에 관련되는 '아톤' 만을 경배하도록 하면서 이집트 안 모든 신전이나 무덤에서 아몬 상을 없애고 그 이름을 지우도록 했다. 아울러 자신의 이름도 이크나톤(아톤의 광휘)으로 바꾸었다.

● 아멘호테프 4세는 이집트의 많은 신들을 부정하고 유일신 '아톤' 을 내세우는 한편, 자신의 이름도 '아톤의 광휘' 를 뜻하는 이크나톤으로 바꾸었다.

그가 이런 파격적인 조치를 취하게 된 배경에는 당대 이집트의 정황 때문이다. 신왕국은 이집트를 지배했던 힉소스를 물리치고 이집트를 되찾았으므로 모든 곳에서 과거의 영광을 되살리는 데 역점을 두었다. 당연히 테베의 카르나크 신전 사제들의 권위도 더욱 높아져 파라오조차 그들의 협조를 얻지 못하면 왕위를 유지하기 어려울 정도였다.

사제들의 과도한 권력이 통치에 부담으로 작용하자 아멘호테프 3세는 나름대로 대응책을 강구하고 있었는데 이를 완성하지 못하고 사망했다. 그러자 이크나톤은 아멘호테프 3세의 유지를 이어받아 강력한 정책을 시행했다. 사제들의 근간이라 볼 수 있는 이집트의 많은 신들을 부정하고 유일신 '아톤'을 내세운 것이다. 이 논리에 따르면 과거 사제들을 지원하는 수많은 신들의 영향력이 모두 아톤신에게 통합되었으므로, 사제들은 '아톤신'만을 섬기고 그에게만 복종해야 한다는 것이다. 하지만 사제들의 권위를 축소시키려는 이크나톤의 발상은 곧장 대다수 이집트인들의 경원을 샀다.

이집트인의 믿음에서 볼 때 아톤신은 결정적인 문제가 있었다. 아톤신은 태양을 상징하는데 그는 빛이 있을 때는 전능하지만 죽은 자들이 머무는 밤의 왕국에서는 아무 힘도 없는 신이었다. 낮에만 활동하는 유일 창조자에 대한 신화는 밤의 측면에서 볼 때 이집트인들이 가장 중요시하는 어둠의 신, 즉 죽음의 신과 멀어지게 된다는 것을 의미했다. 이집트인들이 가장 중요하게 여기는 '환생'이 불가능해지는 것이다. 한마디로 말하면, 이크나톤의 태양신은 사후의 영원한 생활을 기본으로 인식하는 이집트인들에게는 생각조차 하기 어려운 불순한 믿음이었다.

하지만 이크나톤은 포기하지 않았다. 유일신의 보급을 위해 이집트 전국에 있는 신전들의 폐쇄를 명령했다. 신전 내부에서 행해지는 의식에 참석하는 것을 금지하는 것은 물론 사제들이 운반하는 배 안에 덮인 의식용 조상에 대한 경배, 성스러운 결혼과 다산, 수확의 신비 등을 축하하는 축제도 금지했다.

이 같은 조치에 대한 사제들과 이집트 국민들의 반응은 냉담하기 이를 데 없었다. 그야말로 이집트인들에게는 생 자체를 거부하라는 것과 마찬가지였기 때문이다.

몇몇 역사가들이 혁명 혹은 개혁으로 기술하기도 하는 이크나톤의 시도는 실패로 끝났다. 아톤 신앙은 그의 후계자인 '투탕카문'이 파라오가 되자마자 이미 '질병'이라는 이름으로 불리며 소멸했다. 수도였던 아케타톤도 철저히 파괴되었고, 건설에 사용되었던 자재들은 인근에 건물을 짓는 데 재사용되었다.

이크나톤의 정책이 실패한 원인은 반대세력인 왕족과 보수적인 귀족, 신전 사제들의 재산과 권력 정도를 과소평가한 데 있다. 하지만 실패의 가장 큰 이유는 이집트인들의 정신세계를 정확히 파악하지 못했기 때문에, 국민적인 지지를 끌어내지 못했다는 점이다.

이집트인들은 현생보다 사후 세계의 삶을 더 중요시했다는 것을 앞서 이야기했다. 그들이 생각하기에 현생은 100년 미만이지만 사후 세계는 영원한 것이었으므로, 사후 세계가 없는 '태양의 신'은 종교라고 할 수가 없었다.

특히 이크나톤의 아톤 신앙은 낮에 뜨는 태양만을 강조하는 경향이 있었다. 그래서 구름이나 비가 오는 날에는 '태양의 힘'이 약화되는 것으로 이해되었다. 결국 이크나톤은 이집트의 정신세계를 파라오라는 권위로 파괴하려고 하였기 때문에, 국민적 호응을 얻지 못했다고 하겠다.

그러나 이크나톤은 예술적인 면에 있어서만큼은 대변혁의 업적을 이루었다. 그의 예술적 조예는 정말 놀라웠다. 이크나톤은 이집트 예술가들이 딱딱함과 규범에서 벗어나 자신의 취향과 개성을 자유롭게 발휘할 수 있게 하였다. 작가들에게 사물을 그들의 눈에 보이는 대로 표현할 것을 허락해 이크나톤 자신의 얼굴과

● 이집트 예술사상 가장 자유분방한 아마르니엔 풍 벽화. 이크나톤은 긴 얼굴에 축 늘어진 어깨, 툭 튀어나온 엉덩이와 배, 길고 굵은 다리를 가진 모습으로 묘사됐다.

몸도 수정 없이 사실대로 그리도록 했다.

조각이나 벽화에서 이크나톤은 허약한 사나이처럼 보인다. 얼굴이 길고 비틀어진 어깨는 축 늘어졌으며 배가 나오고 궁둥이가 크고, 다리는 길고 굵은 모습으로 묘사했다. 이집트 역사상 예술적인 면에서 가장 자유분방하였던 '아마르니엔' 예술을 태어나게 한 것이다.

비록 이크나톤이 서양사의 중요한 위치를 차지하는 데는 실패했지만, 그의 유일신 개념은 주목해볼 만하다. 오늘날 서양 문명의 기초라고 할 수 있는 기독교는 유일신을 믿는데, 유일신의 개념은 유대교로부터 파생되었다. 이집트에 있을 때만 해도 히브리인들이 유일신을 믿은 것은 아니었다. 그들도 다신교였다.

『구약성서』에 따르면 히브리인들에게 유일신 개념을 심어준 것은 모세이다. 대체로 모세는 제19왕조에 살았던 사람으로 추정되며, 제18왕조에 살았던 이크나톤의 믿음을 알고 히브리인들을 결속시키기 위해 유일신 개념을 도입했다는 것이 정설이다.

이크나톤이 후대 사람들에게 특별히 주목받는 것은 그의 근친결혼 때문이다. 이크나톤은 스스로 자신을 '신비한 파라오'라고 말했는데, 결혼 이력을 보면 그의 말뜻 그대로다. 그의 첫 번째 아내는 자신의 어머니인 티티이고, 두 번째 아내는 내외종 사촌 누이동생인 네페르티티이다. 세 번째와 네 번째 아내는 그와 혈연관계가 없었으나, 다섯 번째 아내는 그와 네페르티티 사이에 낳은 자신의 딸이었다.

한 가지 특이한 점은 이크나톤이 사망한 후 네페르티티(재위 기원전 1335년~1333년으로 추정)가 그의 왕비로서 투탕카문이 파라오가 될 때까지 잠시 왕권을 쥐었다고 보인다는 사실이다. 네페르티티 왕비가 왕권을 쥘 수 있을 만큼 주관이 뚜렷했다는 것은 이크나톤의 정책을 비판하는 대신관과의 대화로도 알 수 있다.

대신관 : 우리 생활에서 시장을 없애는 것은 불가능합니다. 시장이 없으면 사람들이 물건을 내다팔거나 살 수 있는 곳이 없어집니다. 그것은 신관과 신전이 국민과 신을 이어주는 가교 역할을 하는 것과 같습니다.

네페르티티 : 당신은 왕의 생각을 이해하지 못하고 있어요. 아톤은 단순한 태양이 아니라 만물의 대표자이며 세상 어디에나 임하는 존재입니다. 아톤은 노예의 참상을 허용하지 않으며 인간의 기쁨을 요구해요. 아톤은 새가 나는 방향, 물고기의 길, 모기의 길을 지시합니다. 아톤은 모든 별의 화신이며 자연 속에 있어요. 아톤은 자연 자체이며 '설명이 불가능한 것' 입니다. 사람들이 신뢰를 갖고 이 교리를 이해하면 신을 볼 수 있어요. 아톤은 중개자를 필요로 하지 않아요. 아톤은 그를 사랑하는 자에게나 사랑하지 않는 자에게나 빠짐없이 존재하기 때문입니다.

고대 이집트에서 왕비가 파라오의 그늘에만 있었던 것을 감안하면, 이 같은 네페르티티의 발언은 상당히 예외적이며 여왕으로서 충분한 능력을 발휘했을 것으로 보인다.[12]

여하튼 그녀의 얼굴을 표현한 조각품은 책이나 언론

● 이크나톤의 왕비 네페르티티. 이집트 역사상 실권을 가졌던 소수의 여자 파라오 중 한 명으로 거론된다.

파라오를 향한 경배

매체를 통해 누구나 한번쯤 보았을 정도로 유명하다. 고대 이집트 '미의 화신' 으로서 뿐 아니라 이집트 정부가 해외로 유출된 자국의 유물의 찾기 위해 노력을 기울이는 대표적인 유물 중 하나이기 때문이다.

네페르티티 유물은 카이로 박물관에 하나, 베를린 박물관에 하나 보존되어 있는데 베를린에 있는 네페르티티 흉상을 되찾기 위해 이집트는 독일 정부에 줄기차게 반환을 요청하고 있다. 본의 아니게 '네페르티티' 가 유물분쟁의 대상이 되고 있는 것이다.[13]

네페르티티란 '미인이 왔다' 라는 뜻으로 외국인이었다는 추측도 있지만, 대체로 고관의 딸로 궁중에서 길러진 여자라는 설이 지배적이다. 또, 네페르티티가 파라오와 마찬가지로 활과 화살로 무장한 자신의 전차를 타고 다녔다는 것을 근거로, 학자들은 그녀를 이집트 역사상 특이하게도 실권을 갖고 있었던 여자 파라오 중의 한 명으로 거론하기도 한다. 물론 그녀의 왕권은 명목 뿐이고 실제로는 투탕카문이 사망한 후 파라오가 되었던 그녀의 아버지 아이가 실권을 행사했을 것으로 추정하기도 한다.

■ 람세스 2세

장구한 이집트 역사에서 이집트인들이 가장 자랑스럽게 생각하는 파라오는 람세스 2세다. 람세스 2세는 영화 〈십계〉로 인해 일반인에게 더욱 잘 알려져 있는 인물이기도 하다. 학자들 중에는 모세 시기의 파라오를 람세스 2세보다 약 100년 앞선 인물인 투트모세 3세를 거론하는 사람도 있는데, 이는 뒤에서 다시 설명한다.

람세스 2세는 이집트의 전역에서 발견되는데 카이로의 비행장에서 시내로 들어갈 때, 가장 먼저 발견되는 거대한 석상의 주인공도 바로 람세스 2세이다. 이집트의 영광을 상징하는 람세스 2세는 제18왕조의 말기인 기원전 1303년 이집트 귀족의 아들로 태어났다. 그의 할아버지 프라메스는 원래 제18왕조의 마지막 파라오 호렘헤브의 재상이었는데, 기원전 1295년경 호렘헤브가 후손 없이 사망하자 람세스 1세라는 파라오가 되면서 새로운 왕조인 제19왕조를 세웠다.

람세스 1세는 1년 4개월 동안 이집트를 통치하였고 이어서 그의 아들 세티 1세가 파라오가 되었다. 아버지 세티가 즉위할 때 8살이었던 람세스 2세는 10살 때 이미 국방의 책임자 지위에 오르게 된다. 기원전 1279년 세티 1세가 50살의 나이로 죽자 람세스 2세(재위 기원전 1279년~1213년)는 24살에 '우세르-마아트-레'라는 이름으로 파라오가 되었다.

우와디 에세부아(Ouadi es-Seboua)의 신전에서 발견되는 기다란 리스트에 의할 경우 람세스 2세는 67년간 이집트를 통치했으며 그에게는 최소 6명의 정부인과 여러 명의 후처, 후궁들이 있었다. 람세스 2세는 그들과의 사이에서 왕자와 공주 각각 100여 명의 자손을 얻었는데, 그중 55명의 왕자와 55명의 공주가 장성했다고 한다. 그가 워낙 오래 살았기 때문에 많은 자식들이 일찍 죽었는데, 람세스 2세가 88살(90살이라는 설도 있음)쯤에 죽었을 때는 13째 아들인 메르넵타가 왕위를 계승했을 정도이다.

람세스 2세는 기원전 1290년경(기원전 1286년으로 추정) 히타이트의 무와탈리 왕과 세계 전쟁의 역사상 가장 유명한 전투 중 하나인 '카데시전투'를 벌여 이집트가 당대의 제국임을 세계에 알렸다. 또한 이집트 북쪽의 나일 강 삼각주에 있는 타니스로부터 남쪽 누비아 지방의 아부심벨에 이르기까지 이집트 전역에 걸쳐서 방대한 도시들과 기념물들을 건설하여 '건축의 대왕'이라는 이름을 얻었다.

람세스 2세는 라메세움으로 잘 알려진 자신의 장례 신전을 짓고 누비아에 6개의 신전을 건설했다. 또, 도서관을 지어 '정신의 양식'이라는 현판을 써 붙이기도 했는데, 그가 이렇게 수많은 건축물들을 지을 수 있었던 것은 건축 현장에서 일하는 석공이나 채석공들과 격의 없이 대화를 나누는 등 노동자들을 격려하였기 때문이라고 한다.

람세스 2세가 건설한 기념물 중에서 가장 유명한 것이 아스완에서 320킬로미터 떨어진 돌산의 벽면을 깎아 만든 아부심벨 신전이다. 아부심벨 신전은 정면이 람세스 2세의 모습을 닮은 4개의 거상으로 만들어져 있는데, 각 조상은 높이가 20미터, 얼굴의 귀에서 귀까지의 거리가 4미터, 입술의 폭이 1미터에 달하며 정면을 지지해주는 기둥들의 높이는 31미터나 되는 엄청난 크기이다. 정면 조각 뒤에는 돌산을 파서 만든 신전이 있는데 매년 춘분과 추분 아침 6시경이면 아침 햇빛이 신전의 가장 깊숙한 곳에 위치한 태양신과 람세스 2세의 조상을 환하게 비추도록 설계되어 있다.[14]

● 이집트의 영광을 상징하는 람세스 2세. 이집트 전역에 걸쳐서 방대한 도시들과 기념물들을 건설해 '건축의 대왕'이라는 이름을 얻었다.

사라질 뻔한
세계문화유산

아부심벨 신전이 국토개발과 산업발전이라는 미명 아래 훼손될 위기에 처한 적이 있다. 이집트의 대통령 나세르는 1952년 국토 최남단에 있던 기존의 아스완 댐을 새로운 '아스완 하이댐'으로 대체하는 계획을 세웠다. 아스완 하이댐이 완성되면 매년 나일 강의 수위를 일정하게 유지하고 수십 개의 새로운 산업에 전력을 공급할 수 있기 때문이었다. 아스완 하이댐은 우여곡절을 거듭한 끝에 소련의 지원을 받아 1971년에 완공되었고 댐과 함께 '나세르 호'라는 거대한 호수가 생겼다.

그런데 이 댐이 생기자 건설계획자들이 예상치 못한 문제점들이 발생하기 시작했다. 나일 강의 홍수가 비옥한 충적토를 남겨놓지 않았기 때문에 이집트인들은 수천 년 동안 농사를 지어오면서 처음으로 비료를 사용해야 했다. 또한 침니(모래보다 잘지만 진흙보다 굵은 침적토)가 나세르 호의 바닥에 쌓이면서 해가 갈수록 그 깊이와 저수량이 감소되기 시작했고, 나일 강이 막혀 영양분이 있는 강물이 지중해로 흘러들지 못하자 수상식물들이 사라지기 시작했다.

더욱 큰 문제가 생겼다. 이집트 토양에 함유된 염분이 고대의 유적들을 공격하기 시작하여 피라미드와 스핑크스가 붕괴할 위험에 처한 것이다. 게다가 아스완댐이 예정대로 완성되면 세계적 유산인 아부심벨 신전이 수몰될 수밖에 없었다. 이에 전 세계의 학자들이 들고 일어났다. 세계사적으로 중요한 의미를 가지고

● 1969년 2월, 아스완 하이댐 건설로 인해 자리를 옮겨 복원한 아부심벨 신전. 신전에 모두 1만 7000개의 구멍을 뚫고 송진덩어리로 신전의 바윗돌을 단단히 굳힌 후 신전을 1036개 조각으로 잘라 옮겼다.

있는 아부심벨 신전을 어떠한 방법을 동원해서라도 물속에 들어가게 해서는 안 된다는 것이다.

학자들은 아부심벨 신전을 보호하기 위해 전 국제사회의 동참을 요청하고 나섰다. 이에 50여 국가들이 구난 작업에 기꺼이 참여하겠다는 의사를 표명했다. 아부심벨 신전을 보호하는 방법은 생각보다 단순했다. 아부심벨 자체를 댐이 건설되더라도 수몰되지 않는 65미터 상류로 옮기면 되었다. 람세스 2세의 좌상과 강 양쪽에 위치한 2개의 사원을 고지대로 옮겨 원형대로 복원하는 것이다. '단순한 것이 아름답다' 는 설명처럼 유적을 이전시킬 대상지역 또한 원래 유적이 있던 곳과 비슷하게 조성하기로 한 것은 두말할 나위 없었다.

1963년 아부심벨 신전 이전 공사에는 착수했다. 공사팀은 제일 먼저 바위 절벽을 깎아 만든 신전에 모두 1만 7000개의 구멍을 뚫고, 그 안에 33톤에 달하는 송진덩어리를 밀어 넣어 신전의 바위돌들을 단단하게 굳혔다. 그리고는 거대한 쇠줄 톱을 동원해 신전을 모두 1036개의 블록으로 잘랐다. 블록 하나의 무게가 30톤에 달했으며 신전 주변의 바위들도 1112부분으로 나뉘어졌다.

신전을 옮길 절벽 위쪽의 바위에는 거대한 콘크리트 돔 2개를 만들어 덮어 단단한 인공 산을 만들었다. 계획대로 모든 돌이 상부로 옮겨지자 재조립 작업이 시작되었고 공사는 순조롭게 이어졌다. 1969년 2월 마침내 3200년 전에 탄생된 신전이 다시 완벽한 제모습을 갖춘 채 안전지대로 옮겨졌고, 1969년 3월 춘분에 정확히 람세스 2세가 설계한 '태양의 기적' 이 일어났다. 3200여 년 전처럼 햇빛이 성역에 있는 동상들을 비춘 것이다.[15]

이 공사에는 총 4200만 달러의 비용이 들었고 4년이라는 작업기간이 소요됐는데, 여기에 한국도 50여 만 달러를 지원했다. 어쨌든 이 사건은 인류 문화재를 국제 공동으로 지킬 수 있다는 선례를 남겼으며 자연과 환경을 도외시한 개발이 얼마나 무서운 것임을 알려주는 지표가 되었다. 이후 현재 유네스코에서는 세계적으로 보호해야 할 문화유산을 지정하여 관리 후원하는 데 박차를 가하고 있다. 한국의 경우 세계 유산으로 7건, 세계 기록유산으로 6건, 세계 무형유산으로 3건, 세계 자연유산으로 1개소가 지정되어 있다.

후세 인류에게 감탄을 준 람세스 2세는 그 이후 또 한번 세계인들의 시선을 끌게 되었다. 왕가의 계곡에서 발견된 람세스 2세의 미라가 1976년 파리로 옮겨져 전문가들의 치료를 받은 것이다. 다름 아니라 수많은 곰팡이로 손상된 미라를 보호하기 위해서였다. 재밌는 것은 이 당시 이집트에서 프랑스로 여행하기 위해 미라인 람세스 2세의 여권도 만들어졌는데, 그의 직업란에는 '파라오' 라고 기재되었다.

그의 미라를 조사한 결과 람세스 2세는 피부가 하얗고 붉은 머리에 매부리코를 갖고 있었으며 키는 약 165센티미터인 것으로 밝혀졌다. 또한 사망 당시에 동맥경화증과 척추관절염을 앓고 있

● 람세스 2세의 미라. 피부가 하얗고 붉은 머리에 매부리코를 한 람세스 2세는 사망 당시 동맥경화증과 척추관절염을 앓고 있었던 것으로 밝혀졌다.

었으며 골격은 남달리 견고해 보였지만, 사망하기 직전에는 보행에 어려움을 겪었을 것으로 추측되었다.[16]

프랑스 팀들은 람세스 2세가 잇몸 여러 부분에 화농을 앓고 있었다는 점을 볼 때 그 균이 전신에 퍼져 사망한 것으로 추정했다. 람세스 2세의 미라를 훼손한 곰팡이는 '다에달레아 비엔니스 프리에스'라는 버섯 모양의 균류였는데 프랑스인들은 코발트 60을 이용해 감마선 처리로 이들을 성공리에 퇴치했다.[17]

한편 1995년 왕가의 계곡에서 켄트 박사가 우연하게 람세스 2세의 가족묘를 발견하여 또 한번 세계를 놀라게 했다. 현재도 발굴이 계속되어 규모가 정확히 파악되지 않지만, 큰아들인 허코세프의 이름 등이 적혀는 것은 물론 이곳에 매장된 아들묘의 숫자만 해도 90기나 되었다. 이는 람세스 2세의 자식이 아들딸 모두 200여 명이라는 당대의 또 다른 기록이 사실일지도 모른다는 것을 증명한다. 람세스 2세 가족무덤은 왕가의 계곡에서 가장 큰 무덤으로 일부 도굴되지 않은 부분도 있어 앞으로 많은 화제를 일으킬 것으로 추정한다.

외국인과 결혼하지 않은
이집트 공주

이집트 특유의 전통이 3000년 이상 계속될 수 있었던 요인은 여러 가지 있다. 그중에는 이집트인들의 결혼관에서 기인한다는 다소 생소한 주장도 있다.

이집트 파라오는 전통적으로 외국인 공주와 결혼하지 않았다.

파라오는 자신의 여자형제나 딸, 손녀 등을 아내로 맞이하는 근친결혼을 했다.

고왕국 초창기부터 이집트 파라오는 많은 왕비를 거느렸다. 현대적인 감각으로는 이해되기 어렵지만 이집트인들은 많은 왕비의 숫자야말로 파라오가 일반 사람들과 다른 존재임을 대변한다고 확신했다. 대규모 하렘을 유지한다는 것은 파라오가 아니면 불가능하기 때문이다. 더구나 결혼은 이웃 나라와의 관계를 돈독하게 할 수 있는 좋은 수단이므로, 파라오는 가능한 한 많은 왕비를 갖는 것이 기본이었다.

반면에 이집트 공주가 외국으로 시집가는 경우는 거의 없다고 해도 과언이 아니다. 아멘호테프 3세는 '태곳적부터 이집트의 그 어떤 왕도 공주를 외국인에게 시집보낸 일이 없었다'고 말했다. 본인은 바빌론의 두 공주 및 미탄니의 두 공주와 결혼했음에도 말이다.

이집트에서 공주를 외국에 보내지 않는 것은 물론 공주가 왕족이 아닌 남자들과 결혼하는 것도 금지했다. 결혼으로 인해 아이들이 태어났을 때, 혹시라도 벌어질지 모르는 왕위 계승문제를 사전에 차단하기 위해서다. 더구나 왕실의 근친결혼은 왕손의 숫자를 줄임으로써 왕위 계승권을 보호해주는 기능도 있었다.

학자들은 이집트 왕비들 상당수가 파라오의 친누이나 이복누이였다고 생각한다. 이집트 신화의 오시리스와 이시스도 남매지간이다. 람세스 2세의 경우, 67년간이나 통치하면서 적어도 100명 이상의 자녀들을 낳았다고 전하는데, 학자들은 람세스가 자신의 딸과 결혼하여 낳은 딸 즉 손녀딸과 다시 결혼했을 가능성도 있다고 추정한다.

이집트에서 왕자들 중 어느 한 명이 왕위에 오르면 나머지 왕자들은 왕자로서의 신분을 상실한다. 파라오가 되지 못한 왕자들은 집권하는 쪽에서 볼 때 너무나 위험한 존재이므로 측근에 그대로 남겨두어서는 안 될 존재로 인식되었다. 이런 제도적인 장치로 인해서 이집트에서는 왕위 계승문제가 다른 나라와는 달리 심각한 문제로 대두된 적이 없었다.

오랜 기간 동안 이집트에서 파라오의 가족은 당대 파라오와 그의 어머니, 누이들, 그의 왕비들과 아이들로 제한되었다. 그리고 아버지, 오빠나 남동생, 남편이라는 관계를 통해 왕실의 일원이라는 신분을 얻은 이집트 왕녀들은 평생토록 그 지위를 유지할 수 있었다. 물론 왕궁에서의 생활이란 하렘의 좁은 공간에서 이루어지므로 야심 있는 여자들로서는 답답하고 짜증스러운 일이 될 수 있었다.

공식적으로 발언할 수 있는 권한이 없는 후궁들의 경우, 하렘에서 나갈 수 있는 유일한 길은 아들이 왕이 되어 '왕의 어머니'라는 직함을 얻는 것뿐이었다. 이는 하렘에서 얼마든지 왕을 살해하고 대체할 수 있는 동기가 되었는데, 투탕카문이 하렘의 암투에 의해 살해됐을지도 모른다고 추정하는 이유가 여기에 있다.

그런데 3000년이라는 장기간임에도 불구하고 역사적인 기록만 검토해보면 반역이라든가 쿠데타와 같은 정변은 거의 일어나지 않았다. 이는 정변이 존재하지 않았기 때문으로도 생각하지만,

● 파라오의 가족은 당대 파라오와 그의 어머니, 누이들, 그의 왕비들과 아이들로 제한되었다. 그리고 아버지, 오빠나 남동생, 남편이라는 관계를 통해 왕실의 일원이라는 신분을 얻은 이집트 왕녀들은 평생토록 그 지위를 유지할 수 있었다.

많은 학자들은 이집트인들이 '파라오의 안녕' 즉 마아트를 불안하게 만드는 일이 설령 일어났더라도 그것을 기록하는 데 매우 인색했기 때문으로 생각한다.

이집트인들은 기록을 매우 신성시하고 중요하게 생각했다. 특히 기록 자체가 어떤 힘을 얻어 또 다른 사건을 일으키는 동기를 갖게 만든다고 여겨 기록의 엄밀성을 무척 강조했다. 어떤 불미스러운 일을 기록으로 남긴다는 것은 그 불미스러운 내용이 다음에도 일어날 수 있는 가능성과 근거를 제공한다고 생각했다.

그래서 이집트인들은 어떤 사람이 위대한 업적을 쌓아 그 공적을 벽화 등에 기록했더라도 그가 불명예스런 일을 하면 그 사람에 대한 모든 기록을 지워버렸다. 그에 관한 흔적을 지우는 방법이야말로 그가 다시 일어설 수 있는 기반을 제거하는 것이라고 생각했기 때문이다. 헤로도토스는 바로 그런 금기에 대한 이야기를 적었다.

외국에 나가 있던 세소스트리스가 고국으로 돌아오자 그의 부재 기간 동안 국왕 대리로서 일했던 동생이 그를 영접했다. 그 동생은 세소스트리스를 연회에 초대했고 그도 아들들과 함께 연회에 참석했다. 그러자 왕의 동생은 그 건물 주위에 나무 단을 잔뜩 쌓아놓고 불을 질렀다. 세소스트리스는 그제서야 그 사건의 진상을 깨닫고 자기와 함께 연회에 참석한 왕비와 상의했다. 왕비는 다른 사람들이 밟고 지나갈 수 있도록 아들 둘을 그 불 속에 던지라고 조언했다. 세소스트리스는 왕비가 말한 조언대로 했고, 두 아들이 불타서 죽는 사이에 왕과 다른 아들들은 무사히 목숨을 건질 수 있었다. 그 뒤 왕은 자신의 땅으로 돌아와 동생에게 복수했다.

위와 같은 내용이 전달될 수 있었던 것도 헤로도토스가 이집트인이 아니었기 때문에 가능한 일이었다. 그가 전해들은 내용을 자신의 책에 적어 남겼던 것이다. 한마디로 헤로도토스가 아니었으면 구전이 아닌 바에야 위와 같은 불상사는 절대 알려질 수 없었다.[18]

근친상간으로 이어진 '신의 혈통'

이집트에서는 파라오가 자신의 가족과 결혼하는 것이 보편적이었다. 근친간의 결혼이 파라오 혈통을 유지하기 위한 제도로 정착되었기 때문이다. 파라오는 신이었기 때문에 일반 백성과 결혼할 수는 없었다. 그러므로 신과 가장 가까운 사람인 '근친'과 결혼해 신의 혈통을 이어갔다고 볼 수 있다. 스스로 자신을 '신비한 파라오'라고 칭했던 이크나톤이 자신의 어머니와 결혼한 바 있고, 이집트의 영광을 상징하는 람세스 2세가 자신의 딸과 손녀딸을 아내로 삼았다는 것은 앞서 설명했다.[19]

그러나 현대에 와서 전 세계적으로 가장 광범위하게 적용되는 터부가 근친상간이다. 대부분 사람들이 근친상간이라는 말만 들어도 심각한 거부반응을 일으킨다. 사실 근친 간의 섹스를 의미하는 '근친상간'은 다른 터부와는 달리 행동은 고사하고 그런 욕망을 의식하는 것조차 허용되지 않는다. 학자들은 근친상간을 부정하는 엄한 터부가 인간들에게 뿌리내리고 있는 이유를 다음과 같이 설명한다.

 인간은 혼자 사는 것이 아니라 다른 사람과 관계를 맺으며 살아가야 한다. 즉 타인과의 관계가 성립됨으로써 비로소 '자기'라는 위치를 갖게 된다. 인간은 부모에 대해서는 자식이고 동생에 대해서는 형이나 오빠이고 남자에 대해서는 여자라는 관계가 있다. 그러므로 부모나 가족이 죽었을 때 슬퍼하는 것은 가족이 죽어서 애통하다는 뜻도 있지만, 가족의 죽음으로 인해 자기를 구성하던 가족의 속성, 즉 자기의 일부가 없어지기 때문이다.

그런데 근친상간은 이러한 신분관계를 파괴하며, 신분관계가 파괴되면 '자기'라는 존재가 무엇인지를 알 수 없게 된다. 만약에 딸이 아빠와 섹스를 한다면 아빠는 딸에 대해 아빠가 아니라 한 명의 남자가 되어버린다. 예컨대 두 사람의 인간이 섹스를 하기 위해서는 남자와 여자라는 신분이 있어야 하는데, 근친상간은 한 사람이 이중 신분을 지니게 되어 가족제도가 파괴되기 때문에 이를 터부시하게 된다는 것이다.

프로이트 박사는 친자 간의 심리를 연구하여 오이디푸스 콤플렉스, 즉 근친상간에 대한 심리를 예리하게 분석했다. 남자아이는 엄마, 여자아이는 아빠에 대해 애정을 느끼는 반면 동성에 대해서는 '증오'라는 서로 반대되는 심리를 느낀다.

인간은 특히 동물에서 인간으로 진화되어 가는 과정에서 소위 부친살해(父親殺害)라는 독특한 생각을 거쳤다. 프로이트에 의하면 아들은 태어나면서 최초로 어머니와 가장 친밀한 관계를 맺는데, 그 사이로 끼어드는 사람이 아버지이다. 때문에 아들은 아버지를 경쟁자로 보게 되며 이런 경쟁의식은 증오심으로 이어진다. 그리고 아들의 마음속에서 은밀하게 아버지가 사라졌으면 하는데, 이것이 바로 부친살해의 욕구이다.

물론, 실제로는 아들이 아버지를 죽이는 대신 상징적인 절차로 순화된다. 아버지를 부정하고 극복하여, 아버지보다 더 훌륭하게 되거나 최소한 아버지와 다른 사람으로 변하여 유사부친살해의 의식을 거행하는 것이다.

프로이트는 아들이 이러한 부친살해의 단계를 지나야만 가족공동체의 절대권력자인 아버지와 화해하게 된다고 보았다. 아들과 아버지 간에 일종의 사회계약이 성립한다는 것이다. 프로이트는 그것을 계기로 아들이 아버지 혼자서 독점하고 있던 어머니, 누나, 여동생을 자기 손에 넣어야겠다는 생각을 단념한다고 보았다. 이 충동의 포기가 중요한 요인으로 작용하여 본능의 포기, 상호의무의 수락, 신성불가침 의도의 선언이 이루어지고 도덕과 권리 개념이 시작된다는 것이다. 요컨대 모든 아들들이 부친살해의 단계를 지나야만 아버지 자리에 들어서서 어머니와 누이들을 소유하겠다는 근친상간을 포기하고 이족 간의 섹스를 하게 된다고 보았다. 이 같은 프로이트의 학설은 현재 널리 받아들여지고 있다.

그런데 현대까지도 근친결혼이 통용되는 곳이 예상 밖으로 많이 있다. 동아프리카의 아잔데족의 귀족은 아버지와 딸의 성관계를 허용하며, 아라페쉬족은 남매간의 성관계를 당연한 것으로 생각하고 있다. 또, 일본은 어머니가 다르면 형제자매 간에도 혼인을 금지하지 않아서 남편 형제와의 재혼, 처의 자매와의 재혼이 자유롭다. 특히 사촌 간의 결혼이 허용되므로 도시인구의 약 2퍼센트, 농촌인구의 약 5퍼센트가 사촌 간에 결혼할 정도다.

독일과 영국에서는 숙부 질녀, 숙모 질남 간의 결혼은 금지하지 않는 반면에 중국이나 스페인은 사촌 간의 결혼이 금지되어 있다. 덴마크에서는 부모와 입양한 아들 간의 결혼이 허용되지만, 프랑스에서는 양자와의 결혼을 금지한다고 구체적으로 규정한다. 양자로 받아들인 경우 이혼하거나 사별하여 친자관계가 소멸되어도 결혼은 허용되지 않는다.

04

여자도 파라오가 되었다

이집트에서는 남자만 파라오가 될 수 있었다. 이집트에서 통치권을 가졌던 여왕은 일반적으로 앞에서 설명한 네페르티티 왕비를 포함하여 대체로 3명이라는 설이 유력하다. 나머지 2명은 제18왕조의 여왕 하트셉수트(재위 기원전 1479년~1458년)와 이집트 최후의 여왕 클레오파트라 7세(재위 기원전 51년~30년)이다.

물론 클레오파트라 7세의 언니 클레오파트라 6세(재위 기원전 58년~57년)와 베레니케 4세(기원전 57년~55년)도 잠시 파라오에 오른 적이 있으나 3명의 여왕들처럼 실권을 가졌던 것으로는 보지 않는다.[20] 일부 학자들은 진정한 실권을 갖고 이집트를 통치한 여자 파라오로는 하트셉수트가 유일하다고 주장하기도 한다.

이집트가 존경하는
신의 딸, 하트셉수트

하트셉수트는 투트모세 1세(기원전 1400년~1390년)의 딸로 이복동생인 투트모세 2세(재위 기원전 1483년~1479년)세와 결혼하여 아들, 투트모세 3세(재위 기원전 1479년~1426년)를 낳는다. 그러나 남편이 일찍 죽고 의붓아들인 투트모세 3세가 10살의 나이에 파라오에 오르게 되자 하트셉수트 여왕이 섭정을 하게 된다. 그리고 이내 왕권과 신권을 차지하고 이집트를 통치한다.

하트셉수트 여왕은 파라오의 예복을 입고 상하 이집트 주권을 상징하는 이중관을 썼다. 그리고 의식을 행하러 갈 때는 수염을 만들어 달았다. 그녀가 이집트를 지배했다는 증거로 '케네메트이멘(신성한 빛 라의 딸로서 아몬과 한 몸이 된 여인)' 또는 '하트체페수트(가장 공경 받을 만한 여인)'로 불렀다.

그러나 하트셉수트 여왕이 학자들의 주목을 받는 이유 중 하나는 그녀가 전설의 땅인 '푼트'로 대여행을 했다고 기록되어 있기 때문이다. 자료에 의하면 푼트 지방은 이집트에서 멀지 않은 동쪽에 있는 땅이다. 푼트는 기원전 2450년경의 사후레 왕에서 람세스 3세(기원전 1170년경)까지 적어도 1300년 동안 이집트와 정기적으로 교역했다.

푼트에 관해 현대 학자들이 갖고 있는 지식은 그림 정보인데 자료에 의하면 금과 향기 나는 수지, 고급 목재, 상아, 야생동물(기린, 원숭이, 비비) 등의 이국적인 산물이 생산된다. 또한 푼트 주민들은 적갈색 피부에 외모가 뛰어났다고 전한다. 초기의 그림에서는 사람들의 머리털이 길지만 후대인 제18왕조부터는 짧게 깎은 머리 모양을 하고 있다.

하트셉수트 여왕은 자신의 치세 중 최대의 업적으로 여기고 있었던 이 원정이 끝나자 사후의 안식처로 '데이르 엘-바하리'에 거대한 아몬 장제전을 세운다. 그녀의 정부(情夫)로도 알려진 세넨무트가 건축책임자였는데 그는 하트셉수트를 위해 거대한 문들을 검은 청동으로 만들고 그 위에 금은으로 합금된 호박색의 상들을 조각했다. 특히 기둥의 모양이나 배열에도 신경을 써서 200개가 넘는 조각상, 그녀의 재위 중에 일어났던 주요 사건들을 양각으로 조각했다.

데이르 엘-바하리는 '성스러움 중 성스러움'이라는 뜻으로, 하트셉수트가 사망한 후에는 신전의 한복판에 있는 성소에서 아멘호테프와 평민에서 신이 된 임호텝를 추모하기도 했다. 임호텝은 치료의 신으로 존경받았기 때문에 환자들은 일정 기간 신전에 머물면서 건강 회복에 필요한 치료를 하기도 했다.

아몬 장제전이 특별한 것은 양각한 조각들이 어둠 속에서 볼 수 있도록 배치하도록 했던 과거와 달리 밝은 빛 속에서도 조각들을 볼 수 있도록 했다는 점이다. 특히 아몬 장제전은 주위 경관과 인간의 기술이 어우러진 이집트 건축의 최대 걸작으로 평가받는데, 벽 중에 하나는 음각으로 여왕의 유년시절, 푼트 여행 당시의 일정을 조각했다.[21] 수많은 스핑크스와 조상, 꽃과 수목이 꽉 차 있는 화단 등은 아직도 화려했던 옛 모습을 보여주고 있는데, 세

● 하트셉수트 여왕의 정부였다고 알려진 건축가 세넨무트가 지은 데이르 엘-바하리 장제전. '성스러움 중 성스러움'이라는 뜻을 가졌다.

넨무트가 가장 역점을 두어 조각한 것이 바로 푼트의 여행이다.[22] 이집트학자들은 식물학자와 동물학자들을 동원하여 장제전에 있는 부조 그림을 단서로 푼트 지방을 찾아 나섰다. 이 그림을 토대로 학자들은 푼트를 수단 남부나 에티오피아 지역이라고 추정한다. 장제전의 그림에는 아주 독특한 푼트의 가옥이 보이는데, 갈대로 원뿔형의 오두막을 엮은 집으로 막대기들이 떠받치고 있어 사다리를 통해 집 안으로 들어가야 한다. 그림에 나오는 주변의 식생을 보면 종려나무와 몰약이 생산되는 나무들이 있는데, 몰약을 추출하기 위해 나무를 갈라놓은 모습도 있다.

한편, 하트셉수트 여왕을 솔로몬을 찾아온 전설의 시바 여왕으로 상정하기도 한다. 고대 에티오피아 승려가 쓴 글에 의하면 시바 왕국은 그 영토가 홍해의 양쪽에 걸쳐 있었으며, 시바의 여왕은 솔로몬 왕을 만나러 갈 때 에티오피아에서 출발했다고 한다. 기원후 1세기경에 성서를 번역한 유태인 역사가 요세푸스는 시바의 여왕을 '이집트와 에티오피아의 여왕'이라고 적고 있는데, 제18왕조 시대에는 이집트가 에티오피아도 지배하고 있었으므로 이 기술도 합치된다.

그러나 시바 여왕을 하트셉수트로 가정했을 경우 큰 문제점은 이제까지 이집트 역사에서 정설로 굳혀진 역사적인 사실의 연대를 상당히 낮추어야 한다는 점이다. 즉 이집트 제18왕조는 현재 공인된 이집트의 연대보다 약 500년 정도 뒤로 내려가게 된다. 이 문제는 현재의 이집트 연대표가 정확하지 않으므로 충분한 가능성이 있으며 앞으로 많은 학자들의 연구로 더욱 명쾌한 해답이 나올 것으로 생각한다.[23]

한편 1903년 발견된 하트셉수트 여왕의 미라는 그동안 진위가 확인되지 않았으나 CT 촬영 등을 통해 하트셉수트임이 확인되었다고 2007년 발표되었다. 1903년 하워드 카터가 왕가의 계곡에서 신원 미상의 미라를 발견하고, 1920년에 다른 무덤에서 하트셉수트 여왕의 이름이 새겨진 빈 석관을 발굴한 지 무려 77년 만의 일이었다.

● 하트셉수트 여왕의 푼트 여행 벽화의 한 장면. 몰약을 추출하기 위해 나무를 갈라 놓은 모습.

이집트 정부에서는 컴퓨터 단층촬영을 실시하고 3차원 영상 분석을 통해 미라와 하트셉수트 여왕 가계의 독특한 신체 특성을 비교분석하는 방법을 병용했다. 또한 DNA 검사 결과 여왕의 이름이 새겨진 석관 안에서 발견된 부러진 치아가 미라의 빠진 어금니 자리와 일치한다는 사실을 알아냈다.

투탕카문의 무덤 발굴 이후 이집트 역사상 가장 중요한 발견이라고까지 설명되는 하트셉수트 미라를 분석한 결과 여왕은 뚱뚱했고 당뇨병을 앓았으며, 50대에 간암을 앓아 사망한 것으로 추정된다고 덧붙였다. 이 미라는 현재 카이로의 이집트 박물관에 전시 중이다.[24]

아름답고 빼어난 여왕 클레오파트라

이집트에서 가장 잘 알려진 여자

파라오는 클레오파트라 7세다. 그녀는 이집트의 영광과 함께 사라진 비운의 인물로도 잘 알려져 있는데, 사람들은 대부분 '클레오파트라' 하면 독사에 물려 자살한 이집트 최후의 여왕만을 떠올린다.

그러나 '클레오파트라'는 프톨레마이오스 왕조 시대 왕비들의 전통적인 이름이었다. 즉, 마케도니아의 혈통을 이어받은 프톨레마이오스 왕조의 왕비들은 '클레오파트라'라고 하는 마케도니아풍의 이름 또한 이어받았다. '클레오파트라'라는 이름은 프톨레마이오스 왕가뿐 아니라 알렉산더 대왕의 왕가, 시리아의 셀레우코스 왕가의 여성 이름에서도 발견된다. 알렉산더 대왕의 어머니뿐만 아니라 그의 왕비 또한 이름이 '클레오파트라'였던 것이다.

하지만 수많은 클레오파트라 중에 가장 유명한 것은 우리가 익히 잘 알고 있는 이집트 마지막 여왕인 클레오파트라 7세다.

클레오파트라 7세는 2번 결혼했다. 첫 상대는 그녀의 두 남동생들 중 큰 동생이었다. 그녀의 아버지인 프톨레마이오스 12세 아울레테스는 기원전 51년 죽으면서 18살 된 클레오파트라와 10살 된 아들 프톨레마이오스 13세가 이집트를 공동으로 통치하라고 유언했다. 또한 로마에게 자신의 아이들의 후계를 보장해줄 것을 엄숙하게 간청했다. 이는 이집트의 이원정책 중에 하나이므로 별로 이상한 일도 아니다.

남매간인 클레오파트라 7세와 프톨레마이오스 13세의 결혼은 두 통치자와 그들을 추종하는 자들의 권력다툼으로 이어졌다.

처음엔 클레오파트라가 우세했다. 그녀는 기원전 51년 3월 22일 테베 남쪽에 위치한 헤르몬티스에서 신성한 부키스 황소를 손수 몰고 축성식을 치렀다. 이것은 그녀가 당시에 실권을 장악했다는 증거로 인용된다.

> 두 나라(상하 이집트)의 여 군주이고 아버지를 사랑하는 여신인 여왕이 테베와 헤르몬티스의 주민들과 사제들이 참석한 가운데 왕실 소속 배들과 함께 아문의 작은 배 안에 그것(황소)을 싣고 노를 저어 오셨다.

이 문장은 클레오파트라가 이전 통치자들과는 달리 의식에 몸소 참석했고 그녀의 남동생은 실권을 잃었다는 것을 의미한다. 그녀의 이런 행동은 이집트인들에게 매우 신선하게 받아들여졌다. 클레오파트라가 이집트 역사상 남다른 파라오로 인식되는 것은 그녀의 교양과 자질 때문이다. 이집트에서는 일반적으로 이원체제를 유지하여 부자간이 공동으로 통치하였으나 상황에 따라 아들과 딸이 공동으로 왕위에 오르는 경우도 많았으므로 여자인 클레오파트라도 왕자인 남자와 마찬가지로 왕이 되기 위한 교육을 받았다.

그런데 그녀는 당대의 여자들이 접근하지 않는 산수, 기하학, 천문학, 의학 등 여러 과학 분야에 흥미를 보였다. 그 밖에도 그림 그리기와 노래에 재능이 있어 7현 리라를 다룰 줄 알았으며, 운동신경이 뛰어난데다 움직이는 것을 좋아해 춤과 승마에도 남다른 재능을 보였다. 특히 클레오파트라는 역대 파라오들과는 달리 그리스어는 물론 이집트어를 비롯하여 혈거인(穴居人)어, 히브리어, 아람어, 시리아어, 메디아어, 파르티아어 등 아프리카와 중동의 여러 언어를 자유자재로 구사할 수 있었으므로 이집트인들로부터 인기가 있었다.[25]

그런데 그녀가 즉위한 지 얼마 안 되어(기원전 50년 9월 5일부터 기원전 49년 9월 3일 사이) 클레오파트라는 프톨레마이오스 13세의 옹호자들에게 축출된다. 알렉산드리아는 물론 이집트에서 추방된 그녀는 시리아로 피신했다.

클레오파트라와 영웅들의 사랑

당시 지중해 세계는 폼페이우스와 카이사르 사이에 곧 전쟁이 일어날 태세였는데, 그리스 동부지역 전체 특히 이집트는 폼페이우스 편이었다. 때문에 폼페이우스는 기원전 48년 9월 파르살로스에서 카이사르에게 대참패하고 난 뒤 알렉산드리아로 와서 이집트의 지원을 얻고자 했다. 그런데 13살의 프톨레마이오스 13세와 그의 측근은 클레오파트라와 폼페이우스가 연합할 것을 두려워해 폼페이우스를 살해한다. 그들은 당대 로마의 실력자인 카이사르에게 기대를 걸었기 때문이다. 폼페이우스가 살해된 지 3일 후에 카이사르가 알렉산드리아에 도착했다. 그런데 카이사르는 프톨레마이오스 13세 측근들의 기대처럼 반응하지 않았다. 카이사르는 왕과 그의 세력을 후원하는 대신 자신의 세력을 확고히 하기 시작했다. 게다가 프톨레마이오스 12세로부터 '로마에게 이집트 왕을 보호해달라' 는 공식 요청을 받았으므로 카이사르는 법률적인 장치까지 확보하고 있는 셈이었다.

카이사르는 두 이집트 왕에게 군대를 해산하고 자신의 판단에 복종할 것을 요청했다. 클레오파트라는 즉각 찬성했다. 그녀는 약자의 위치에 있었기 때문이다. 한편 프톨레마이오스 13세도 측근에 의해 알렉산드리아로 오기는 했으나 군대를 해산시키지 않은 상태였다.

문제는 카이사르가 이 당시 이집트 군에 맞설만한 군대를 갖고 있지 않았다는 점이다. 그는 폼페이우스를 체포하기 위해 이집트에 왔기 때문에 별다른 군대 병력을 동원하지 않은 상태였다. 당시 카이사르는 보병 3200명과 기병 800명뿐인데 반해 이집트 군은 보병 2만 2000명에 기병 2000명을 확보하고 있었다. 더구나 알렉산드리아를 봉쇄한 이집트 군은 72척의 함선을 보유하고 있었는데 이는 그 당시 지중해 병력 중 최강이었다.

카이사르는 응원군이 올 때까지 알렉산드리아의 거점에서 버티기로 결정했다. 카이사르에게는 유리한 점도 있었다. 프톨레마이오스 13세와 클레오파트라가 카이사르와 함께 같은 궁에 머무르고 있었기 때문이다. 사실 카이사르가 막강한 이집트군에 대항하여 버틸 수 있었던 것은 두 명의 파라오가 자신의 은거지에 있었기 때문이다.

그의 버티기 작전은 성공하여 페르가몬의 미트리다테스가 나바타인과 유대인들로 구성된 군대를 이끌고 알렉산드리아에 도착했다. 곧바로 프톨레마이오스 13세 병력과 전투가 벌어졌지만 프톨레마이오스 13세는 패배했고 수많은 군인들과 함께 전사했다. 학자들은 전쟁이 끝나자 클레오파트라가 그녀의 또 다른 동생인 12살 된 프톨레마이오스 14세와 결혼했다고 추정한다. 그리고 동생과 함께 공동 통치자로 복귀했으리라 생각한다.

카이사르는 전투에 승리하고 클레오파트라의 입지를 공고히 한 후 곧바로 로마로 출발했다. 카이사르가 이집트를 떠난 사이에 클레오파트라는 아들을 낳았는데, 아들의 이름이 프톨레마이오스카이사르이다.[26] 달리 '케사리온'이라고 불리기도 한다.

클레오파트라는 카이사르의 아들을 낳아 승승장구하면서 로마의 감독 아래 이집트를 통치했다. 카이사르는 클레오파트라를 로마로 불러들였고 그녀는 카이사르의 파르네세 빌라에 거주했다. 로마인들이 보기에 클레오파트라는 로마의 영웅인 카이사르를 유혹한 요부에 지나지 않았다. 그러나 클레오파트라는 로마인들이 자신을 싫어한다는 것에 개의치 않았다. 그녀는 아들 케사리온을 데리고 대중 앞에 등장하여 자신의 요구를 관철시키기도 했다.

카이사르의 비호 아래 클레오파트라는 로마인들의 비난을 꿋꿋이 이겨나갔다. 하지만 기원전 44년 카이사르가 브루투스에게 암살당한 후 상황이 달라지자, 그녀는 로마를 벗어나 곧장 이집트로 돌아갔다. 당시 로마법에는 외국인을 후계자로 삼을 수 없게 되어있었기에 클레오파트라는 조금도 지체하지 않고 이집트로 탈출했다. 때마침 이집트는 프톨레마이오스 14세가 죽었기

● 카이사르를 유혹하는 클레오파트라. 전설에 의하면 클레오파트라는 하인을 시켜 반라의 상태인 자신의 몸을 양탄자에 둘둘 말게 한 뒤 값진 선물을 가져왔다고 말하며 카이사르 앞에서 풀게 했다고 한다. 장 레옹 제롬(Jean-Leon Gerome, 1824~1904)의 그림.

때문에, 그녀는 자신의 아들 케사리온을 프톨레마이오스 15세로 왕위에 앉히면서 이집트 문제에만 전념했다.

카이사르가 죽은 다음 로마는 안토니우스, 옥타비아누스, 레피두스의 제2차 삼두체제(三頭體制)에 의해 통치된다. 원래 안토니우스는 카이사르가 죽자 자신이 후계자가 될 것으로 예상했다. 그러나 공개된 카이사르의 유언장에는 그의 조카인 옥타비아누스가 후계자로 지명돼 있었다.

안토니우스는 카이사르의 후계자인 옥타비아누스를 제압할 힘이 부족했다. 때문에 그와 화해하고 레피두스와 함께 삼두정치에 합의한다. 로마의 통치지역을 분할해 각각 다스리고자 한 것이다. 안토니우스는 지금의 프랑스 지역인 갈리아, 레피두스는 에스파냐, 옥타비아누스는 아프리카와 사르데냐, 시칠리아를 관할하게 되었다.

처음에는 안토니우스가 잘 나갔다. 그는 기원전 42년 10월 카이사르의 살해범들을 상대로 한 전쟁에서 승리하여 로마인들로부터 눈도장을 받았다. 더구나 그가 패배자에게 보인 관용은 친구들은 물론 적으로부터도 호감을 샀다. 안토니우스가 실질적인 제국의 일인자로 자리를 굳힌 것이다.

이때 클레오파트라가 로마의 반대자들을 지원하자 안토니우스는 클레오파트라에 항의하기 위해 잠시 이집트에 들르게 된다. 자신에게 항의하기 위해 도착했다는 것을 잘 아는 클레오파트라는 이 기회를 오히려 자신에게 유리하도록 돌려놓고자 했는데, 그녀의 예상은 적중했다.

이미 카이사르의 마음을 사로잡고 그의 아들까지 낳은 전력이 있는 클레오파트라는 그 유명한 '진주귀걸이 시음' 사건을 일으키는 등 자신의 미모와 부를 동원해 안토니우스를 유혹했다. 그리고 자신의 연인으로 만들었다.

이 사건을 계기로 안토니우스와 옥타비아누스는 로마의 패권자가 되기 위해 피할 수 없는 전쟁을 벌이게 되었다. 기원전 31년에 안토니우스-클레오파트라 연합군과 옥타비아누스가 격돌한 '악티움 전투'는 500척의 대선단(大船團)과 4만의 대군이 동원된 싸움이었지만 결과는 안토니우스의 패배였다.

학자들은 당초에 클레오파트라가 악티움 해전의 패배를 그리 심각하게 생각하지 않았다고 추정한다. 그녀가 옥타비아누스를 자신의 세 번째 애인으로 유혹하는 것쯤이야 어렵지 않다고 생각했다고 파악한다.

그러나 클레오파트라의 예상대로 되지 않았다. 클레오파트라는 옥타비아누스에게 3번에 걸쳐 많은 재보를 보내면서 자신의 희망을 간접적으로 전달했지만, 옥타비아누스는 재보를 받아들이면서도 그녀의 제안에 대해서는 아무런 대답도 하지 않았다.

클레오파트라는 최후의 담판을 짓기 위해 우여곡절 끝에 옥타비아누스를 만났다. 그녀의 소원은 아들인 케사리온에게 물려줄 이집트의 왕위를 빼앗기지 않는 것과 여왕으로서 여왕다운 죽음을 맞이하는 것이었다. 하지만 옥타비아누스는 그녀의 제안에 대해 단 한 마디의 답변도 없이, 그녀를 로마로 보내 길거리에서 쇠사슬로 묶어 끌고 다니겠다며 증오심을 드러냈다.

● 클레오파트라의 죽음. 오늘날 학자들은 클레오파트라가 일산화탄소 중독으로 죽었다고 주장한다. 장 앙드레 릭상스(Jean Andre Rixens, 1846~1924)의 그림.

 기원전 30년, 전하는 바에 따르면 옥타비아누스의 마음을 돌려놓는 데 실패한 클레오파트라는 스스로 독사에게 물려 죽음의 길을 선택함으로써 최후의 자존심을 지켰다고 한다.
 그런데 현대 과학은 클레오파트라가 독사에 물려 죽은 것이 아니라고 설명한다. 당시 클레오파트라가 죽은 현장에는 여왕과 함께 몸종인 이라스와 샤르미온이 죽어 있었다. 전설에 의하면 2명의 몸종들도 여왕이 물린 독사와 같은 독사에 물려 죽었다고 하는데, 과학적인 관점에서 볼 때 그것은 잘못되었다고 한다.
 로마의 철학자 세네카는 "독사는 처음 발작했을 때 가장 잔인하고 위험하며, 땅굴에서 막 나왔을 때가 제일 위험하다. 또 한번 물고 나면 독액이 유실되어 위험성은 점차 감소된다"고 하였다. 세네카의 이러한 주장은 오늘날의 학자들도 인정하고 있는데,

방울뱀의 경우 한 번 무는 것으로 독이 거의 소진되어 두 번째는 독성이 거의 없고, 세 번째는 무독 상태가 되며 독액이 다시 분비되어 고일 때까지는 일정한 시간이 필요하다고 한다.

한 법의학자는 여왕이 일산화탄소에 중독되었을 가능성을 제기하며 독사설이나 독액설을 부정한다. 그리고 여왕의 방 문이 철저히 봉쇄되어 있었다는 사실과 탄(炭)이 연소할 때 발생하는 유독가스의 효능을 여왕이 알고 있었고, 안토니우스의 장례로 인해 탄과 태울 수 있는 도구들을 쉽게 구비할 수 있었던 것에 주목한다. 특히 당시의 정황을 적은 내용을 보면 여왕은 침대 위에, 한 몸종은 그 발 밑에, 또 다른 몸종은 방문을 향해 쓰러져죽어 있었는데 이 사실은 여왕의 일산화탄소 중독 가능성을 더 높여주고 있다고 법의학자는 설명한다. 이를 두고 《사이언스올》은 '과학은 클레오파트라의 전설 중 가장 잘 알려진 독사의 죽음마저 엄밀함을 요구하고 있다' 고 적은 바 있다.[27]

현재 이집트의 알렉산드리아 해저에서 당시 클레오파트라 여왕의 궁전을 포함하여 프톨레마이오스 왕조의 유적을 발굴 중이다. 이미 수심 7미터의 해저에서 고대의 조각, 건축 자재, 기둥의 머리 부분, 항아리 등이 발견되었는데, 이것들은 4세기에 일어난 지진으로 함몰된 것으로 추정된다. 그리고 이곳에서 세계 7대 불가사의 중 하나인 파로스 등대도 발견됨에 따라 서양의 문화사에 관심이 있는 사람들은 당분간 알렉산드리아의 발굴에서 눈을 뗄 수 없을 것으로 보인다.

05

이집트 상형문자는
어떻게 풀렸을까?

이집트의 놀라움은 그리스나 로마가 아직 암흑시대에 있을 때, 나일 강 주변에서 세계에서 가장 발달된 문명을 갖고 있었다는 점이다. 이집트인들은 이미 기원전 3000년경에 법률을 갖고 있었고 정치도 알았다.

이집트를 방문하는 사람들이 더욱 놀라는 것은 돌이나 나무, 헝겊, 파피루스 등 수많은 글자가 기록된 자료들이 엄청나게 많다는 점이다. 물론 이들 자료들이 길고 긴 이집트 역사 전 기간에 걸쳐 만들어진 것이라는 사실을 떠올려보면 극소수에 불과하다고 생각할 수도 있다.

오랜 시간이 흐르는 동안 위대한 고대 문명이 후대에 의해 망가지고 소실된 예는 무수히 많다. 알렉산드리아 도서관에 보관되어 있던 수많은 자료들이 파괴된 것은 643년이다. 당시 이슬람의 군주인 오마르는 수많은 이집트 기록을 불태우라고 명령했다. 또 16세기 로마의 기독교인들은 로마 광장 주변의 고대 건물들을 파괴했으며, 교황들은 분수를 장식할 대리석을 고대 건조물에서 구하기도 했다.[28]

그러나 이집트는 가장 오래된 문화와 역사를 가지고 있으면서도, 후대의 어떤 나라들보다 더 많은 고대의 자료가 오늘날까지 남아있다. 바로 이집트의 왕성한 기록문화 때문이다. 고대 이집트인들은 자신들이 당대 세계 최고의 문명을 가졌다고 자부했기 때문에 그들이 겪은 수많은 사건들을 기록하는 데 주저하지 않았다.

고대 이집트 문자는 히에로글리프(신성문자), 히에라틱(신관문자), 데모틱(민중문자) 등 3가지이다. 주로 상형문자로 불리는 히에로글리프는 수메르 문자와 같이 세계에서 가장 오래된 문자로 인정받는데, 이집트가 공식적으로 왕조시대로 들어가는 제1왕조부터 고안되어 왕의 이름이나 업적 등을 기록하는 데 사용되었다. 기본적인 문자의 수는 700여 개로 각 문자는 본래의 소재 자체를 나타내는 표의문자였으나 음의 전용에 의해 표음문자의 구실도 한다. 특히 두음(頭音)의 활용으로 24개의 알파벳이 정해졌으므로, 이는 오늘날 세계에서 널리 쓰이고 있는 각종 알파벳의 가장 오래된 '선조'라고 말해진다.

표음문자가 첨부되자 상형문자는 더욱 확대되어 가로와 세로,

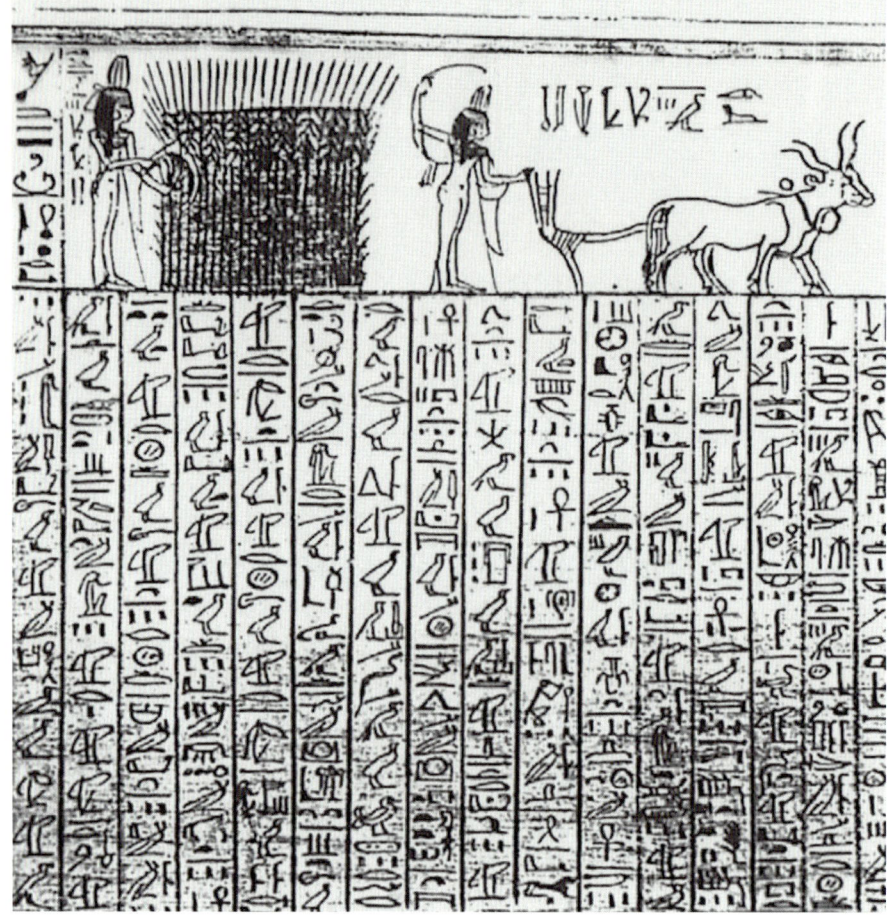

● 이집트 상형문자는 각종 알파벳의 가장 오래된 선조이며, 고대 이집트에서 글을 쓸 수 있다는 것은 굉장한 특권이었다. 그래서 '서기'는 손쉽게 부와 명예를 얻었다.

좌우로 자유롭게 방향을 달리하여 쓸 수 있다.

그러나 표음문자 첨부로 피할 수 없는 결함도 생겨났는데 그것은 동음이의어 때문이다. 특히 상형문자는 자음만 나타내기 때문에 아직 문자로 기록된 말의 발음을 완전히 복원하지 못하고 있다.

신관문자는 파피루스와 점토에 쓰기 쉽도록 더욱 단순화된 서체로, 상형문자가 발명된 후 곧바로 사용됐을 것으로 추정한다. 그리고 민중문자는 대체로 기원전 664년인 제26왕조부터 민간인들에게 사용되기 시작한 것으로 보인다.[29]

고대 이집트에서 글쓰기는 신관이 도맡았다. 상류층 자제들은 신관이 운용하는 학교에서 읽기와 쓰기를 배웠는데 공부하는 것이 간단한 일은 아니었다. 당시에 글을 쓸 수 있다는 것은 굉장한 특권이었다고 보인다. 고대 이집트에서는 '서기'가 되면 다른 일에 비해 명예와 재산을 얻기가 더 수월했다.

물론 글쓰기가 쉬운 일은 아니었다. 제대로 글을 숙지하지 않으면 문책을 받았다. 다음은 한 서기가 동료에게 잘못된 글쓰기에 대해 핀잔을 주는 내용이다.

> "자네의 글은 그럴듯한 문장도 있지만 지나치게 꾸밈이 많네. 모든 사물이 가지고 있는 의미를 잘못된 표현에 가둬두고 있어 모두 변변치 못한 것뿐이네. 자네는 머리에 떠오르는 대로 말을 해석해서 왜곡하고 있어. 더구나 자네가 쓰는 말은 하 이집트에서 사용하는 거야."

오토 노이바트는 이 글이 쓰였던 시기에 이집트는 외국어가 많이 유입되어 이집트어를 왜곡시키고 있었다고 말한다. 한 파피루스에는 외국어를 배척해서 이집트 언어의 순수성을 지키라는 포고도 적혀 있다.[30]

이와 같이 이집트인들이 상형문자를 고수하려고 한 것은 신의 말씀은 상형문자로 적어야 한다는 믿음 때문이다. 100년만 흘러도 특별한 지식 없이는 이해가 되지 않을 정도로 변화하고 마는 언어의 특징을 생각해볼 때, 이집트에서 그토록 오랫동안 상형문자가 사용돼왔고 후대에까지 전해져왔다는 것은 무척 놀라운 일이다.

그러나 상형문자에게도 종말은 찾아왔다. 이집트인들이 상형문자 쓰기를 거부한 것이 아니라 기독교의 영향 때문이었다.

이집트를 통치하고 있던 비잔틴제국의 유스티니아누스 황제(재위 527~565)가 신전폐쇄령을 내리면서 이집트어 사용을 금지한 것이다. 때문에 상형문자를 알던 사제들마저 사라지게 되었고, 이집트 상형문자는 19세기 초 샹폴리옹이 해독에 성공할 때까지 거의 1300년 이상 망각의 글이 되고 말았다.

이집트어를 해독하게 된 데는 필연적으로 나폴레옹의 이집트 원정과 로제타석이 등장하므로 먼저 나폴레옹의 원정에 대해 설명한다.

나폴레옹의 이집트 원정과
문명의 재발견

이집트 역사를 거론하면 반드시 나폴레옹이 거론된다. 이집트를 재발견하고 이집트학이 자리잡는 데 있어 나폴레옹의 공헌이 크기 때문이다.

사실 나폴레옹이 이집트 원정길에 나선 것은 그가 원했던 일이 아니었다. 나폴레옹이 전쟁에서 승승장구하면서 국민적 영웅으로 떠오르자 그를 견제하기 위해 탈레랑 수상이 이집트 원정을 명한 것이었다. 원정의 명분은 '영국의 인도 통상로를 끊기 위해서' 였다. 이집트는 영국의 인도 교역로로서 지중해와 인도양을 잇는 길목이었던 것이다.

나폴레옹은 1798년 5월 13척의 전함, 6척의 프리기트함 등에 총 3만 명의 장병을 싣고 지중해 남부의 툴롱 항구를 출발했다. 함대는 이탈리아에 들러 증원군을 태웠고, 두 달 후 코르시카 북쪽에 있는 말타를 점령한 뒤 1798년 7월 1일 알렉산드리아에 상륙했다.

당시 이집트는 맘루크 왕조가 장악하고 있었는데, 나폴레옹은 이집트인들에게 자신들은 침입자가 아니라 이집트를 해방시키러 왔다고 선전했다. 그리고 7월 21일에 맘루크군을 '피라미드의 싸움' 에서 격파하고 이집트를 점령한다.

그러나 나폴레옹은 연달은 전투에서 진 후 이집트에 고립되고 만다. 영국의 넬슨 제독과 벌인 해전에서 패배한 것이다. 이집트에 고립된 나폴레옹은 좌절하지 않았다. 오히려 이집트를 적극적으로 통치하는 데 힘을 써서 기자, 블라크, 구 카이로, 신 카이로 등 4곳에 야전 병원을 건설하고 행정구조도 획기적으로 정비했다. 또 이집트 국민들에게 세금을 부과하고 인구조사를 실시해 본격적인 식민통치의 틀을 잡는 데 경주했다. 그리고 이집트 학사원을 설치하여 학자들에게 고대 문화를 조사 연구하게 하였다.

물론 그리 오래지 않아 나폴레옹은 프랑스로 떠났다. 예상치 못한 풍토병으로 장병들을 잃은데다 유럽 대 프랑스 동맹 간에 선전포고가 선언되었기 때문이다. 이집트에 있어봤자 더 이상 의미가 없다고 판단한 나폴레옹은 본국의 승낙을 받지 않았음에도 불구하고 400명의 부하를 데리고 1799년 8월 22일 알렉산드리아 항을 출발한다. 그리고 프랑스에 도착하자마자 쿠데타를 일으켜 황제로 등극한다.

사실 프랑스군의 이집트 점령은 1801년 9월에 끝나 실제 통치기간은 단 3년밖에 되지 않았지만, 이집트에 변화를 가져오기엔 충분했다. 나폴레옹이 세운 이집트 학사원의 학자들은 그때 자신들의 조사를 토대로 『이집트 지』를 편찬했다.

『이집트 지』는 200여 명의 화가들이 제작한 907장의 도판집으로 3000여 점의 그림이 포함되어 있는데, 이집트에 산재한 유적과 동식물의 생태, 이집트의 풍경과 이집트인의 일상생활을 소개하고 있다. 따라서 엄밀한 의미에서 볼 때 이집트학은 나폴레옹이 편찬한 『이집트 지』에서 기원한다고 해도 과언이 아니다.[31]

이집트에 대한 자료들이 속속 발간되자 유럽에서는 곧바로 이집트에 대한 신드롬이 일기 시작했다. 고고학자들 간에 미라, 조각, 오벨리스크에 관한 논쟁이 붙었고, 화가들은 그림의 배경으로 이집트의 각종 풍물을 그렸다. 황실의 재봉사도 이집트 문양을 사용했으며 장인들은 가구에 스핑크스와 악어를 조각했다. 영국의 명망 있는 귀족이었던 알렉산더 공작은 스스로 미라가 되었다.

미국 역시 그 물결에서 예외는 아니었다. 테네시 주에 하 이집트의 수도와 같은 이름인 '멤피스'라는 도시가 생겼고, 1880년에는 뉴욕의 센트럴 파크를 장식하기 위하여 '클레오파트라의 바늘'이라는 오벨리스크를 수입했다.

로제타석과 상형문자 해독의 실마리

이집트학과 관련해 나폴레옹의 성과를 단적으로 보여주는 것이 로제타석이다. 로제타석은 1799년 7월 나폴레옹의 공병 장교 피에르 프랑스와 자비에르 부샤르에 의해 발견된 세로 114센티미터, 가로 72센티미터의 현무암으로 된 검은색 돌이다. 이집트 북부 지중해변의 한 마을인 로제타에서 옛 건물의 담을 헐어내다가 발견되었는데, 이 석비는 원래 삼각주 지방의 중심지였던 도시 사이스의 궁정 광장에 세워졌던 것으로 추정된다.

사실 나폴레옹은 이집트 원정이 결정되자 원정군에 군인뿐 아니라 학자도 포함시켰다. 3만 8000명의 장병 외에도 과학자 300명,

수학자 20명, 천문학자 3명, 토목기사 17명, 자연과학자와 광산기사 13명, 건축가 4명, 화가 8명, 인문학자 10명, 라틴어·그리스어·아랍어 등을 인쇄할 수 있는 인쇄기술자 22명을 편성한 것이다.[32] 이들 중에는 당대에 대단히 뛰어난 학자와 예술가도 있었다. 기하학자이자 물리학자인 몽주, 화학자 베르톨레, 과학자 조프루아 생틸레르, 고고학자 조마르, 동방학자 비방 드농, 크레용 그림으로 유명한 콩테, 시인으로 유명한 파르스발 그랑메종 등이다.[33]

이로 인해 나폴레옹은 다른 지도자와는 달리 학자들을 우대하였으며 전쟁만을 일삼는 전쟁광이 아니라고 선전되었다. 또, 이때 발견된 로제타석이 결국 고대 이집트 문명을 밝히는 데 결정적인 역할을 한 것은 사실이다.

그러나 나폴레옹이 학자들을 데리고 이집트에 원정을 간 것은 이집트를 보다 정확하게 파악하여 그들의 재산을 손쉽게 약탈하기 위한 방안 중의 하나였다는 지적도 음미할 만하다. 당시는 어느 나라 지휘자든지 간에 외국을 침략할 때면 나폴레옹과 같이 학자들을 대동하는 것이 관례였다. 또한, 나폴레옹이 이집트를 점령하기 전부터 유럽 사람들은 이집트에는 몇 천 년 혹은 몇 만 년 전에 건설됐을지 모르는 거대한 건축물 '피라미드'가 있다는 것을 알고 있었다.

그중에서 가장 잘 알려진 사람은 도미니크 비방 드농 남작이다. 그는 루이 15세의 시종관이었고 루이 16세 때에는 나폴리의 프랑스 대사관에서 서기관으로 근무했는데, 프랑스의 공포시대에

● 상형문자 해독의 결정적인 힌트를 제공한 로제타석. 프톨레마이오스 5세의 공적을 고대 이집트 문자와 그리스어로 병기해놓았다.

도 살아남은 특이한 경력의 소유자이다. 나폴레옹이 몰락한 후에도 이집트 탐사대에 참여했던 그의 경력은 사라지지 않아 루이 18세는 그를 루브르 박물관 관장으로 임명했을 정도이다. 여하튼 그는 유럽에서 이집트학을 일으킨 장본인으로 지목되는데, 1802년 파리에서 출판한 그의 『이집트 고지대와 저지대의 여행(Voyage dans la Haute et la Basse Egypte)』은 전 유럽을 흥분시켰다. 이 책은 나일 강 유역의 경이로운 고대 세계에 대한 최초의 화보집이었다. 그의 책에 그려진 하나하나의 그림들은 유럽인들이 살고 있는 세상과는 너무나 달랐다. 또한 1809년에 발간된 유명한 나폴레옹의 『이집트 지』는 섬세하고 완벽한 고대 문명의 유적들을 사실적으로 그려주어 유럽인들을 동화의 세계로 몰아넣었다.

어쨌든 드농의 책은 그 당시 사람들로서는 판매부수가 헤아려지지 않을 만큼 대단한 성공을 거두었는데, 무려 40판을 찍을 정도였다. 드농의 책과 『이집트 지』가 보여준 피라미드와 이집트의 수많은 유물이 어찌나 이국적이었던지, 유럽의 상류층에서는 신혼여행을 이집트로 갔다 오는 것이 유행이 되었다. 그래서 이집트와 관련된 물건이나 유물이 한 점이라도 없으면 상류사회 인사로 대접받지도 못할 정도였다.

이집트에 매료되면 될수록 사람들은 이집트의 상형문자를 궁금하게 여겼다. 조각이나 각종 건물의 벽면을 장식하는 것들이 그림 같기도 하고 글씨 같기도 해 더욱 신비감을 불러일으켰다. 학자들은 이집트의 문자를 해독하는 것이야말로 이집트를 정확하게 알 수 있는 길이라며 상형문자 해독에 매달리기 시작했다. 그러나 상형문자를 해독하려는 노력은 이보다 훨씬 앞선다. 1600년대 중반 독일의 아타나시우스 키르허는 오벨리스크에 새겨진 상형문자를 해독했다며 번역서 4권을 출간했다. 그러나 추후에 이 책에 기록된 번역은 단 한 줄도 맞는 내용이 없다는 것이 밝혀졌다. 18세기 말 스웨덴의 아케르블라드와 덴마크학자 조에가도 상형문자를 해독할 수 있다고 발표했다. 아케르블라드는 상형문자의 기호들이 알파벳을 구성하는 철자라고 판단했고, 조에가는 타원형 테두리(카르투슈)가 왕 이름을 표시하는 것이라고 추정했다. 엄밀한 의미에서 그들의 추정은 일부 옳은 면도 있으나 더 이상 진전은 없었다.

여하튼 이집트의 문자를 해독한다는 것은 간단한 일이 아니므로 학자들의 고민은 컸다. 그런 상황에서 로제타석이 발견되었으니 이집트학자들이 어떻게 흥분하고 열광하지 않을 수 있었겠는가.

상형문자에 대한
학자들의 오해

원래 로제타석은 프랑스가 발견했지만 프랑스군이 알렉산드리아에서 영국군에 항복하면서 프랑스가 확보하고 있던 이집트 유물은 영국으로 넘어갔다. 로제타석에는 기원전 196년 3월 27일 당시 12살 난 프톨레마이오스 5세의 즉위 1주년을 기념하는 내용과 평범한 공적들이 기록되어 있다. 로제타석에는 이집트의 상형문자, 상형문자를 흘림체로 쓴 민중문자(고왕국 시대부터 사용되던 파피루스나 나무판에 쉽게 기록할 수 있는 필기체의 일종으로 제26왕조인 기원전 664년에서 기원전 525년 사이에 만들어져 사용하기 시작했다), 그리스어 등의 3개 문자가 기록되어 발견 당시부터 학자들의 주목을 받았다. 그리스어로 '거룩한 기록'을 뜻하는 상형문자는 기원전 3200년부터 기원후 394년까지 약 3600년 동안 사용되었던 고대 이집트의 공식 문자이다. 그리스어는 이집트의 마지막 왕조인 프톨레마이오스 왕가의 사람들이 그리스인이었기 때문에 기록된 것이다.

로제타석이 발견된 직후인 1799년 8월 《이집트 통신》은 '이 돌은 상형문자 연구에 상당한 성과를 갖고 올 것이다. 아니 그것을 해독하는 열쇠를 마련해줄지도 모른다'고 보도했다. 이집트의 비밀을 풀 수 있다는 기대를 갖고 많은 학자들이 로제타석 해독에 몰두했다. 그러나 5세기에 호라포론이 "상형문자는 상징적인 의미를 갖고 있으며 그려진 사물이 지닌 성격과 문자의 의미가 같다"고 기록한 것이 상형문자 해독에 결정적인 장애가 되었다. '상형문자는 표의문자'라는 선입견을 심어주었기 때문이다.

처음에 학자들은 상형문자를 그림문자로 생각했으므로 모든 기호를 그림으로 해석하려 들었다. 그런데 스웨덴의 아케블라드가 로제타석의 민중문자 속에서 그리스어와 관련되는 고유한 이름을 포함한 단어들을 해독함으로써 이집트어 해독에 대한 중대한 진전을 보였다.

뒤이어 영국의 만능천재로 알려진 토머스 영(영 계수의 창안자)이 타원형 테두리 속에 있는 상형문자가 왕들의 이름을 적은 것임을 밝혔다. 또한 토마스 영은 1815년 필레(아스완 댐 북쪽의 나일 강 가운데 있는 섬)에서 발굴된 2개의 비문에서 베레니스와 클레오파트라라는 이름을 찾아냈다. 클레오파트라는 로제타석에 있는 글자와 똑같았다.

토마스 영은 일부 기호들이 상징문자라기보다는 '음성학적'이라는 대담한 아이디어를 갖고 있었음에도 더 이상 진전시키지 못했다. 상형문자란 실질적인 발음에 의거해 적은 글자이며 이들 '상형문자는 훗날 페니키아인들에 의해 새로운 형태를 취하게 됐고, 이후 그리스어의 모음이 추가되어 라틴어에 의해 알파벳으로 변했다'고 논리를 전개시키기에는 지나치게 확대 해석하는 것이라고 생각했기 때문이다.

그런데 처음부터 토마스 영이 예상했던 가설을 채택하고 상형문자의 뜻을 깨치려 했는 사람이 있었다. 바로 언어 해독의 천재 샹폴리옹이다. 샹폴리옹은 로제타석의 탁본 복사판을 가지고 로제타석 원문을 한 번도 본 일 없이 해독작업에 들어갔다.

샹폴리옹은 어려서부터 언어적인 면에서 천재성을 보였는데, 일설에 의하면 고대의 언어 구조를 잘 알고 있는 샹폴리옹이 탁본을 보자마자 해독에 성공했다고 한다. 샹폴리옹은 그리스어로 써진 로제타석의 글이 프톨레마이오스 왕을 칭송하는 것이므로, 이집트 상형문자로 써진 글에도 '프톨레마이오스' 왕의 이름이 반드시 들어있을 것이라고 생각했다. 샹폴리옹은 기호들 가운데 유독 타원형으로 둘러싸인 기호에 주목했는데, 이는 로제타석을 해독하려고 노력했던 다른 선임자들도 모두 같은 생각이었다.

샹폴리옹의 상형문자 해독에 결정적인 영향을 미친 것은 필레의 오벨리스크에서 발견된 타원으로 둘러싸인 기호인 '프톨레마이오스'와 '클레오파트라'였다. 로제타석에도 '클레오파트라'라는 이름이 나오는데, 이는 당연한 일이었다. 클레오파트라는 프톨레마이오스 5세의 왕비이며 이집트의 왕비였기 때문이다.

샹폴리옹은 '클레오파트라'와 '프톨레마이오스'가 카르투슈 안에 적혀있으므로, 두 문자를 비교해 공통으로 나오는 P, O, L을 찾았다. 그는 자신이 찾아낸 이 기호들이야말로 P, O, L을 소리 내는 발음기호임에 틀림없다고 생각했고, 이어서 표음문자가 되기 위한 발음기호들을 연결하기 시작했다. 그리고 자신의 가설이 틀리지 않았음을 확신하며 생각을 정리해나갔다.

샹폴리옹이 다른 학자들이 성공하지 못한 상형문자 해독에 성공한 것은 '상형문자가 표음문자인 동시에 표의문자일지도 모른다'고 가정했기 때문이었는데, 그의 가정은 확실히 옳았다. 샹폴리옹은 모두 850여 개의 기호들로 구성된 상형문자가 복잡한 것은 다른 언어에서는 보기 힘든 독창성을 갖고 있고, 3가지 기호로 이루어져있기 때문이라는 것을 밝혔다. 그리고 상형문자는 3가지 문자를 모두 갖고 있다고 주장했다.

① 대상이나 사물을 나타내는 전형적인 그림으로 된 표의문자는 서로 겹쳐 사용되기도 하면서 추상적인 개념까지 표현했다.
② 소리를 표기하기 위해 표음문자가 사용되었다.
③ 문맥 속에서 어느 한 기호가 구체적으로 어떤 대상이나 사물을 지적하

는 것인지 알려주는, 즉 부호역할을 하는 결정문자로 되어 있다.

상형문자의 문장은 왼쪽에서 오른쪽으로, 오른쪽에서 왼쪽으로, 그리고 위에서 밑으로 읽을 수 있는 등 한글과 유사한 면도 있다. 표음문자는 일종의 알파벳 역할을 하는 30개의 홑소리글자와 80여 개의 겹소리글자, 그리고 50여 개의 세겹소리글자 등으로 구분된다. 상형문자의 특징은 거의 완벽하게 구어를 기록할 수 있는데다 구체적인 대상은 물론 추상적인 개념도 잘 나타낼 수 있으므로 농업, 의약, 법전, 교육, 종교 예배, 전승, 기타 문학 일반에 관련된 자료를 모두 기록할 수 있었다.

고정관념을 깬 언어의 천재 샹폴리옹

샹폴리옹은 1790년 프랑스 남부 피지에크에서 태어났는데 나폴레옹이 이집트로 원정 갔을 때는 그의 나이 7살이었다. 샹폴리옹은 6살도 되기 전에 읽고 쓰기를 마친 천재소년으로 알려져 있다. 이에 대해 많은 한국인들은 6살에 글을 읽는 것이 무슨 천재냐고 반문하는데 그것은 프랑스 어를 이해하지 못하는 데서 나온 말이다. 일반적으로 프랑스에서는 프랑스 문법을 정확하게 구사하는 것이 어렵다고 보기 때문에 한국으로 보면 초등학교 4학년부터 비로소 프랑스 문법을 배우기 시작한다.

1801년이 되자 동생이 재능을 알아본 맏형 자크가 11살 난 샹폴

● 고대 이집트 문자를 해독해낸 언어의 천재 샹폴리옹(Jean-Francois Champol-lion, 1790~1832). 고정관념을 깨고 '상형문자는 표음문자인 동시에 표의문자'라는 가설을 세움으로써 상형문자 해독에 성공할 수 있었다.

리옹을 그레노블의 사립학교에 입학시킨다. 샹폴리옹이 언어에 소질을 보여 라틴어, 그리스어, 히브리어를 쉽게 익히는 것을 보고 훌륭한 학자가 될 것을 예감했기 때문이다.

그해 어느 날 나폴레옹과 함께 원정에 따라갔던 푸리에가 샹폴리옹을 집으로 초대해 이집트에서 가져온 유물들을 보여주었다. 샹폴리옹은 로제타석의 탁본을 보고 아직 해독하지 못했다는 말을 듣고 자신이 해독하겠다고 말했다고 하는데, 일설에는 나폴레옹의 이집트 원정에 참가했던 샹폴리옹 대위가 푸리에보다 먼저 조카인 샹폴리옹에게 로제타석 탁본을 보여주었다고 한다. 1807년 9월1일, 17살 난 샹폴리옹은 파리국립고등학교에서 「파라오가 다스리던 때의 이집트」라는 논문을 발표했다. 교수들은 어린 소년의 빼어난 통찰력과 확고한 논리에 놀라 19살의 어린 나이임에도 불구하고 그를 역사학과 조교수로 받아들이기로 했다. 그후 샹폴리옹은 도서관이나 연구소에 파묻혀 인도의 산스크리트어와 아랍어, 페르시아어를 공부했다. 중국어와 콥트어(이집트의 기독교인들이 사용했던 언어)도 익혔는데, 특히 콥트어 실력이 매우 뛰어나 그가 콥트어로 쓴 일기를 본 어떤 학자가 옛 이집트 문헌으로 착각하고 주석을 붙일 정도였다고 한다.

샹폴리옹 형제는 나폴레옹과 직접 만나기도 했다. 나폴레옹이 실각한 후 엘바 섬에서 탈출해 다시 황제가 되자 그는 샹폴리옹에게 콥트어사전이 출판되도록 돕겠다고 약속했다. 그래서 항간에는 샹폴리옹의 능력에 감탄한 나폴레옹이 그가 있는 학교까지 찾아가 콥트어를 이집트의 공용어로 만들어주겠다고 했다는 소문까지 떠돌았다.

여하튼 1822년 샹폴리옹은 마침내 상형문자 푸는 기초 원리를 「다시에 씨에게 보내는 편지, 음운 상형문자의 자모에 관하여 (Lettre a M. Dacier, relative l'alphabet des hieroglyphes phonetiques)」라는 논문을 발표했다. 논문의 주제는 상형문자가 소리글자인 표음문자와 유사한 성격을 갖고 있다는 것이었다. 또한 샹폴리옹은 27개나 되는 파라오의 이름을 해독해 이집트 상형문자의 음가(音價)

를 밝혀냈는데, 그때 그의 나이는 겨우 31살이었다.

이집트 상형문자를 해독했다고 발표하자 샹폴리옹에게 응분의 보상이 따랐다. 샤를르 10세는 이집트학 강좌를 열도록 칙령을 내릴 정도였다. 그러나 샹폴리옹은 유명한 콜레주 드 프랑스의 초대교수로 임명된 지 얼마 지나지 않은 1832년 3월 4일에 "너무 이르다. 할 일이 많은데…"라는 말을 남기고 세상을 떠났다. 그의 나이 41살이었다.

이집트 상형문자 해독에 있어 샹폴리옹이 결정적인 계기를 마련하긴 했지만, 우리는 이집트 상형문자가 완전히 풀린 것은 아니라는 것을 이해할 필요가 있다. 샹폴리옹은 상형문자 가운데 어떤 것은 알파벳과 같은 소리(음가)를 나타내고, 어떤 것은 부호 하나가 그대로 한 낱말이기도 하며, 또 어떤 부호는 그 하나로 아주 복잡한 뜻(개념)을 나타내기도 한다고 밝혔는데 이 수수께끼들이 완전하게 모두 풀린 것은 아니기 때문이다. 그것은 아직도 상형문자로 써진 글의 정확한 발음을 파악할 수 없다는 점으로도 알 수 있다. 따라서 독자들은 고대 이집트어로 된 글을 읽을 때 학자마다 발음을 서로 다르게 적을 수 있으므로 주의해서 읽을 필요가 있다. 아마도 이런 불편함은 또 다른 샹폴리옹이 나올 때까지 기다리는 수밖에 없을 듯하다.[34]

III.

피라미드 건축의 의미

01

피라미드와
이집트 문화

세계 각지에서 건설된 수많은 대형 건축물 중에서 이집트의 피라미드처럼 인상적인 건물은 많지 않다. 그것은 필론의 '세계 7대 불가사의' 중에 이집트의 피라미드가 포함되어 있는 것으로도 알 수 있다. 필론이 기원전 3세기의 사람임을 감안하면 피라미드가 필론이 살던 시대에도 줄기차게 사람들의 시선을 끌었음을 의미한다.[1]

파라오의 저주를 이해하려면 이집트인들의 내세관과 이집트 기후의 부산물인 미라, 피라미드를 이해해야 한다. 특히 피라미드를 여느 문명과 다른 이집트 특유의 작품으로 이해하지 않으면, 결국 '파라오의 저주'라는 문제의 본질을 놓치게 된다.

이집트인들은 왜 피라미드를 건설했을까? 그리고 지금으로부터 약 5000년 전 세계 각지의 보편적인 문화 수준이 신석기 후반일 때, 이집트인들은 어떻게 쿠푸의 대피라미드와 같은 건축물을 세울 수 있었던 걸까?

왕조 시대가 열리기 전 오랜 세월 동안 고대 이집트의 장례는 간단했다. 사막 경계에서 약간 깊은 구덩이에 시체를 놓고 모래로 덮었다. 그러면 건조한 공기와 더운 모래의 접촉을 받아 시신이 급속히 탈수되어 수의가 썩기 전에 자연적인 방법으로 완전하게 보존 처리가 되곤 하였다. 이렇게 매장된 미라를 우연히 발견한 이집트인들은 죽은 후에도 살아갈 수 있으려면 시신 보존이 중요하다고 생각하게 되었다.

그러나 조그마한 구덩이에 시신을 매장하던 원시적인 방식에서 벗어나 차츰 커다란 무덤을 만들고 관을 사용하자 모래가 시신과 직접 접촉하는 자연적 환경이 조성되지 않아 미라가 만들어지지 않게 되었다. 그래서 사람들은 인위적으로 미라를 만들기 시작했다.

시신을 영구히 보관하는 데는 또 다른 문제점이 도사리고 있었다. 애를 써서 미라로 만들고 모래나 자갈로 커다란 봉분을 만들었음에도 끊임없이 불어 닥치는 사막의 바람이 무덤을 파괴하거나 자칼 등의 동물들이 돌을 파헤쳐 시체를 훼손하곤 하였던 것이다. 때문에 고대인들은 무덤을 안전하게 지키는 방법을 생각해내게 되었다.

이런 용도로 개발된 것이 진흙 벽돌로 상부가 평평하고 옆이 경

● 사막에서 발견된 미라. 이집트에서는 건조한 공기와 더운 모래 때문에 시신이 급속히 탈수됐다. 그래서 수의가 썩기 전에 자연적인 방법으로 미라 상태가 되었다.

사진 '마스타바' 형 무덤이다. 이는 피라미드의 기원이 되는데, 마스타바는 아랍어로 '벤치' 라는 뜻이다. 직사각형의 무덤 모양이 이집트인들의 집 앞에 놓여 있는 흙벽돌로 만든 벤치와 유사하다고 해서 붙여진 이름이다.

마스타바 무덤들은 오늘날 아비도스, 나카다, 사카라, 기자, 메이둠, 아부시르 등지에서 발견된다. 초기의 마스타바들은 암반을 파고 내려가서 매장실을 만든 다음 장례가 끝난 뒤 천장을 나무 등으로 메우고 그 위에 흙벽돌로 직사각형의 언덕을 만든 형태였다. 그러다 후대에 이르면 점점 더 큰 마스터파가 건설되었는데, 무덤 속에는 여러 개의 방을 만들었다. 죽은 사람의 미라를 안치하고 사자를 위한 물건들을 넣기 위해서다. 높이가 5미터에 달하는 마스타바의 경우에는 완공된 후에 매장실로 통하는 계단식 통로를 설치하기도 했다. 그러나 마스터파는 이내 피라미드에게 자리를 내준다.

피라미드는
하늘에 오르는 계단

'피라미드'라는 말은 그리스어 피라미스(Pyramis)에서 기원한다. 이 명칭이 고대 이집트어 'mer'에서 직접 파생했는지 아닌지는 밝혀지지 않았지만, 어쨌든 여기에 정관사 pa를 덧붙인 'pamer(피라미드, 묘석)'라는 말은 피라미드와 유사하게 들린다.

학자들에 따라 'mer'라는 말은 'em-ar'에서 파생한 것으로 보는데, 이는 '통치자가 매장된 뒤에 하늘로 올라가는 장소'를 뜻한다. 제5왕조의 마지막 통치자인 우나스의 피라미드 석실 벽에 쓰인 '피라미드 텍스트'에는 '영생의 별을 향해 승천하는 것'이란 글이 있는데, 이는 죽은 왕들의 소망을 잘 보여준다.

피라미드는 삼각뿔 형태로 정상이 뾰족하다. 학자들은 피라미드가 왜 이런 형태를 갖고 있는지에 대해 완전한 결론을 낸 것은 아니지만, 대체로 하늘에 이르는 성스러운 계단을 의미한다고 설명한다. 하늘 또는 높은 곳이 갖는 신화적 의미에 대해 미르치아 엘리아데는 다음과 같이 설명한다.

'가장 높음은 당연히 신의 속성이 된다. 인간이 도달하기 어려운 최상층 성좌는 초월, 절대적 실체, 영원성의 성스러운 위엄을 의미한다. 이런 영역은 신들이 거주하는 곳으로 특별한 사자들의 혼은 천상에 오르자마자 인간성을 잃어버린다."

중요한 것은 이렇게 독특한 형태의 피라미드가 파라오를 상징하는 기념비이자 그들의 거처인 '복합장례건축물'이라는 것을 이해하는 것이다. 일반적으로 피라미드는 제식 행위를 위한 건축물이며 부속건물이 있고 크기가 다양했다. 피라미드 묘역에는 파라오뿐만 아니라 사망한 파라오의 다음 서열에 해당하는 친족과 신하들의 묘소가 있다.

피라미드 건축물의 핵심은 피라미드 신전과 본체이다. 피라미드 신전은 외부와 내부로 나뉘는데 외부는 장제신전, 내부는 영전에 제물을 바치는 성소이다. 장제신전에는 미니 피라미드인 제식용 피라미드가 있는데 '카 피라미드(Ka-Pyramid)'라고 불렸다. 물론 두 곳 모두 성역이었기 때문에 일반 백성은 들어갈 수 없었다.

대형 피라미드가 세워지는 과정은 대부분 비슷하다. 파라오가 죽으면 필요한 모든 제식을 치른 다음 미라로 만든 시신을 묘실 안에 안장했다. 그리고 피라미드를 폐쇄한 후 건설공사의 마지막 흔적까지 지웠다.

이때부터 피라미드는 사자가 아닌 살아있는 사람들의 활동무대로 바뀌었다. 사자가 차질 없이 저승으로 떠나기 위해서 피라미드에는 사제와 신전관리인, 서기뿐만 아니라 악사와 수공업자, 농부가 필요했다.

피라미드를 관리하고 운영하는 기구가 따로 있었던 이유가 여기에 있다. 해당 기구에서는 밭과 마을 및 작업장을 관리하고 신전에 필요한 식량과 장비를 조달했다. 신전 소유의 땅이 있었으며 여기에서 필요한 물품을 마련했다. 파라오가 거처하는 수도와 궁전, 왕들의 성전 역시 서로 경제적 네트워크를 이루었으며, 피라미드에 물품을 조달하는 데 게을리 하지 않았다.

피라미드 텍스트에 의하면 죽은 파라오는 하루에 5번(내세에서 3번, 이승에서 2번) 식사를 했다. 마지막 식사는 당직을 서는 사제들이 담당했다. 피라미드 하나에는 250명 정도의 인원이 근무했다고 보이는데, 피라미드가 늘어날수록 피라미드를 관리하는 데도 엄청난 인력과 비용이 들어갔다. 이것이 후대에 피라미드를 계속 건설할 수 없었던 이유이다.

피라미드를 관리하는 사제 계급은 매일 제식을 수행하는 대신 부수적으로 생기는 제물을 특별히 나누어가질 수 있었고 윤택한 생활수준도 보장받았다. 사제와 신관은 왕명에 따라 운하건설이나 군역 같은 의무를 면제받거나 면세 혜택도 받았다.

사제들은 가족과 함께 피라미드 묘역 근처의 국가 소유 거주지에서 살았다. 이 도시는 피라미드 묘역과 함께 조성했는데, 이들이 사는 곳은 피라미드를 건설하던 노동자들의 거주지와는 전혀 달랐다. 노동자 거주지는 대개 사막에 있었고 피라미드 건설이 끝나면 폐쇄했지만, 수많은 피라미드 도시는 고왕국 후기까지 거주지로서 계속 번성했다.[3]

이집트에 대형 피라미드가 등장하기 시작한 것은 상하 이집트가 통일되면서부터이다. 통일왕국이 되면서 파라오의 권한은 자연적으로 크게 커졌고, 이는 대형 피라미드를 건설하는 원동력이 되었다.

학자들은 고왕국과 중왕국 시대에만 약 130기의 피라미드가 건설되었다고 추정한다. 그리고 고대 이집트 문화가 소멸할 때까지 적어도 그만큼 더 세워졌을 거라고 보는데, 현재 위치가 확인된 피라미드는 80여 기다.[4] 그중 중요한 의미를 지니고 있는 피라미드는 다음과 같다.

조세르의
계단식 피라미드

학자들이 말하는 진정한 피라미드의 시작은 조세르 왕의 피라미드(기원전 2630년~2611년)부터다. 조세르 피라미드는 수도인 멤피스 교외 사카라에 위치해 있는데 조세르 이전 왕들의 전통적인 마스타바를 여섯 단 연속해서 쌓은 형태를 하고 있다. 그러나 멀리서보면 피라미드 형상으로 보이므로 계단식 피라미드라 불린다.

이집트를 방문한 사람들은 4600년 전의 건축물이 현재도 그 위용을 자랑하고 있는 것을 보면서 매우 놀란다. 계단식 피라미드는 바닥면의 길이가 가로세로 121미터, 109미터이며 높이는 60미터인데, 당시 일반적으로 건설되던 마스타바를 완전히 압도한다.

조세르 왕의 피라미드는 20쿠데(이집트의 척도 단위, 10.48미터) 높이의 성곽이 직사각형으로 둘러있고, 중앙에 계단식 피라미드와 파라오의 묘가 있다. 그리고 성곽과 피라미드 사이에는 여러 가

● 조세르 왕의 계단식 피라미드. 전통적인 마스터바를 여섯 단 연속해서 쌓은 형태를 하고 있지만, 멀리서 보면 피라미드 형상이다. 가로 121미터, 세로 109미터, 높이 60미터.

지 용도의 건축물들이 배치되어 있다.

이곳의 건물은 두 가지 형태로 나눌 수 있다. 한 가지는 실제로 들어갈 수 없는 건축물인 '위장건물'로 이는 상징적 기능만 가진다. 들어갈 수 없는 신의 예배당을 건설함으로써 제식이 행해질 때마다 예배당에 머무는 신이 언제나 동참하고 있다는 것을 보여주는 것이다.

다른 한 가지 건축 형태는 사제들이 제식을 치르는 동안 실제로 들어갈 수 있는 건물이다. 이 건물들은 제식을 치를 때마다 실제로 사용했는데, 이것은 조세르 피라미드의 모델이 되었던 왕궁을 단순화시킨 석조건물이다.

조세르 왕의 피라미드도 처음에는 정사각형 평면의 마스타바로 설계되어 건설하기 시작했다. 그런데 건축 도중에 피라미드의 개념이 설정되어 2번이나 설계가 변경되었고 현재와 같은 대형 피라미드로 건축되었다.

화강암으로 된 조세르 왕의 시신 안치소는 28미터 깊이의 구덩이 안에 있으며 같은 높이의 지하 갤러리로 둘러싸여 있다. 동쪽에는 여러 개의 방이 있고 서쪽에는 장례 가구들을 보관할 수 있는 공간이 있다. 또, 기다란 회랑에는 왕족들의 석관이 안치된 소규모 방들이 나열되어 있는데 무려 4만여 개의 병, 돌로 된 식기들이 부장되어 있었다. 조세르 왕이 자신의 복합 장례 건축물을 짓게 된 이유는 다음과 같은 꿈 때문이라고 한다.

나는 신이 파라오에게 주는 제2의 영원한 생명을 얻고자 높은 산꼭대기에 혼자 올라가 기도하고 있었다. 그러자 하늘에서 눈부시게 빛나는 긴 계단이 내려왔다. 나는 단숨에 그 계단을 뛰어 올라가려고 했다.

꿈이 예사롭지 않다고 생각한 조세르는 재상인 임호텝에게 자신의 꿈을 이야기했고, 임호텝이 그 꿈을 현실화시켰다고 한다. 임호텝은 재상이자 헬리오폴리스의 대사제이며 건축가로서 훗날 신으로 숭배된다.

전설에 따르면 임호텝은 원래 항아리를 다듬는 장인이었다. 그런데 재능이 너무도 뛰어나 궁전의 행정가로 발탁되었다가 재상의 지위까지 오른 인물이다. 임호텝은 매우 다재다능하여 위대한 예언자이자 의사이며 천문학자에다 주술사였다. 때문에 후손들에게 '의술의 신'이라고 불렸으며, 그는 그리스인들이 숭상하는 의학의 신 아스클레피오스와 동일시되었다.[5]

피라미드 건축의 진화와
스네푸르 피라미드

제4왕조의 시조 스네푸르(기원전 2575년~2551년)는 고왕조의 가장 위대한 건축자로서 피라미드를 우리가 알고 있는 형태로 완성한 사람이다. 하늘로 향하는 강력한 이미지를 더욱 구체화해 계단식 피라미드의 높은 계단을 삼각형의 전면으로 변화시킨 것이다. 학자들에 따르면 스네푸르 왕은 생전에 3기(혹자는 5기라고 주장)의 피라미드를 건설했다고 한다.

첫 번째 피라미드는 54도 28분의 경사각에 바닥면이 가로세로 각각 184미터, 높이 128미터로 설계되었다. 그러나 돔으로 설계된 석재의 무게 때문에 균형을 잃자 공사 도중 경사각을 조절하였다. 그래서 최종적인 상부의 경사각도는 43도 22분, 높이는 105미터로 그 유명한 직사각형 피라미드가 되었다.

스네푸르 왕은 인근에 두 번째 피라미드를 건설한 후 2킬로미터 북쪽에 더욱 거대한 세 번째 피라미드를 건설한다. 이 피라미드는 바닥면이 정사각형으로 가로세로 각각 220미터이며 높이는 104미터, 각도는 43도 22분이다. 이들 피라미드의 부피는 300만 세제곱미터를 넘는데, 이것은 기자에 있는 쿠푸의 대피라미드를

40만 세제곱미터나 초과하는 대규모이다. 기록에 따르면 스네푸르 왕은 관대한 지배자이자 정복자로 '제드 스네프루(스네푸르는 영원불멸하다)' 라는 이름으로 불렸으며, 리비아와 누비아를 정복하여 이집트에 번영을 가져왔다고 한다.

가장 완벽한 신의 건축물, 쿠푸의 대피라미드

피라미드 건축술이 비약적으로 발전한 것은 스네푸르 왕을 뒤이은 쿠푸 왕(기원전 2551년~2528년) 때부터다. 이후 기자의 3대 피라미드라고 불리는 쿠푸·카푸레·멘카우레 왕의 피라미드가 세워졌다. 기자에 피라미드가 많은 것은 지리적인 조건 탓이 크다. 피라미드 건축의 재료인 석회암이 그 지역에 풍부하기 때문이다.

3대 피라미드 중에서 가장 규모가 큰 것은 쿠푸의 피라미드다. 카푸레 왕과 멘카우레 왕의 피라미드 동남쪽에는 채석장이 있으며, 쿠푸의 피라미드 주위에는 그의 왕비와 왕자, 공주, 당시 고관들의 소형 피라미드와 개인 마스타바가 있다.

쿠푸의 피라미드는 보통 '기자의 대피라미드' 라 불리는데 세계 7대 불가사의 중 유일하게 현존하는 건축물이다. 중세 때는 카이로와 기자에 건물을 짓기 위해 주민들이 무분별하게 석회암으로 된 외피를 벗겨내 수난을 당하기도 했다.

현재 피라미드 내부의 '파라오의 현실' 이라 불리는 방에는 반암으로 된 대형 석관이 비어 있는 채로 놓여 있다. 그래서 원래 보

● 현존하는 것들 중 가장 규모가 큰 쿠푸 왕의 대피라미드. 아직도 보물이 부장된 왕의 방이 피라미드 내 어딘가에 존재할 거라 믿는 사람들이 많다.

● 대피라미드로 들어가는 입구. 무덤 약탈꾼들이 입구를 찾지 못하자 마구잡이로 뚫어 놓았다.

물이 가득했던 것을 누군가 도굴해갔다고 추정한다.

하지만 사람들 중에는 쿠푸의 대피라미드 안에 아직 발견되지 않은 비밀 공간이 있으며, 그곳에는 많은 보물들이 부장되어 있을 거라고 생각하는 이들도 많다. 장례를 집전하는 계곡의 신전은 나스레 엘 시만 마을 아래에 묻혀 있으며 대대적인 발굴이 계획되고 있다. '계곡의 신전' 이란 각 피라미드의 장례를 비롯한 제례를 집전하는 곳이다.

대피라미드 동쪽에는 4기의 작은 위성 피라미드가 건설되었는데, 그중 셋은 왕비용이며 하나는 숭배용 카 피라미드이다. 왕비용 피라미드는 평균 46미터로 경사각은 대피라미드와 같지만 높이는 $\frac{1}{5}$ 정도이다. 쿠푸 왕에게는 수많은 왕비가 있었는데 누가 이 피라미드들에 매장되었는지는 아직 알려지지 않았다. 다만 학자들은 셋 중에서 가장 북쪽에 위치한 피라미드에 쿠푸 왕의 어머니인 헤테페레스가 묻혔다고 추정한다.

대피라미드 동쪽에 있던 피라미드 신전은 현재 거의 사라지고 없다. 하지만 넓은 마당과 화강암 기둥의 잔재가 있어 과거의 웅장한 건축물을 연상할 수 있다. 마당 서쪽에는 길게 뻗은 성소가 있어 그곳에 입상들을 보관했다.

현존하는 것 중에 가장 아름다운 카푸레 피라미드

쿠푸의 아들(동생이라는 설도 있음)인 카푸레 왕(기원전 2520년~2494년)은 쿠푸와 비슷한 규모의 피라미드를 건설했다. 214.5제곱미터의 정사각형 바닥면적에 높이는 143.5미터, 경사각은 53도 7분 48초이다. 이 경사각은 직삼각형의 3:4:5 비율을 사용한 것이다.

카푸레의 피라미드는 쿠푸의 것보다 높이가 3미터 정도 더 낮다. 하지만 지대가 더 높기 때문에 그냥 보기에는 쿠푸의 대피라미드보다 더 높게 보인다. 일반적으로 두 번째 피라미드라고 불리며 아직도 상부에는 반들반들한 외피가 남아있는데, 현존하는 피라미드 중 가장 아름답다고 알려져 있다.

원래 피라미드는 겉면이 반들반들한 돌로 덮여있고 아름다운 채색 그림이 그려져 있었을 거라고 학자들은 말한다.[6] 그런데 1356년 이집트를 지배했던 술탄 하산이 외피를 뜯어내 카이로의 이슬람 지구에 자기 이름을 딴 '술탄 하산 모스크'를 지었다고 한다.

카푸레 왕의 계곡의 신전은 스핑크스 옆에 있으며 어떠한 장식도 없다. 각 방의 벽체는 잘 다듬은 화강암, 바닥은 알바트르 석재로 시공되어 있으며 400톤에 달하는 석회암도 사용되었다. 여러 성소와 창고, 홀로 이루어진 전체 신전은 마치 난공불락의 육중한 돌덩어리처럼 보인다.

계곡의 신전에는 적어도 23개의 왕의 좌상이 세워져 있었는데 그중 디오리트 석재로 된 카푸레 조상은 이집트 역사상 가장 아름답고 유명한 조상 중 하나로 현재 카이로 박물관에서 소장하고 있다. 카푸레의 피라미드는 1000년 전 아랍인들에게 약탈당했는데 그들이 침입했었다는 낙서가 아직도 남아 있다.

한편, 카푸레 시대에 만들어진 것 중에서 유명한 것이 스핑크스

● 아직도 상부에 반들반들한 외피가 남아있는 카푸레 피라미드. 현존하는 것 중 가장 아름답다고 평가받는다. 원래는 피라미드 겉면이 반들반들한 돌로 덮여 있고, 멋진 채색 그림이 그려져 있었을 거라 추정한다.

● 카이로에 있는 술탄 하산 모스크. 아름다운 카푸레 피라미드의 외피를 뜯어내 지었다고 알려진다.

이며 현재 스핑크스는 코와 턱수염이 떨어져나가 있는 상태다. 일설에 의하면 오스만 터키와 나폴레옹 군의 이집트침략 당시 포 사격 때문이라고 한다.

멘카우레의
붉은 색 피라미드

멘카우레(기원전 2494년~ 2472년)의 피라미드는 카푸레 피라미드에서 약 450미터 지점에 위치해 있다. 규모는 쿠푸와 카푸레의 피라미드에 비하여 $\frac{1}{10}$에 불과할 정도로 매우 작다. 바닥의 면적은 정사각형으로 105제곱미터이며 높이는 65.5미터, 경사각은 51도 20분 25초이다.

멘카우레 피라미드의 외면은 $\frac{1}{3}$ 높이까지 시공하기 매우 어려운 양질의 붉은색 화강암과 검은 화강암으로 덮여있지만 정상 부분은 하얀 석회암으로 시공되어 있다. 또 내부의 하향 경사로와 시신이 있는 현실도 화강암으로 되어 있긴 하지만, 석재들이 다듬어져 있지 않고 난삽한 것이 많아 학자들은 졸속으로 완성된 것으로 파악한다.

세 번째 피라미드로 알려져 있는 멘카우레의 피라미드는 지금부터 2500년 전인 26왕조(기원전 664년~525년) 시대에 화려한 내부가 공개되어 일반인들이 참관할 수 있었다. 기록에 따르면 그 당시에도 기자에 묻힌 파라오에 대한 경배가 영광스러운 일이었기 때문에 많은 순례객이 있었다고 한다.

멘카우레 피라미드의 남쪽에는 3기의 왕비용 위성 피라미드가 있으며 그중 동쪽 것은 전형적인 피라미드 형태를 띠고 있다. 처음에 이들 피라미드는 숭배용으로 파라오에게 제사지내기 위해 건설되었는데, 후대에 그 기능을 변경해서 묘실에 화강암 석관을 두고 이 피라미드 동쪽에 점토벽돌로 신전을 지었다고 한다.[7] 피라미드 안에서 발견된 바살트 석재로 만들어진 석관은 영국으로 운반하는 도중 바다에 빠뜨려 분실되었다.

피라미드 건축의 종말

멘카우레의 후계자이자 제4왕조의 마지막 파라오인 셉세스카프는 자신의 무덤을 기자에서 사카라로 옮겼다. 그런데 그의 무덤은 피라미드 형태가 아닌 거대한 마스터바로 가로세로 밑변이 각각 99.6미터, 74.4미터이다. 사실상 대피라미드의 건축시대가 막을 내린 것이라고 하겠다.

셉세스카프 왕의 거대한 마스타바는 '파라오의 거처'라는 뜻으로 '마스타바 엘파라운'이라 불렸다. 형태로만 보자면 확실히 셉세스카프 왕의 무덤은 과거로 회귀했고 규모도 축소되었다. 하지만 건축적인 측면에서 이 무덤은 최초의 상하 이집트 왕조가 건설했던 고대풍의 호화무덤을 모방했고, 지하 통로와 묘실 체계는 건축 당대의 내세관에 부응하여 피라미드의 내부구조를 채택했다.

피라미드와 달리 마스타바에는 신전 복합건물이 건설되지 않고 간소한 사당이 세워졌다. 그리고 이 사당 건물은 선왕들의 예와

● 석재들이 다듬어져 있지 않고 난삽한 것이 많아 졸속으로 완성됐다고 알려진 멘카우레 피라미드. 양질의 붉은색 화강암과 검은 화강암으로 덮여 있지만 정상 부분은 하얀 석회암으로 시공되어 있다.

달리 무덤과 직접 연결되었다. 웅장한 무덤과 제식시설이 하나로 통합되기 시작한 예이다. 또한 사당에는 왕에게 제물을 바치는 공간이 있는데 이것은 초기 피라미드 신전에서는 볼 수 없는 형식이다.

피라미드 건설은 제13왕조까지 지속됐지만 제5왕조부터는 그 규모가 대폭 줄어들어 대형 피라미드의 건축시대는 사실상 제4왕조에서 끝났다. 현재 학자들에 따르면 그 시대에 건설된 피라미드는 약 140여 기였으며 그중 현존하는 것은 80기 정도인 것으로 추정된다. 이들 모두는 나일 강 서안에 있으며 유네스코는 모든 피라미드를 세계유산으로 지정했다.[8]

피라미드를 건설한 황금시대는 약 500년쯤이었던 것으로 파악된다. 그 시기는 정치적으로나 경제적으로 절정기였으며 파라오는 자신을 신으로 칭하면서 절대적인 지배력을 행사했다. 그러나 파라오의 절대 권력이 땅에 떨어지고 실질적인 지배자로 지방 제후들이 등장하면서 피라미드가 조직적으로 약탈당하기 시작했다.

후대에 들어서면 도굴 사태가 더욱 심각해졌다. 파라오가 직접 선대 파라오의 피라미드를 공개적으로 파헤치는 일도 일어났다. 도굴되었는지 아닌지 현재까지 논란이 되고 있는 쿠푸의 대피라미드도 기원전 2000년 이전에 약탈되었을 것으로 추정하는 근거가 여기에 있다. 여하튼 이런 폐단 때문에 후대의 파라오들은 쿠푸의 대피라미드처럼 무덤을 웅장하게 축조하지 않았고, 후대로 갈수록 피라미드의 위상은 약화되어 갔다.

학자들은 대부분 제13왕조 이후에는 피라미드가 건설되지 않았다고 생각했다. 그런데 최근 독일고고학연구소는 프톨레마이오스 시대에도 피라미드를 축조했다는 것을 발견했다. 제20왕조 말에 도굴꾼들이 꺼내온 파피루스 텍스트에는 제17왕조 및 제18왕조 초기의 왕들이 피라미드를 세웠다는 설명이 있다. 물론 이때 세운 피라미드를 고왕국의 피라미드에 견줄 수는 없다. 이들 피라미드는 흙벽돌로 축조한 작은 건축물로 외장을 입히지 않고 흰색으로 칠했다.

피라미드의 위상이 약화되었다는 것은 더 이상 파라오와 그의 왕비들이 피라미드에 묻히지 않았다는 사실을 통해서도 알 수 있다. 제18왕조 때에 보면 피라미드에 묻히는 사람은 파라오가 아니라 방계 왕족들과 고위 관리였으며, 평민들도 피라미드 형태의 무덤에 묻히는 경우가 있었다. 물론 이들 피라미드들은 형태만 그럴듯할 한 작은 건축물에 지나지 않을 때가 많았다.

이들 피라미드들은 소형이므로 경사각이 70도나 되는 가파른 것도 있으며 주로 점토벽돌을 사용했다. 상부에 피라미디온(각뿔)이 있으며 여기에는 태양신 앞에서 기도하는 사자의 모습을 새겨 넣기도 했다.

피라미드가 이집트 초기부터 지녔던 기념비적 성격을 잃어버리자 피라미드에 대한 이집트인들의 생각도 바뀌었다. 미라들이 다시 살아나기 위해서가 아니라 사자의 영혼이 매일 아침 피라미드 무덤 꼭대기에 앉아서 떠오르는 태양을 맞이하고, 생명의 영원한 순환에 동참하기 위해서 피라미드를 만드는 것으로 의미가 변화한 것이다.

피라미드는 제25왕조(누비아 남쪽 쿠시 지역을 통치) 때 다소 활성화되기도 했다. 그러나 이들 피라미드 안에는 파라오, 왕족뿐만 아니라 상류층에게도 매장이 허용되었다. 프톨레마이오스 왕조에서도 피라미드가 건설되었지만 피라미디온을 만들지는 않았다.

파라오의 무덤에 국한해볼 때 후대의 이집트 왕조인 테베의 신왕국은 자신들의 미라를 영구 보관하기 위한 새로운 방안을 생각해냈다. 바로 나일 강 서쪽 절벽 밑의 바위를 파고 현실을 만들어서 매장하는 방법이었다. '왕가의 계곡'과 '왕비의 계곡'이 생겨나게 된 것이다.

이들 왕조는 도굴을 막기 위해서 무덤이 있다는 어떤 증거도 외부에 남겨놓지 않았다. 하지만 그 같은 염원에도 불구하고 투탕카문 파라오를 제외한 모든 무덤이 도굴되었는데, 파라오의 저주는 바로 이곳에서 태어났다.

클레오파트라의 바늘이라 불리는 오벨리스크

이집트 문명의 가장 독특한 상징 가운데 하나이자 또 다른 건축물은 오벨리스크이다. 프랑스의 파리나 이탈리아의 로마에 있는 오벨리스크를 보면, 굳이 이집트를 방문하여 거대한 피라미드를 보지 않더라도 이집트인들의 능력을 다소나마 유추할 수 있다.

오벨리스크는 바늘처럼 위로 올라갈수록 작아지며 꼭대기는 소형 피라미드처럼 (피라미디온 또는 벤벤스톤이라고 함)되어 있다. 오벨리스크는 원래 고대 이집트에서 따온 말이 아니라 '꼬챙이' 라는 뜻의 그리스어 '오벨리스코스(obeliskos)' 에서 나왔다.[9]

최초의 오벨리스크는 기원전 2500년에서 2100년 사이에 헬리오폴리스의 태양신 신전에 세워졌을 것으로 추정하며 신왕국 시대까지 화강암이나 규암으로 카르나크와 룩소르 같은 신전 앞에 쌍으로 세웠다.

오벨리스크를 어떻게 만들었는가는 아스완 북쪽의 채석장에 신왕국 시대의 것으로 추정되는 미완성 화강암으로 알 수 있다. 이것은 길이 41.75미터에 무게가 약 1150톤으로 채석 과정에서 중

● 오벨리스크는 꼬챙이라는 뜻의 그리스어 '오벨리스코스'에서 생긴 명칭으로, 바늘처럼 위로 올라갈수록 작아지며 꼭대기는 소형 피라미드 형상으로 되어있다. 이 거대한 돌기둥은 고대 이집트 건축기술의 백미로 통한다.

대한 결함이 발견돼 포기한 것으로 보이는데, 만약 당초의 계획대로 제작되었으면 사상 최대의 오벨리스크가 되었을 것이다.

고대인들은 오벨리스크를 만들 수 있는 석재를 발견하면 자신들이 원하는 규모에 맞게 석재를 떼어냈는데, 우리가 알고 있는 대로 '물'을 이용했다. 즉 필요한 곳에 구멍을 뚫고 그곳에 나무를 박은 뒤 물을 붓고, 나무가 물을 먹어 부풀어 오르면 돌이 갈라지게 틈을 만든 후 망치로 깎아내려가는 것이다. 레지널드 엥겔바흐 교수에 의하면 한 사람이 현무암 망치로 0.5미터 너비의 돌을 5밀리미터 깎아내는 데는 1시간 정도가 걸렸다고 설명했다.

학자들이 가장 궁금하게 여기는 것은 '키가 매우 큰 오벨리스크를 어떻게 세웠느냐' 하는 점이다. 일반적으로 피라미드는 오벨리스크보다 더 거대하지만 작은 돌들을 수없이 쌓아서 만들었기 때문에 많은 인원과 시간을 투입하면, 어떤 방식으로든 축조하는 것이 어려운 일은 아니다. 그러나 오벨리스크처럼 통으로 이뤄진 거대한 돌기둥을 똑바로 세우는 일은 그렇게 간단하지 않다. 오벨리스크야말로 이집트인들의 건축기술의 백미라고 설명되는 이유가 여기에 있다.

학자들은 대체로 2가지 방식으로 오벨리스크를 세웠다고 추정한다. 첫째로 다소 작은 오벨리스크의 경우 지레와 더불어 기단 아래에 돌들을 넣어 받쳤다가 조금씩 제거했는데, 맨 마지막에는 오벨리스크의 각도를 수직으로 고정시키기 위해 밧줄을 이용했다고 본다. 두 번째는 레지널드 엥겔바흐가 제시한 것으로 대형 규모의 오벨리스크를 세울 때 적합한 방식이다. 오벨리스크를 깔때기 모양의 모래 구덩이 속으로 미끄러뜨린 다음 모래를 조심스럽게 제거하면서 조금씩 일으켰다는 것이다. 엥겔바흐는 이 이론을 제19왕조의 파피루스에 적혀있는 다음 문구에서 얻었다고 밝혔다.

붉은 산에서 가져온 건축물 아래의 모래를 채운 창고를 비웁니다.
강둑에서 가져 온 모래를 100개의 방에 채웁니다.

1999년에 두 가설을 토대로 25톤짜리 오벨리스크를 어떻게 세우는가를 실험한 일이 있다. 오벨리스크를 단번에 세우는 첫째 방법은 아스완에서 진행되었는데 이는 실패했다. 오벨리스크가 흔들리면서 제 위치에 설치하는 것이 어려웠기 때문이다.
두 번째 방법은 매사추세츠 보스턴 인근에서 실험되었는데 결과는 성공이었다. 실험에서는 둑의 전면에 모래를 채운 콘크리트 통을 설치했다. 일단 오벨리스크를 둑의 가장자리까지 기울인 다음 모래를 조금씩 빼내 오벨리스크가 아래로 내려가면서 서서히 수직방향으로 서도록 했는데, 이 경우에는 정확하게 원하는 위치에 세울 수 있었다.[10]
고대 이집트인들은 자신들이 중요하게 생각하는 것을 모두 돌에 새겼다. 그러나 거대한 돌을 어떻게 운반했는지에 대한 기록은 거의 없다. 이를 두고 학자들은 당시 이집트인들에게 있어 거대한 돌을 옮기는 일은 아주 흔했기 때문에 기록할 필요성이 없었을지도 모른다고 이해한다.[11]

● 19세기 초에 설치된 파리의 콩코르드 광장의 오벨리스크(총길이 22미터, 무게 225톤). 기원전 1550년에 축조된 것으로 파리에 설치할 당시 300명의 작업인원이 동원됐다.

하트셉수트 여왕 시대에 700톤에 달하는 오벨리스크를 운반하기 위해 어떤 방법을 사용했는지에 대해서는 아직 알려진 바가 없다. 그러나 비교적 작은 오벨리스크의 경우에는 오벨리스크 바로 밑까지 운하를 판 다음 돌을 가득 실은 배 두 척을 오벨리스크 밑에 댔다. 그리고 돌을 하나씩 버리면 배가 점점 솟아올라 마침내 오벨리스크를 떠받칠 수 있었다.

파리의 콩코르드 광장에 있는 오벨리스크는 원래 이집트의 룩소르에 있던 것으로 4000킬로미터를 바다 건너와 세워진 것이다. 총 길이는 22미터로 약간 볼록하게 만들어졌는데 무게는 225톤이며 기원전 1550년에 축조되었다. 여기에는 모두 1600자의 문자가 새겨져 있고 위에서 아래로 읽는데, 19세기 초 이 오벨리스크를 설치하는 데만 무려 10대의 기중기가 동원되었다. 각 기중기마다 30명의 군인이 작업하였으므로 총 작업인원은 300명이었다.[12]

외계인이 세운
건축물이 피라미드?

이집트의 피라미드를 논할 때마다 가장 놀라는 것은 신석기 후반에 어떤 방법으로 그토록 거대한 피라미드들을 건설했는가 하는 점이다. 금이나 구리는 발견되고 있지만 그 당시는 철은 고사하고 청동조차 사용되지 않을 정도로 기술력이 원시적인 상태이기 때문이다.

학자들은 조세르의 피라미드를 보면서 완벽한 그 시공능력에 놀라움을 금치 못한다. 그래서인지 조세르의 피라미드를 건축했다고 알려지는 임호텝(기원전 27세기에 멤피스에서 활동한 이집트 제3왕조의 대신)은 돌을 사용한 건축의 발명자로서 신격화되었다.

대체 고대 이집트인들은 피라미드를 어떻게 건설했던 것일까?

고대 이집트의 기술을 바탕으로 피라미드 건축과정을 살펴보자. 이집트인들이 사용한 공구는 디오르트나 도르리트와 같은 단단한 돌덩어리가 주류였다. 나무에 묶는 원형 망치나 도끼류, 끌이나 자귀, 혹은 날카롭게 간 칼 등을 이런 돌들로 만들었다. 구리 같은 금속류의 칼이나 가위 등도 사용되었는데, 아마도 강도가 연한 것을 보안하기 위해 몇 가지 불순물을 사용했을 것으로 추측한다.

대부분 피라미드는 중앙의 핵을 둘러싸는 축대를 계단 형태로 쌓아올려 만든다. 이 벽들은 위로 올라가면서 점점 줄어듦과 동시에 중앙에서 바깥쪽 방향으로 쌓아나가는데(산등성이를 끼고 구불구불 올라가는 것과 유사), 계단을 채우는 데 쓰이는 돌이 외부의 측벽 전면부에 사용되기도 했다. 그러나 질이 좋은 석회석이나 대리석은 마감재로서 피라미드 겉면을 만드는 데 쓰였다. 피라미드의 매끄러운 표면에는 상형문자와 채색된 그림을 그려 넣기도 하고 돋을새김으로 조각하기도 했다.(쿠푸의 대피라미드의 겉면에는 원래 채색된 그림이 그려져 있었을 거라는 설이 있다.)

한편, 제12왕조와 제13왕조에서는 경제적인 이유 때문에 매우 간편한 방법으로 피라미드가 건설되기도 했다. 약간 저급의 재료를 사용하면서 돌로 된 벽(줄기초)들을 만들고, 이후에 연마되지 않은 돌이나 점토, 굽지 않은 벽돌 등을 채우는 것이다.(현대의 콘크리트 기초 만드는 법과 비슷하다.) 이 방법은 매우 빨리 건축할 수 있는 장점이 있는 대신 장기간 보존하는데 문제가 있어 현재까지 완전하게 보존된 것이 없다.

피라미드를 세울 만한
땅 고르기

거대한 건축물을 건축할 때 가장 중요한 것은 수평을 고르는 것인데, 고대 이집트인들은 원시적이기는 하지만 매우 효과적인 수준기(水準器, 어떤 평면이 수평을 이루고 있는가를 조사하는 기구)를 사용했다. 우선 피라미드를 건설할 장소로 비교적 평평한 바위를 고른다. 그 다음 측량기사의 지시에 따라 바위에 물길을 파고, 물을 부은 다음 막대를 꽂아 물높이를 표시해놓는다. 그리고 수면의 높이까지 바위 표면을 깎아내면 평탄한 대지, 즉 건축의 기초 부분이 된다.

고대에 사용했을 듯한 방위 재는 법도 여러 가지 제시되었다. 우선 소머스 크라크와 R. 엥글백은 피라미드를 안치할 정확한 방위는 별이 뜨고 지는 것을 측량하면 얻을 수 있다고 제시했다. 북쪽 방향을 측량하여 얻은 두 점이 만드는 각을 둘로 나누면 방위를 얻을 수 있는 것이다. 그러나 이 방법은 수평면 주위가 불규칙할 경우 오차가 많다는 점에서 단점이 있다. 이에 I. E. S. 에드워드는 원통형 벽으로 만든 인공수평면을 이용하면 더욱 정확한 방위를 알아낼 수 있다고 수정안을 제시했다. 하지만 당시의 여건에서는 곡선과 벽 상부를 완전한 수평면으로 만들기가 그렇게 쉽지 않았다.

V. 마라질 그리오와 C. 리날디는 해가 뜨고 질때 생기는 깃대의 그림자가 만드는 각을 둘로 나누면 된다고 제안하였는데, 이것 역시 그림자가 정확치 않음은 물론 수평면을 정확히 만들어야

하는 어려움이 있었다.

마르텐 이스레가 제안한 태양의 그림자를 측정하는 방법도 원칙적으로는 그리오와 리날디의 제안과 같다. 우선 바닥에 작은 깃대를 꽂고 해의 이동에 따라 그림자가 가장 짧아진 지점과 가장 길어진 지점을 파악한 후 그 점을 북쪽으로 둥글게 이어 그린다. 그러면 깃대가 정중앙이 되는데 태양이 서쪽으로 지기 시작한 후 깃대의 그림자가 새로운 호(弧)에 도달한 점과 이등분하면 남과 북의 방위가 결정되었다. 이 방식은 원시적인 기구로 방위를 알아내는 데는 가장 효율적이지만, 당시의 여건을 볼 때 정말로 이러한 방법이 채택되었는지는 확실하지 않다.

이집트인들이 피라미드를 건설하기 몇 천 년 전부터 태양과 달, 별과 행성들의 운동을 세밀하게 관측하고 있었음은 여러 자료에서 나타난다. 때문에 이집트인들이 태양을 관측하여 방위를 알아냈다고 추정하는 것은 결코 무리한 이야기가 아니다. 하지만 현재로서는 고대인들이 어떤 방법으로 방위를 알아냈는지 명확하지 않기에 학자들은 위에서 언급한 방법 중에 한두 가지를 사용했을 거라 짐작한다.

채석장에서 거대한 암석 가져오기

피라미드에 사용되는 돌들은 대체로 현장에서 가까운 채석장에서 운반했다. 대부분이 사암지역인 기자에 피라미드가 많이 건설된 것이 우연은 아닌 셈이다.

쿠푸의 대피라미드의 경우 세 곳의 채석장에서 채석된 돌을 용도에 따라 구분하여 사용했다. 기자 지역에서 나오는 사암은 내부의 심재(心材)로 사용하고, 외장재로 사용한 매끄러운 석회석은 카이로에서 남쪽으로 50킬로미터쯤 떨어진 투라에서 채석되었다. 그리고 회랑과 묘실의 내부에 사용된 화강석은 900킬로미터나 떨어진 나일강의 첫 번째 급류 지점인 아스완에서 가져왔다.

돌을 운반할 때는 목재로 만든 바구니, 썰매, 특정 모양의 거중기를 제작하여 사용했다. 대형 돌덩어리나 조상을 운반할 경우에는 주로 썰매가 사용되었는데 드제우티에텝 왕의 알바트르로 된 거상을 운반하는 경우 172명이 4줄로 나뉘어 앞에서 끌었다. 조상의 무게는 약 60톤쯤이며 벽화를 보면 썰매를 끌기 쉽도록 앞에서 물을 뿌리고 있는 장면도 그려져 있다.

그러나 쿠푸의 대피라미드의 경우 아스완에서 운반해와야 하는 암석의 무게가 평균 2.5톤에서 크게는 70톤이나 되었다. 고대 이집트인들은 어떤 방법으로 그토록 거대한 암석을 운반할 수 있었던 걸까?

거석을 운반하는 방법은 생각보다 간단했다. 나일 강이 범람하는 시기에 거대한 거룻배를 제작하여 항구까지 운반한 다음, 그곳에서 피라미드 현장까지 주로 썰매를 이용해 돌을 옮겨 날랐다. 고대 이집트의 선박 건조 능력을 감안할 경우 이 정도의 돌덩어리를 운반하는 것은 결코 어려운 일이 아니었을 것이다.

이집트인들의 배 건조 능력은 상상을 초월한다. 기록에 따르면 제18왕조의 하트셉수트 여왕(재위 기원전 1473년~1458년) 때 카르나크의 아몬 대신전에 세워질 2개의 오벨리스크를 단 한번의 항해로 옮겼다는 기록이 있다. 오벨리스크 하나의 길이가 30미터에 700톤이므로 적어도 이 배는 채석장인 아스완에서 카르나크까지 1400톤의 돌을 운반해야 했다는 이야기다. 이렇게 따져보면 당시 사용된 배는 2000톤이 넘는 엄청난 규모였다는 것이 추측 가능해진다.

피라미드 상부까지 돌을 옮기는 법

건축물을 위해 거대한 돌을 원하는 높이까지 옮기는 방법은 고대인들에게 무척 어려운 숙제였을 것이다. 때문에 학자들은 돌을 상부까지 옮기는 여러 가지 방법론을 제시하였는데, 대체로 다음 2가지로 나뉜다.

① 로에 교수가 제안한 방법으로 피라미드 상단부까지 단일 경사로를 이용한다.
② 단일 경사로 대신 측면 계단을 사용해 피라미드를 건설할 수도 있다. 그러나 쿠푸나 카푸레의 피라미드와 같은 대형 피라미드 건설에는 부적합하다.

그러므로 학자들은 고대의 기술 수준을 감안할 경우 알려진 유일한 방법은 비탈길을 만드는 것이라고 주장한다. 주로 벽돌을 사용하여 경사로를 미리 만든 후에 썰매로 돌덩어리를 끌어당기는 것이다. 학자들은 피라미드가 높아질수록 비탈길의 길이와 기저 부분의 폭은 늘어나지만, 비탈길이 주저앉지 않도록 경사각을 항상 10도로 유지해준다면 아무리 대형 피라미드라 할지라도 정상까지 무거운 암석을 운반할 수 있다고 주장한다.

경사로를 만드는 법도 여러 가지가 제시됐지만 2가지가 제일 유력하다. 피라미드 주위를 돌아가면서 경사로를 만드는 이론과 단일경사로 혹은 네 방면에서 같은 크기의 경사로를 만드는 방법이다. 그러나 프랑스의 로에 교수는 밑변의 길이가 150미터 이상이면 첫 번째 방법은 불합리하다고 지적했다. 주위를 돌아갈 경우 상부와 하부가 같은 폭을 갖고 있어야 하는데, 피라미드가 높아질수록 경사로로 옮겨 날라야 하는 돌들을 손쉽게 다룰 수가 없다는 것이다.

따라서 로에 교수는 피라미드가 높아질수록 더욱 길고 좁아지는 단일경사로를 만들면 된다고 주장했다. 최근 대피라미드에 대한 연구 조사에서 로에 교수가 예측한 경사로의 잔해가 발견되었고 경사로의 길이도 정확히 일치했다.

여하튼 피라미드는 그 규모와 현장 사정에 따라 둘 중 한 가지 방법으로 건설됐을 것이다. 하지만 일단 경사로를 통해 필요한 돌을 옮긴 다음 꼭 맞는 제 위치에 대형 돌들을 정확히 안치시키는 작업도 그리 간단한 일은 아니었다. 지렛대와 굴림대, 경사면 이외에는 대형 돌들을 쉽게 움직이게 만들 수 있는 방법이 없었기 때문이다.

커다란 돌을 옮기는 방법으로 나무로 만든 '파텐(흔들리는 배라는 뜻'이라는 시소 개념도 예시되었다. 파텐에 돌을 올려놓고 측면으로 쐐기를 넣어 조금씩 밀어내면서 올려가는 것이다. 그러나 거대한 돌을 계획된 어느 지점까지 올릴 수는 있지만, 몇 백만 개나 되는 많은 돌들을 운반하는 기본방법이라고 보기에는 다소 미흡하다는 문제가 제기되었다.

정확한 지점에 돌을 옮겨놓는 것이 핵심기술

많은 학자들이 원하는 높이까지 거대한 돌을 옮긴 후, 이를 어떻게 적절한 곳에 안치시켰을까 연구했다. 이 중에서 가장 많은 학자들이 인정하는 것은 독일의 루이스 크룬이 제시한 방법이다.

그는 이집트에서 지금도 물을 길어 올리는데 쓰이고 있는 용두레인 샤두프(통나무 배 모양으로 길쭉하게 파서 몸통을 만든 뒤 그 가운데 양쪽에 작은 구멍을 뚫어 가는 나뭇가지를 끼우고, 여기에 끈을 맨 다음 그 끈을 긴 작대기 3개의 끝을 모아 원뿔 모양으로 세운 꼭대기에 묶어 몸통을 적당히 들어올리게 하는 기구)를 사용했다고 주장했다. 샤두프는 물건을 들어올리는 데 매우 효율적이라서 학자들은 이 방법으로 매분마다 거의 50리터의 물을 길을 수 있다고 계산했다. 또한, 샤두프를 더욱 크게 만든다면 커다란 돌을 임의로 옮길 수 있다며 이를 잘만 이용하면 번거로운 경사로를 구태여 건설할 필요가 없다고 주장한다.

그러나 학자들은 이 방법에는 결정적인 단점이 있다면서, 소규모 건축물에서는 적용이 가능할 수도 있으나 대형 피라미드인 경우는 불가능하다고 지적한다. 때문에 크룬이 앞서 말한 '물을 푸는 기구' 즉 용두레(샤두프)의 원리를 다소 개량한 방법을 제시해 많은 학자들의 지지를 받았다. 하지만 이 가설을 증빙할 증거가 전무하다.

이집트인들은 자신들이 목격하거나 직접 수행한 작업에 대해서 철저하게 기록하였는데, 유독 거중 방법에 대해서는 어떠한 자료나 유물도 발견되지 않고 있다. 이것은 거중 방법에 특별한 방식이나 기구를 사용되지 않았다는 근거가 될 수도 있다. 로에 교수는 거대한 운반용 경사로를 만들어 여러 명의 일꾼들이 돌덩어리를 경사로 끝까지 끌어올렸고, 그것을 모르타르(회나 시멘트에 모래를 섞고 물로 갠 것. 마르면 물기가 없어지고 단단하게 되는데, 주로 벽돌이나 석재 따위를 쌓는 데 쓰였다)를 바른 바닥으로 미끄러트렸다고 주장했다. 이 역시 특별한 방법이 아니므로 이집트인들이 기록하지 않았다는 것과 부합된다.

돌의 거중 방법은 헤로도토스도 적었다. 그는 짧은 나무판자로 만들어진 기계들을 이용해서 돌들을 끌어올렸다고 적었다. 첫 번째 기계는 땅에서부터 첫 번째 계단까지 들어올렸고 그 위에는 또 다른 기계가 있어서 도착한 돌을 받아 두 번째 계단으로 운반했으며 계속해서 그와 같은 작업을 반복했다고 했다.

스트뤼브 로에스러는 헤로도토스의 설명에 따라 외장용 돌덩어리를 올릴 수 있는 커다란 기중기를 제안하였다. 그러나 다음과 같은 반론이 즉각 제기되었다.

① 길이가 한정된 목재로 이렇게 큰 기중기를 만들기가 어렵다
② 피라미드 각층 토대의 시공 상태를 추정해볼 때 기중기가 안정되게 설치하기 어렵다.
③ 100미터 이상 높이에서는 바람이 심하게 부는데 이를 안정하게 붙들어 매기 위해서는 밧줄의 길이가 최소한 150~200미터가 되어야 한다.

때문에 학자들은 헤로도토스의 자료 자체가 틀렸다고 결론지었다. 현재는 크룬과 로에가 제시한 방법이 가장 널리 받아들여지고 있다. 그러나 거중 방법이 어땠던 간에 피라미드가 완성되면,

● 물을 길어 올리는 데 쓰이는 이집트의 샤두프. 물건을 들어올리는 데 매우 효율적이라서 1분에 거의 50리터의 물을 길을 수 있다. 일부 학자들은 샤두프를 개량해 크게 만든다면, 무거운 돌을 나르는 데 효과적일 거라고 주장했다.

석공들은 피라미드의 꼭대기에서부터 경사로를 철거시키면서 정교하게 다듬은 석회석으로 외장공사를 하였다.

이집트인들의 시멘트 사용에 관한 진실

피라미드는 장례용 복합건물이다. 그러므로 피라미드가 완성되면 피라미드 주변의 성곽을 두르고 부속 건물을 건설했다. 부속 건물은 일반적으로 나일 강에 위치한 계곡의 신전과 피라미드 앞에 있는 장례신전으로 구성되는데 두 신전은 기다란 경사로로 연결했다.

파라오가 사망하면 70일 동안 미라로 만들어진다. 그러면 미라가 된 파라오의 시신은 생전에 머물던 나일 강 동쪽의 왕궁에서 출발해 항구에 기다리고 있는 태양의 배에 태워진다. 많은 의식을 치른 후 파라오를 태운 배는 자신이 건설한 피라미드 앞 계곡의 신전에 도착한다. 성대한 제의가 치러지고 파라오의 미라와 부장품은 피라미드 내부의 현실과 부속 공간에 안치된다. 그리고 도굴꾼에 대비한 올가미 장치들을 작동시킨다.

쿠푸의 대피라미드의 경우 도굴꾼에 대비한 보안 조치가 상상을 초월한다. 먼저 석관의 육중한 돌 뚜껑이 제자리에 맞춰지면 돌 빗장이 석관의 움푹 파인 홈통으로 떨어지면서 단단히 관을 잠근다. 그리고 작업 인부들이 밖으로 나오면서 지주를 무너뜨리면 3개의 거대한 돌이 떨어져내려 쿠푸의 현실 전면에 있는 대기실의 입구를 막았다. 또, 대회랑의 지주들을 제거하면 3개의 커다란 화강암 덮개가 승강 통로로 미끄러져 내려와 입구가 봉쇄되었다.

입구를 봉쇄한 돌로 된 문은 너무나 교묘하게 설계되어 일단 닫히면 전혀 구별이 되지 않았다. 그래서 바그다드의 칼리프 알 라시드와 알 마문이 대피라미드를 약탈하고자 할 때도 그 입구를 찾아낼 수가 없어 피라미드의 외벽을 마구잡이로 뚫고 들어가야만 했다. 현재 관광객들이 쿠푸의 대피라미드 안으로 들어가는 입구는 바로 그들이 뚫어놓은 것이다.

그런데 피라미드의 엄청난 규모를 생각할 때 정말로 앞서 설명한 방식대로 건설했을까 하는 의문이 드는 것은 사실이다. 이런 의문에 대답이라도 하듯 2006년 12월 프랑스국립과학중앙연구소의 질 위그 박사는 기자에 있는 피라미드가 시멘트로 건설된 것 같다고 발표했다.(피라미드를 시멘트로 만들었다는 가설은 1970년경부터 제기되었다.)

위그 박사는 '피라미드에서 나온 석재를 X-선 투시방법 등을 이용해 분석한 결과 자연 상태에서 생산되는 돌보다 그 응집력이나 분자구조가 훨씬 빠른 시간 내에 완성됐다는 사실을 발견했다'고 말했다. 그리고 최초로 시멘트를 사용한 사람은 로마인(기원전 500년경)이 아니라 고대 이집트인들인 것 같다고 주장했다. 벨기에 나무르대학의 귀 뒤모르티에 교수도 고대 시멘트의 주재료는 생석회가 약 97퍼센트이며, 나머지는 이 석회가 서로 응집력이 생기도록 첨가된 화학물질이었던 것 같다고 설명했다.

피라미드를 만든 돌을 분석해보면 나트륨, 마그네슘, 실리시움 등의 함량이 자연석에 비해 상당히 높은데 이런 물질들이 접착제 역할을 한 것 같다는 것이다.

미국 드렉셀대학의 재료공학과 교수인 미셸 바소움도 대피라미드에서 표본을 채취해 광물의 구성 비율을 분석해본 결과 어떤 종류의 천연 석회석과도 일치하지 않았다고 밝혔다. 그리고 현재 연구진이 파악하는 이 시멘트 돌은 기자 피라미드 지구에서만 500만 개 정도라고 발표했다.

이들 과학자들은 피라미드 건조 당시 자연석을 잘라 힘들게 운반한 것이 아니라 현지에서 돌을 만들었을지 모른다고 설명했다.[13] '피라미드는 고대 이집트인들이 천연 석회암을 잘라내 건설 현장까지 운반하고 경사면으로 끌어올려 짜맞춘 것'이라는 기존의 통설을 뒤집는 주장을 한 셈이다. 만약 그들의 주장이 사실이라면 대피라미드의 건설 과정에 대한 의문이 상당 부분 해소된다.

그러나 이에 대한 반격도 만만치 않다. 만약 시멘트를 이용해 피라미드를 건설했다면 무엇 때문에 엄청난 경사로를 만들었겠냐는 것이다. 기자 지역 피라미드 발굴단장이자 이집트 고유물최고위원회의 위원장 자히 하와스 박사는 "연구에 사용된 표본이 후대에 콘크리트로 복원된 부분일 수 있다"고 말했다.[14]

03

도대체 피라미드를
왜 세웠나

'피라미드를 왜 지었을까' 하는 의문에 대해서 아직까지 확정된 결론은 없지만 대개 이집트 종교학자들은 피라미드가 태양숭배와 관련 있다고 설명한다. 피라미드의 각 모서리는 구름에서 지상으로 내려오는 태양빛을 묘사하는 것으로, 피라미드는 하늘을 향해 올라가는 사다리를 표현한다는 것이다. 요컨대 이들은 피라미드가 태양의 기념물이라고 주장한다. 매의 머리를 가진 태양신 '레'의 숭배가 고대 이집트 종교의 중추를 이루었기 때문이다.

1881년에 발견된 피라미드 텍스트인 '우스나'와 파라오의 피라미드 석주(石柱)에도 하늘에 이르는 성스러운 계단 또는 사다리라는 개념이 적혀 있다. 파라오가 하늘에 도달할 수 있도록 계단을 건설하였다고 씌어져 있는 것이다.

이집트학자인 홀은 '피라미드는 상부로 향하는 비밀통로의 기능이 있다'고 주장하였다. 피라미드가 파라오의 영생을 위한 신탁의 장소라는 것이다. 그 이유로 홀 박사는 고대 이집트인들이 피라미드 내에서 신비스런 의식을 거친 후 선택된 사람들만이 신으로 변할 수 있다고 생각했다는 점을 들었다. 피라미드 안에서 3일 밤낮을 누워 있는 동안 '카(ka, 사람들 개개인의 영혼이나 본질)가 육신의 몸을 떠나 영혼의 공간으로 들어가야 신이 된다'고 믿었기 때문에 피라미드 건설이 매우 중요했다는 것이다.

그러나 아직도 많은 학자들이 피라미드의 건설 이유를 한 가지로 제시하지 못한다. 피라미드 자체가 복합적인 목적으로 지어진 복합 건축물이기 때문이다. 피라미드 건축의 의미를 알기 위해서는 피라미드가 만들어질 당시의 사회상을 잘 알아야 한다고 주장하는 이유가 여기에 있다.

피라미드 건설 노동자들은 누구인가?

피라미드 건설에 대해 많은 유언비어가 있다. '폭군 파라오가 수많은 노예들을 채찍으로 혹독하게 부렸다'거나 '커다란 돌들이 잘 미끄러지게 하려고 사람들의 피를 발랐다'느니 하는 식이다. 그러나 이는 매우 허황되고 과장된 이야기다. 실제로 고대 이집트에서는 영화의 한 장면처럼 노예를 채찍으로 휘갈겨서 피라미드를 건설한 일이 없다.

이집트에는 노예제도가 없었으며 '노예'라는 말은 가사에 종사하는 하인이라는 뜻으로 통했다. 신왕국 시대의 파피루스를 보면 당시 노예가 재산을 소유했을 뿐 아니라 결혼도 했고 법정소송에서 원고나 피고로 출석했다는 기록이 있다.

노예라고 해서 온갖 자유를 박탈당한 채 주인에게 종속되었던 것은 아닌 것이다.[15] 더구나 고대 이집트에서는 제12왕조가 끝날 때까지 노예라는 말이 전적으로 여자들을 의미했으며 일반적으로 남자 주인의 첩을 뜻했다. 실제로 한 무덤의 벽화에는 사자의 아들이 아버지의 여자 하인들과 성관계를 갖지 않았다는 사실을 자랑스러운 듯이 적고 있다. 현대인이 생각하는 것과 실제의 고대 노예 사이에는 상당한 거리가 있는 셈이다.[16]

물론 이집트에서도 전쟁포로와 범죄자들이 다른 문화의 노예처럼 힘든 노동이나 고된 작업에 투입되었을 수도 있다. 하지만 거대 피라미드와 같은 건축물을 노예들의 손으로 건설한다는 것은 사실상 불가능한 일이다.

이는 피라미드의 정교함만 보아도 알 수 있다. 현장의 노동자들은 몇 세대에 걸친 경험을 물려받은 숙련공임에 틀림없다. 선대 파라오의 피라미드를 건설했던 노동자들과 건축 전문가들은 이집트 사회의 질서유지를 위해서 아마도 곧장 다음 대 파라오의 피라미드 건설 현장에 투입되었을 것이다.

현대인의 관념을 고대 이집트 문화에 적용하는 것은 잘못된 추론의 전형적인 예다. '피라미드' 하면 노예의 이미지부터 떠올

● 피라미드 건설 노동자들은 노예가 아니라 숙련된 기술자들이었다. 제12왕조 때까지 노예는 여자를 의미했으며, 일반적으로 남자 주인의 첩을 뜻했다. 『기원전 330년부터 현재까지의 이집트 역사(History Of Egypt From 330 B.C. To The Present Time)』(by S. Rappoport, The Grolier Society Publishers, London)라는 책에 실린 그림.

리고 보는 것은 극단적인 억압과 착취 아래서만 그 같은 건축물을 지을 수 있다고 보는 서양식 역사의식의 산물일 뿐이다.

만약 노예들이 혹독한 조건에서 피라미드를 건설해야 했다면 1000년이나 되는 세월 동안 계속해서 피라미드를 만드는 일이 가능했을까? 또, 4500년이라는 장구한 세월을 견딜 수 있을 만큼 튼튼하고 정교하게 건설할 수 있었을까?

지금까지 각종 자료에 의해 밝혀진 피라미드의 건설 동기와 작업 시나리오는 다음과 같다. 고대 이집트에서는 나일 강이 정기적으로 범람했다. 이 범람기는 최소한 3, 4개월 가량 지속됐는데,

이 시기가 되면 거의 모든 농부들이 굶주림에 시달려야 했다. 경작이 가능한 나일 강 연변이 모두 홍수로 잠겨버렸으니 아무런 일도 할 수가 없었던 것이다. 당연히 파라오는 범람기 동안 이집트 국민들이 굶주리지 않도록 대책을 마련해야 했다.

바로 이 대책이 피라미드 건설이었다. 건장한 인부들을 동원하여 자신의 안식처인 피라미드를 짓게 하고 그 보답으로 곡식을 지급한 것이다. 보수는 현물로 직접 지급했는데, 이는 인부들이 가족들을 부양하기에 부족함이 없을 정도의 양이었다.

인부들은 보수를 받는 대신 노동력을 제공하는데, 주요 작업 내용은 돌을 캐거나 배에 싣거나 예정된 위치로 운반하는 것 등이었다. 피라미드 건설에 동원된 노동자들은 지원자들 중에서 선발되었다. 기록에 따르면 지원자들이 많아 선발하는 데 매우 어려움을 겪었다고 한다. 노동자들이 자원자로 구성되었다는 것은 인부들이 보수를 제때에 받지 못해 파업을 했다는 기록으로도 증명된다. 물론, 이는 세계에서 가장 오래된 파업 기록이기도 하다. 그런가 하면 채석장 감독이 '노동자들이 세탁물을 제때 받지 못했다' 고 자재 공급 담당관에게 불평하는 기록도 있다. 세탁물을 기다리느라 시간을 불필요하게 낭비했다는 것이다. 이는 피라미드 건설이 노예 시스템으로 운용되지 않았다는 것을 단적으로 보여준다. 자히 하와스 박사는 당대의 피라미드 건축 방식에 대해 이렇게 적었다.

피라미드 노동자들은 몇 개의 군으로 나뉘어 일했다. 1000명으로 편성된 군은 다시 200명 단위의 조로 세분되었고, 조는 10명 내지 20명 규모의 반으로 쪼개졌다. 반과 조는 각기 고유한 명칭이 있었다. 우리는 이러한 사실을 통해 피라미드 축조와 관련된 인력의 조직화가 매우 정교한 수준이었음을 파악했다. (중략) 피라미드는 강제노동의 산물이 아니다. 노동자들은 왕에게 반감을 갖지 않았고 기쁜 마음으로 작업했다.[17]

범람기가 끝나 물이 모두 빠지면 나일 강 연변은 상류에서 흘러내려온 퇴적물에 의해 더없이 비옥한 땅이 된다. 이때가 되면 피라미드 공사가 중지되고 노동자들은 모두 자기 집으로 돌아가 농사지을 준비를 했다.

그러나 홍수 때문에 잠겼던 경작지에서 물이 빠진 후 농민들이 예전의 자기 땅을 되찾는 것은 매우 골치 아픈 일이었다. 이집트의 측량기술이 발달하게 된 것은 바로 이 때문이다. 범람으로 인해 이집트인들은 별다른 수고를 하지 않아도 항상 풍년을 맞이했다.

물론, 문제는 있었다. 곡식을 수확한 후 다음 해까지 저장하기가 어려웠다. 사막의 세찬 바람 때문에 창고를 견고하게 짓지 않으면 곡식을 제대로 저장하기가 힘들었다. 피라미드가 곡식창고의 역할을 했다는 설이 대두되는 것도 이런 연유이다.

물론 곡식창고라는 설은 틀린 것이다. 중세의 유럽인들이 『구약성서』에 나오는 성지 찾기 여행을 하면서 피라미드를 보고 느낀 자신의 생각과 인상을 기록으로 남겼는데, 그들은 피라미드를 야곱의 아들 요셉이 파라오를 위해 건립하게 한 곡식창고로 이해했다. 「창세기」 41장에 나오는 대로 '풍년이 든 7년 동안 식량이 모자란 시기에 대비해 곡식을 비축하려 했다' 고 생각한 것이다. 1396년 덩줄뤼르 남작은 피라미드를 방문한 후 다음과 같이 적었다.

> 어떤 석공들이 이 곡물창고를 덮고 있는 거대한 표면석을 부수어 계곡으로 굴려버렸다.[18]

외벽을 층층으로 매끈하게 다듬은 피라미드 형태의 곡식창고에 대한 상상도는 12세기에 베니스의 산마르코 대성당에 모자이크로 그려졌을 정도이다.[19]

피라미드 건설의 정치적 목적

고대 이집트에서 피라미드 건설은 매우 적절한 통치기법 중 하나였다. 일반적으로 선왕이 죽으면 그의 피라미드는 곧바로 공사를 마감하고 선왕을 안장했다. 그래서 수많은 피라미드들이 완성되지 못한 채 시급히 마감된 것이다. 새로운 파라오는 즉위하자마자 곧바로 자신의 피라미드를 건설하기 시작했다. 우선 나일 강 변 중에서도 범람기 동안 침수되지 않을 높은 곳에 피라미드를 세울 대지를 선정했다. 그리고 피라미드를 건설하는 데 종사할 인부들을 모집했다.

인부들을 모집할 때는 많은 농부들이 지원해 경쟁률이 아주 높왔다. 그들은 군대의 막사 같은 곳에 묵으며 양식과 옷을 지급받았는데, 피라미드 건설의 노동자로 뽑히는 것은 매우 큰 혜택이자 영예였다. 피라미드 건설 노동자들이 피라미드에 애착을 가졌던 것은 비단 물질적인 보수 때문만은 아니었다.

고왕조에서는 파라오만이 미라가 되어 영생을 얻을 수 있었는데, 파라오는 평소에 아끼던 신하나 친족들에게 피라미드 주위에 그들의 묘지를 건설하도록 은총을 베풀었다. 이는 고대 이집트인들의 정신세계에서 매우 중요한 일이었다. 파라오에게나 제공되는 장례 집기와 영원한 음식물을 보장받는데다 미라가 될 수 있었기 때문이다.

대부분의 사람들, 특히 농부들은 미라가 되지도 못하고 또 좋은 무덤에 매장되지도 못했다. 단지 모래를 판 구덩이에 장신구 몇 점과 함께 묻힐 뿐이다. 그러나 피라미드 건설 현장에서 일하는 노동자들은 지하세계에서 신이 된 파라오에게 은총을 받을 수 있었다. 때문에 피라미드 건설의 90퍼센트는 기아를 막는다는 실용적인 목적으로, 나머지 10퍼센트는 종교적인 열정에서 건설되었다고 보는 것이 타당하다. 피라미드는 고대 이집트인들의 사회상과 정신세계가 결합돼 만들어진 건축물이라는 뜻이다.

그래서 학자들이 가장 궁금하게 생각하는 것은 '피라미드를 건설한 노동자들의 묘지가 어디에 있느냐'이다. 현재 피라미드 주위에서는 왕비나 공주의 무덤으로 추정되는 소형 피라미드를 비롯해 수많은 마스타바들이 발견된다. 하지만 이들은 당대의 지배계급이라 볼 수 있기 때문에 '노동자들도 파라오와 함께 지하에서 살 수 있다'는 개념이 성립하려면 그들의 공동묘지가 어디엔가 있어야 했다.

이 의문은 어느 미국인 여자 관광객이 말을 타고 가다가 갑자기 말에서 굴러 떨어지는 바람에 풀렸다. 공교롭게도 말이 떨어진 곳을 발굴해 들어가자 '노동자들의 공동묘지'가 나타난 것이다. 현재 이곳에서 발견된 것만 해도 600여 기나 된다.

발굴된 유골을 조사한 결과 이집트인들의 신장은 150센티미터~180센티미터였고 평균 나이는 30살~35살이었다. 고대인들은 매우 일찍 사망했던 것이다. 특히 이곳 미라들은 척추가 변형되어 있었는데, 이는 그들의 노동이 매우 힘들었다는 것을 시사했다. 피라미드 건설 현장의 작업은 무척 고됐을 것이다. 하지만 오늘날처럼 8시간씩 작업하는 것이 아니라 하루에 한두 시간만 작업했다는 점도 이해할 필요가 있다.(이집트의 일주일은 10일로 9일 일하고 하루 쉬었다.)

놀라운 것은 노동자들이 감독자들과 노동계약을 했다는 점이다. 파라오는 총감독, 건축가, 재주 있는 기술자들을 지명했고 노동자들은 모두 지원자 중에서 뽑았다.

이집트의 피라미드는 당시의 사회생활상과 통치철학을 절묘하게 조합시킨 시스템으로 탄생한 건축물이라고 할 수 있다. 즉 농사를 지을 수 없는 나일 강의 범람기에 농부들을 기아에서 해방시켜 굶주림에 따른 국민들의 소요를 미연에 방지하고, 파라오에게는 영원한 생명을 약속하는 것이다. 때문에 피라미드 자체는 파라오에게 속하는 복합구조물이지면서도 모든 이집트인들의 종교라고도 볼 수 있다.

당대 이집트인들에게 피라미드는 파라오의 영원한 안식처인 묘지라는 개념보다도 현실은 물론 사후의 생활까지 보장해주는 대형 근로사업의 일환이었다. 현재 우리나라로 치면 공공근로사업과 비슷하다고 할 수 있을 것이다.

이를 증명하기 위해서는 당연히 피라미드 건설 노동자들이 먹고 마시고 잠잘 수 있는 숙소가 있어야했다. 하지만 이들 시설들이 발견되지 않았고 학자들은 곤혹스러움을 감추지 못했다. 그러던 중 1995년에 시카고 대학의 마크 레너 박사가 기자의 피라미드 주위에서 6000명~7000명 정도의 인원이 생활했을 만한 숙소의 흔적을 발견했다. 이 숫자는 당대 이집트 전국에서 노동자들이 합류했다는 것을 의미한다.

레너 박사는 피라미드 건설이 분화된 직업에 따라 사회를 구성하는 조직을 만드는 데 기여했고, 이것이 나일 강 유역에서 진정한 고대국가 체계를 이룰 수 있도록 했다고 평가했다. 이집트인들이 피라미드를 건설한 것이 아니라 피라미드가 이집트를 건설했다는 뜻과도 같다. 《내셔널 지오그래픽》은 더욱 구체적으로 숙소 일대를 조사해 다음과 같은 사실을 발표했다.

① 숙소의 전체 수용 규모는 2만 명 정도이며 숙소 한 동에 2000여 명이 기거했다.
② 노동자들은 흙벽돌을 쌓아 만든 다음, 머리 쪽을 약간 높게 한 침대에서 잤다.

③ 숙소의 지붕은 반쯤 열린 상태로 햇빛이 안으로 들어오게 만들었다.
④ 침실 공간 뒤에는 빵을 굽고 요리할 수 있는 부엌시설이 있었고, 노동자들은 빵과 맥주, 마늘, 쇠고기를 지급 받았다.
⑤ 부상자는 현장에서 치료받았다.

노동자들을 위한 가장 중요한 배급품은 빵과 마늘이었다. 마늘은 양파와 같이 강장제로 쓰였는데, 이를 두고 사람들은 '마늘의 힘'으로 피라미드를 건설했다고 말했다.[20]

04

현대 과학으로도
풀리지 않는 비밀

현대 기하학의 요람이 이집트라는 설은 많은 학자들의 지지를 받고 있다. 헤로도토스, 플라톤, 세르비우스, 클레망 알렉산드르, 헤론 르 지오미트르, 디오도르 드 시실리, 포르피우와 같은 고대의 지식인들은 이집트가 동시대의 다른 문명에서는 상상할 수 없는 고도의 과학적 지식을 갖고 있었다고 입을 모았다. 헤로도토스와 세르비우스는 각각 다음과 같이 적었다.[21]

세소스트리스 왕은 국토를 전 이집트인들에게 같은 넓이의 정방형 토지를 나누어주고 그에 따라 매년 공물을 바치게 하여 나라의 재정을 확보했다. 강의 침식에 의해 소유지의 일부를 잃은 경우 해당인은 왕 앞에 출두하여 그것을 보고하고, 왕은 관리를 통해 토지의 감소분을 측정하게 한 후 그에 합당한 납세율로 공물을 바치게 했다. 생각건대 기하학은 이러한 동기에서 발명되어 뒤에 그리스로 건너온 것 같다.

나일 강이 범람할 때마다 과거에 구획된 토지의 경계를 알아낼 수 없게 되는 난처한 문제에 봉착했다. 이러한 경계를 정확히 찾기 위하여 이집트인들은 모든 경작지를 선으로 구분하는 지혜를 발휘하였다. 그런 과정에서 기하학이 생겼는데 그들은 땅을 재는 것뿐만 아니라 바다, 하늘까지 영역을 넓혔다.

천문학적으로 볼 때 의심할 수 없는 사실은 고대 이집트인들이 임의적으로 방위를 알아낼 수 있었다는 것이다. 쿠푸의 피라미드는 방위의 평균 오차가 3분 6초이다. 카푸레의 경우는 5분, 멘카우레의 경우는 14분이 차이가 나는데 이러한 오차는 아주 작은 것이다.

피라미드를 건설할 당시에 북쪽을 의미하는 용자리의 알파별(5000년 전의 북극성)을 이집트인들이 알고 있었다는 사실은 대지와 건물의 방위로 보아 거의 의심할 여지가 없다. 당시의 측량 장비가 단순한 추와 조준할 때 사용하는 막대기 베이뿐이라는 것을 생각하면 이는 매우 놀라운 일이다.

사실 이집트인들은 피라미드가 건설되기 몇 천 년 전부터 태양, 달, 별, 행성들의 운동을 세밀하게 관측하는 등 천문학에 고도의 지식을 갖고 있었다. 이집트에서 달력을 사용한 것을 보통 기원전 4241년으로 공인하고 있는데, 쿠푸의 대피라미드를 건설했을 때가 기원전 2500년이었다. 태양력을 사용한 지 이미 1700년이나 된 것이다. 이집트인들은 하루를 24시간, 한 달을 30일로 하고 12개월에 5일을 더해 1년을 했다. 또 한 달은 10일씩 3주로 나눴다. 기원전 3000년부터 이집트인들은 달에 기초하는 태음력을 사용하지 않았다. 그들은 매년 정기적으로 발생하는 나일 강의 홍수가 일어나는 날과 큰개자리의 시리우스가 1년에 1회 동트기 직전에 나타나는 것을 정확히 탐지하여 일 년이 365.25일이 되는 것도 알았기 때문에 이 순간을 1년의 시발점으로 정하였다.

피라미드 텍스트를 보면 이집트인들은 밤과 낮을 12시간씩 나누었다. 그들은 일출부터 일몰까지의 낮을 12등분하고, 일몰부터 다음 날 아침 일출까지의 밤을 똑같이 12등분했다.

그러나 일출과 일몰의 시간이 계절에 따라 다르기 때문에 계절마다 1시간의 길이가 자주 바뀌어야 했다. 즉 낮의 1시간과 밤의 1시간은 춘분과 추분을 제외하면 항상 달라야 했다. 그럼에도 불구하고 고대 이집트인들이 밤과 낮을 각각 12등분으로 한 데는 이유가 있다.

이집트인들이 한밤 동안의 시간을 12시간으로 결정한 것은 '데칸'으로 설명된다. 천체의 1년 주기는 10일 단위의 36면으로 나뉘는데 이것을 '데칸'이라고 부른다. 데칸은 하루에 7면은 보이지 않고 29개 면만 보이는데, 이집트인들은 그중 12개 면만이 남중하는 순간의 시간을 가르쳐준다는 것을 알고 있었다.

이것이 밤을 12시간으로 나눈 이유이다.[22]

고대 이집트인들의
놀라운 집념과 수학실력

피라미드를 건설하는 데 가장 필요한 것은 부피와 표면적을 계산하고 수직을 세우는 것인데, 이집트인들이 그 방법도 숙지하고 있었다는 것은 틀림없다. 쿠푸의 대피라미드는 경사면의 각도와 길이에 한치의 오차가 없으며 황금비율(ϕ=1.618)과 원주율(π=3.1416)이 사용됐다.

우선 황금비율 $\phi = \frac{x}{b}$, 즉 변심거리 x와 $\frac{1}{2}$ 밑변거리는 $\frac{x}{b} = 1 + \frac{\sqrt{5}}{2}$ =1.618= ϕ 이다. 실제 $\frac{x}{b}$ 를 쿠푸의 대피라미드에 적용할 경우 $\frac{h}{b}$ = $\frac{27984}{22}$ = $\frac{13992}{11}$ 로 거의 $\frac{14}{11}$ 비율에서 겨우 $\frac{8}{1000}$ 오차가 난다. 피타고라스 정리에 의하여 직각삼각형인 경우 $h^2 = x^2 - b^2$ 임은 잘 알려져 있다. 여기에서 $b^2 + b^2 - x^2 = 0$ 임을 유도하면 황금비율인 $\frac{x}{b} = 1 + \frac{\sqrt{5}}{2}$ =1.618= ϕ 가 나온다. 원주율 π의 경우 대피라미드의 밑변 둘레 절반과 높이의 비가 π와 같다는 것이다. 즉 $\frac{4b}{h} = 4 \times \frac{11}{14} = \frac{22}{7}$ =3.1428이 된다.

경사각 51도 49분 42초는 황금비율과 관련되며 밑변 둘레의 반과 변심거리의 비인 $\frac{14}{11}$ 인 경사각 51도 50분 35초는 $\pi = \frac{22}{7}$ = 3.1428을 준다. 밑면 부분 대각선의 피라미드 단면의 삼각형인 $\frac{9}{10}$ 는 경사각 51도 50분 39초를 갖는다.

정확한 π=3.1416의 경사각은 51도 51분 14초이다. 물론 그 당시에 π=3.1416은 알려지지 않았을 것으로 생각되지만 모두 근소한 차이에 지나지 않는다.

고대 이집트인들은 피라미드 내부에 현실을 만들 때도 의식적으로 기하학 지식을 적용했다. 쿠푸의 현실은 바닥 면적이 20×10 쿠데이며 높이는 11.172쿠데이다. 이를 계산해보면 서쪽과 동쪽 긴 단면의 대각선은 15쿠데가 된다. 이럴 경우 직각삼각형의 밑변이 10쿠데이고 높이는 $\sqrt{5}$가 된다. 이 15쿠데의 대각선은 보이는 것과 같이 긴 밑변과 긴 변 대각선이 3:4:5인 '직각삼각형'이 된다.

현실의 위치가 밑변의 절반이 되는 곳에 있다는 것도 이집트인들의 높은 기하학 수준을 보여준다. 어느 정도 측량 기술을 갖고 있는 사람들은 주어진 정사각형의 대각선 면적이 2배인 정사각형의 변의 길이와 같다는 것을 쉽게 알 수 있으므로 현실의 위치를 정확하게 정할 수 있었을 것으로 보인다.

그러나 수많은 피라미드를 건설한 고대 이집트인들이지만 그들이 숙지한 기하학은 경험적인 수치 단계를 넘어서지 않았던 듯하다. 건설된 피라미드마다 경사각이 일정하지 않고 모두 다르기 때문이다. 만일 피라미드 건축에 높은 수준의 기하학적 지식이 적용됐다면 다양한 경사각이 아니라 일률적인 값이 나오는 것이 정상이다.

하지만 고대 이집트인들의 위대함과 업적은 바로 여기에 있다. 이처럼 초보적인 과학 수준에서 쿠푸의 대피라미드와 같은 건축물을 세웠다는 것을 의미하기 때문이다. 더하기와 빼기 같이 간단한 산수밖에 할 수 없었던 이집트인들은 덧셈뺄셈을 통해 곱하기 값과 나누기 값을 얻었다. 가령 21에 25를 곱할 경우, 다음에서 보듯이 우선 21을 배하고 구해진 값을 배하는 식으로 구하는 값을 얻었다.

1=21, 2=42, 4=84, 8=168, 16=336

이렇게 배한 횟수를 더한 수가 곱수인 25가 될 때까지 계속한다. 즉, 21을 16배한 수와 8배한 수, 1배한 수를 합하면 16+8+1=25가 되므로, 21을 배해서 얻은 값을 더해서 336+168+21=525를 얻는다.

이집트인들은 나누기도 비슷한 방법을 사용했다. 49를 8로 나눌 경우, 먼저 나누는 수를 더해서 배의 값을 구했다. 그리고 2배와 4배한 수를 더해서 49에 가장 가까운 수 48을 얻은 후 정답인 6과 $\frac{1}{8}$을 찾아냈다.

1=8, 2=16, 4=32, 8=64

이집트인에게 분수는 언제나 장애였다. 그들은 분자가 1이 되는 분수, 즉 단위분수(單位分數)밖에 사용하지 못하였기 때문에 $\frac{13}{16}$을 $\frac{1}{2}+\frac{1}{4}+\frac{1}{10}$과 같은 식으로 표현했다. 수를 무한히 배하여 구하는 값을 얻었다는 것은 이집트인들이 사실상 곱셈을 했다는 뜻이며, 단위분수를 사용했다는 것은 전체에 대한 부분이라는 개념을 다루었다는 뜻이다.

하지만 이집트인들은 이러한 과정 속에 숨어 있는 기본 원리나 간단한 계산방법을 끝내 알아내지는 못했다. 고대 이집트의 수학이 초보 단계에서 더 이상 진전하지 못한 것은 그들의 관심이 실용적인 점에만 있었기 때문이다.

이집트인들도 직각삼각형의 경우 두 변의 길이를 각각 배하고 더한 값은 빗변의 길이를 배한 값과 같다는 것을 알고 있었다.

● 고대 이집트인들이 숙지한 기하학은 경험적인 수치 단계를 넘어서지 않았다. 건설된 피라미드마다 경사각이 일정하지 않고 모두 다르기 때문이다. 높은 수준의 기하학적 지식이 적용됐다면 경사각은 항상 일정하게 나오기 마련이다.

'피타고라스 정리'라는 공식의 핵심 내용을 계산을 통해 이미 숙지하고 있었다.

그러나 이집트인들은 왜 이런 관계가 성립하는지, 이것을 어떻게 응용하고 정보를 얻을 수 있을지 생각하지 않았다. 특히 그들은 이 관계가 정확한가, 아니면 근사적으로 성립하는가에 대해서는 전혀 관심이 없었던 셈이다.

순전히 실용적인 면만 고려한다면 이 문제는 그다지 중요한 사항이 아니지만, 과학의 발달에 있어서 이 같은 질문은 매우 중요하다. 예컨대 이집트인들의 실용적인 관점에서 보면 홍수 때문에 경계가 사라진 사방 100미터의 밭을 홍수가 끝난 후 99.5미터의 넓이로 찾아주었다고 해도 별로 문제가 없다.

그러나 수학이라는 개념을 도입하면 얘기가 달라진다. 수학적으로 볼 때 0.5미터의 차이는 대단히 큰 것이다!

사실 고대 그리스인들이 등장하기까지는 누구도 이런 엄밀한 문제를 고민하지 않았다. 그리스인들의 훌륭함이 바로 이것이다. 스스로 형이상학적인 질문을 던지고 그에 대한 답을 찾기 위해 노력하면서, 인간 사고의 폭과 깊이를 더욱 확장시켜놓았다는 점이다.[23]

피라미드에 대한 과학적인 연구와 조사의 결론은 간단하다. 일반인들에게는 다소 당혹스러운 일이지만 당대의 피라미드 건축가들은 풀어야 할 기술적인 문제가 생기면 가장 적절한 경험상의 지식을 적용하거나 변형하는 것으로 만족하고, 더 이상 새로운 지식에 대해 탐구하려고 하지는 않았다.

물론 그렇다고 해서 그들이 건설한 피라미드가 평가 절하되는 것은 아니다. 한정된 계산법과 초보적인 분수표시법만으로 쿠푸의 대피라미드와 같은 걸작을 건축했다는 것은 정말로 경이적인 일이라고 말할 수밖에 없기 때문이다.

05

피라미드에
황금 유물이 숨어있다

이집트의 피라미드 중에서 가장 논란이 되는 것이 쿠푸의 대피라미드이다. 일반적으로 필론이 말한 '세계 7대 불가사의'는 기자 지역의 3대 피라미드를 의미한다. 그러나 학자들에 따라서는 쿠푸의 대피라미드 하나만 거론할 정도로 이집트의 피라미드를 대표한다.[24] 다른 피라미드에 비해 규모가 가장 클 뿐만 아니라 피라미드 내부에 아직도 보물이 남아있을지 모른다는 논란이 있기 때문이다.

그런데 그토록 거대한 피라미드의 주인 쿠푸 왕은 누구인가? 기원전 5세기의 그리스 역사가 헤로도토스는 쿠푸를 폭군으로 혹평하고 있다. 쿠푸가 신전을 폐쇄하고 이집트인들이 제물을 바치는 것을 금지하며 오직 자신을 위해 일하도록 강요했다는 것이다.

그러나 근래의 학자들은 쿠푸가 폭군이 아니라 관대한 지도자였다고 생각한다. 카이로의 이집트 박물관에는 쿠푸의 유일한 조각상이 있다. 10센티미터도 되지 않는 소형 조각상인데 피라미드에서 남쪽으로 약 500킬로미터 지점에 있는 아비도스에서 발견되었다.

유명한 이집트 학자 페트리 경이 토목공사 중에 목이 떨어진 조그마한 조각상을 발견했는데 거기에는 쿠푸라는 단어가 적혀있었다. 조각의 머리가 떨어졌을 것으로 추정한 페트리는 수십만 톤의 모래를 체로 걸러서 찾아냈다고 한다. 이 조각상의 인물을 보아도 쿠푸는 매우 인자한 모습을 하고 있다.[25]

헤로도토스의 믿을 수 없는 기술은 또 있다. 그는 피라미드 건설을 위해 항상 10만 명에 이르는 사람들이 3개월씩 교대로 노역에 동원되었고, 피라미드를 짓는 기간은 총 20년이라고 했다. 헤로도토스가 밝힌 이들 숫자는 오랫동안 피라미드 건설 노동자 수 산정의 토대가 되어 피라미드가 억압과 고통의 상징으로 자리매김되는 데 일조했다.

그러나 오늘날의 학자들은 헤로도토스의 계산이 당시 상황에 전혀 부합하지 않는다고 단언한다. 쿠푸의 피라미드 건설에 참여한 노동자 수는 줄잡아 약 1만 2000명~1만 5000명일 것이며 병참 업무와 조직상의 이유로 그중 $\frac{1}{4}$만이 피라미드 공사에 직접 참여할 수 있었다고 추정한다. 너무 많은 노동자가 동시에 공사에 참여하면 서로 진로를 방해하여 오히려 건설 공정을 상당히 지연시킬 수 있다는 것이다.

이 같은 계산은 페트리 경의 노동자 숙소 발굴로 더욱 신빙성이 커졌다. 피라미드 인근에서 노동자 약 4500명을 수용할 수 있는 시설이 발견된 것이다. 보통 피라미드 축조 당시 이집트의 인구를 100만에서 최대 150만 명으로 추정하므로, 헤로도토스의 20만 명이라는 숫자가 얼마나 과장되었는지 잘 알 수 있다.

또한, 헤로도토스는 기자의 피라미드를 건설한 시기를 실제보다 1300년에서 1500년 후대로 기록하여 신빙성을 저하시켰다. 이는 그가 피라미드 건설 후 무려 2000년이나 지난 시점에서 이집트인들이 설명한 연대를 확인하지 않고 그대로 적었기 때문이다.

쿠푸 왕이 이집트인들의 고통을 깊이 이해했을 뿐 아니라 인정이 많은 현명한 군주였다는 것은 피라미드 건설에 동원된 노동자들의 자부심을 통해서도 엿볼 수 있다. 피라미드 내부에 적힌 낙서를 보면 노동자들이 파라오를 위해 일한다는 데 무척 자부심을 가졌으며 보람과 긍지를 느꼈다는 것을 알 수 있다. 다음은 어떤 노동자가 피라미드 안에 남긴 낙서이다.

> 누구 한 사람 지치는 일도, 목마르는 일도 없었다. 작업이 끝나면 신바람이 나서 집으로 돌아가 신을 위해 제사를 지내는 것처럼 마음껏 먹고 마셨다.

피라미드 안에 적힌 낙서에는 '장사 작업대' '끈기 작업대' 등의 이름이 적혀있다는 것도 쿠푸가 폭군이 아니었음을 증명해준다. 쿠푸는 왕비인 메리트요테스와의 사이에서 후계자인 제드프라와 카푸레(쿠푸와 형제라는 설도 있음)를 얻었다고 알려져 있다.

호기심이 생기는
대피라미드의 독특한 구조

카이로에서 서쪽으로 15킬로미터 떨어진 곳에 있는 쿠푸의 대피라미드는 원래 명칭이 '아케트 쿠푸(Achet Khufu)' 이다. '쿠푸의 서쪽 지평선' 이란 뜻인데 고원 위에 우뚝 서 있기 때문에, 옛날부터 사막의 유목민들은 피라미드에 도착하기 수일 전부터 아득히 보이는 거대한 규모의 기념물을 볼 수 있었다.

지평선 위에 자그마한 삼각형으로 보이는 쿠푸의 피라미드는 다가갈수록 점점 더 완벽한 기하학적 모습을 드러낸다. 146.73미터 높이에 경사각은 51도 50분 35초이며, 밑변은 230미터이고 바닥면적은 5헥타르나 된다.

쿠푸의 대피라미드에는 2.5톤의 석회석 돌덩어리가 230만 개나 사용되었으며 무게가 거의 700만 톤에 달한다. 나폴레옹의 계산에 따르면 이 돌들로 프랑스 전체를 폭 30센티미터, 높이 3미터의 성곽으로 둘러쌀 수 있을 정도라고 한다. 때문에 사람들은 쿠푸의 대피라미드를 보면 수많은 의문들을 쏟아낸다.

'신석기시대를 막 거친 원시시대에 지나지 않는 고대 이집트인들이 왜, 어떻게, 이렇게 엄청난 기념물을 건설하였을까? 바퀴도 발명되지 않았고 말이나 노새 등 하역 동물도 없었던 고대 이집트에서 피라미드의 밑변이 0.1퍼센트의 오차도 없이 정확하게 동서남북을 가리키고 있다는 것을 어떻게 설명할 수 있을까? 피라미드가 수학적이고 천문학적인 개념들을 구체화시킨 것이라면, 어떤 이유로 고대 이집트의 건축가들은 다른 문명에 비해 그처럼 앞선 지식들을 가질 수 있었을까?

더구나 대피라미드에는 현대 과학으로도 풀 수 없는 신비한 수수께끼들이 아직 많이 숨겨져 있다고 알려진다. 피라미드는 건설 당시 최소한 2번은 계획이 변경되었는데, 이는 대개 공사가 완료되기 전 왕이 죽을 경우에 대비해서 2개의 묘실을 우선적으로 만들었기 때문이라는 설이 지배적이다.

쿠푸의 대피라미드는 입구에서 조금 내려가면 상향 경사로와 하향 경사로로 나뉘는데 각도는 똑같이 26도이다. 하향 경사로를 따라 계속 내려오면 첫 번째로 계획된 장례방에 도달하게 되는데, 이 방은 지하묘실로 약 지표면에서 30미터 아래에 있다.

그런데 이 장례방이 완성되기 전에 제2의 장례방(왕비의 방)을 건설하기 시작한 듯하다. 지하묘실이 포기된 이유는 아마도 기술적 문제 때문이었을 거라고 보이는데, 특히 산소공급이 여의치 않아 중도에 단념한 것으로 추정한다.

제2의 장례방을 '왕비의 방' 이라고 부르는 것은 엄밀한 의미에서 잘못됐다. 이 방에 왕비의 시신이 매장되어 있는 것이 아니기 때문이다. 대개 학자들은 묘실의 위치를 감안하여 이 방을 왕의 입상을 세워놓은 장소로 추정한다.

제2의 방이라 불리는 '왕비의 방' 은 지하에서 21미터 높이에 있

● 쿠푸의 대피라미드 내부 구조도.

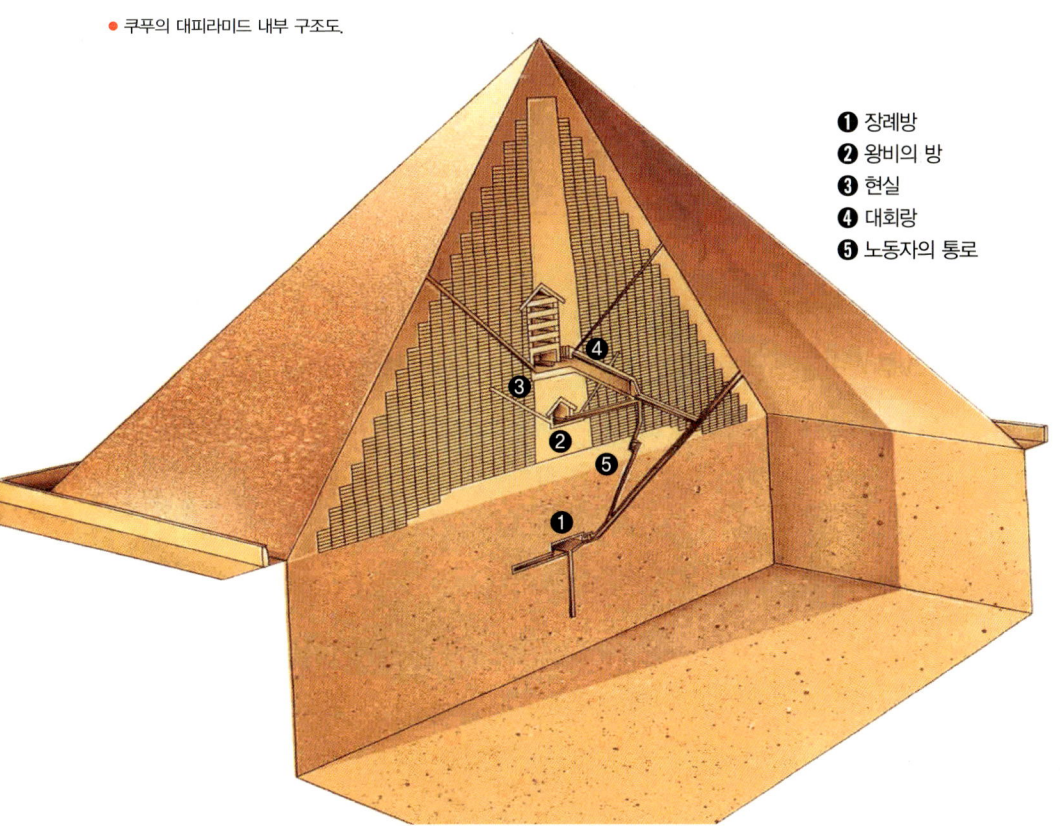

❶ 장례방
❷ 왕비의 방
❸ 현실
❹ 대회랑
❺ 노동자의 통로

으며, 약 5.24미터의 길이로 천장은 돔 형태이다. 이곳에서 수평 갤러리와 대회랑으로 연결되는데, 이 갤러리는 장례 후 화강암의 틀어막기로 차단하게 되었다.

대회랑은 돌출부가 있는 높은 천장으로 길이 46미터, 폭 1.2미터에 지나지 않지만 높이는 8.5미터나 된다. 이 회랑을 거쳐 허리를 구부려야만 지나갈 수 있는 좁은 복도의 끝에 입구를 폐쇄하기 위한 용도의 공간이 있다. 이것은 상향 통로를 경사지게 하여 화강석 석재가 미끄러져 내리도록 계획된 것이다.

대회랑을 따라가면 세 번째 방인 파라오의 현실에 도달하는데, 현재는 뚜껑 없이 비어 있는 석관만 남아있다. 쿠푸의 현실은 지상 42미터 높이에 만들어져 있으며, 현실의 입구는 좁은 통로이므로 쉽게 막아버릴 수 있다.

현실은 폭 5미터, 길이 10.5미터, 높이 6미터이며, 천장은 9개의 석재로 총 중량이 400톤에 이른다. 대피라미드에서 가장 특이한 것은 천체창이다.

1638년 영국의 수학자 존 그리브는 피라미드에 길이의 척도가 숨겨져 있다는 믿음을 갖고, 피라미드를 조사하기 위해 기자를 방문했다. 그런데 놀랍게도 피라미드 안에서 박쥐들이 살고 있었다. '낯선 인간들이 피라미드 안으로 들어오자 박쥐들이 공격을 해왔지만 총을 쏘면서 박쥐를 쫓았다' 고 기록하고 있는 것이다. 혈액이 몸 안에서 순환한다는 것을 발견한 윌리엄 하비는 박쥐들이 살아있다는 것을 근거로 피라미드 어딘가에 외부로 통하는 구멍이 있다고 추측했다. 그의 생각은 옳았다. 피라미드에는 현실에는 남쪽과 북쪽으로 높이 20센티미터, 폭 22센티미터, 길이 약 60미터의 환기 구멍이 있는데, 이는 피라미드 안으로 공기가 들어올 수 있게 하기 위해서였다. 미라가 환생할 때 숨을 쉴 수 있게 하기 위해 환기구멍을 만든 것이다.

그런데 미국의 천문학자 트림블은 남쪽의 환기구멍이 기원전 2600년에서 기원전 2400년경의 오리온자리의 세 별에 정확하게 조준되어 있다는 것을 발표했다. 때문에 이 환기구멍은 천체창이라는 명칭으로 더 많이 불린다.

이집트의 피라미드 중에서 완성된 천체창은 쿠푸의 대피라미드에만 있다. 카푸레의 피라미드도 천체창을 계획하기는 하였으나 완성하지는 않았다. 또 한 가지 특이한 것은 대피라미드의 경우 4개면 모두 각 표면의 중간이 약 90센티미터 정도 안으로 꺾여 들어가 있다는 점이다.

데이비드슨 박사는 이러한 설계는 물이 흘러내릴 때 모일 수 있도록 한 것이라고 설명했다. 물이 피라미드 속으로 스며들거나 식물이 자랄 수 있는 계기를 만들어주면 붕괴되기 쉬우므로 물이 쉽게 흘러나갈 수 있도록 홈을 만들었다는 것이다. 대피라미드의 건축에 많은 사람들이 찬탄하는 이유가 바로 이런 점들이다.[26]

진짜 왕의 방은 따로 있다?

많은 사람들이 쿠푸의 피라미드에 관심을 갖는 이유 중 하나는 '보물' 때문이다. 쿠푸 왕과 함께 부장된 엄청난 보물이 현재에도 피라미드 안에 보관되어 있을 거라고 생각하는 것이다. 이런 의문점은 현재 비어있는 석관이 있는 파라오의 현실이 진짜가 아닐지도 모른다는 지적 때문이다. 즉, 피라미드 안 어딘가에 진짜 쿠푸 왕의 현실이 따로 존재할 수도 있다는 이야기다.

상식적으로 납득이 가지 않은 이 같은 가정이 어떻게 나왔을까? 학자들이 현재 파라오의 현실이라고 알려진 왕의 방이 진짜가 아니라고 추정하는 가장 큰 이유는 '현실의 위치가 정중앙에서 벗어나 있다'는 사실이다. 고대 이집트에서 신이자 곧 우주의 중심으로 추앙받던 파라오를 정중앙이 아닌 곳에 안치한다는 것은 고대인의 믿음에 어긋나는 일이기 때문에 진짜 파라오의 방은 따로 있는 게 아니냐는 가설이 나온 것이다.

첫째, 설계 미스라는 말도 있지만 대피라미드의 각 변이 동서남북에 정확히 일치하고, 한 치의 빈틈도 없이 높은 곳에서도 거대한 돌들을 정확하게 맞추어 끼운 기술을 감안하면 정중앙을 정확하게 찾지 못했다는 것은 설득력이 없다. 둘째, 현재 파라오의 방 현실 상부에 있는 5개의 하중분산용 공간이 사실은 알려지지 않은 비밀의 방을 보호하기 위해 건설되었을지 모른다는 사실이다. 이 지적에 대해서 대부분의 구조학자들은 가능한 가정이라고 인정한다. 셋째, 파라오의 현실에는 쿠푸의 빈 석관만 남아있는데 820년 칼리프 알 마문이 석관을 열었을 때도 아무런 부장품이 없었다는 설이 있다.

이 같은 설의 진위를 밝히기 위해서는 쿠푸의 피라미드를 더욱 면밀하게 조사해보는 것이 중요하다. 그러나 세계 7대 불가사의 중에서 유일하게 남아있는 대피라미드를 무작정 훼손하면서 연구할 수는 없는 일이 아닌가. 고대 유산 연구의 어려움이 여기에 있다.

사실 쿠푸의 대피라미드에서 보물을 찾아내기 위해 기울인 사람들의 노력은 대피라미드의 수난사와도 직결된다. 그 첫 번째 당사자가 아라비아의 유명한 칼리프 아룬 알 아시드이며, 그의 도굴작업은 956년에 사망한 여행가이자 학자인 알 마수디가 기록했다. 쿠푸의 현실까지 진입하기 위한 칼리프 아룬 알 아시드의 작업은 다음과 같다.

왕의 방까지 도달하는 통로를 찾기 위해 우선 외부의 석회석들을 제거해야 했다. 그들은 석회석을 녹이기 위해 수많은 식초를 뿌리고 불을 붙였다. 이 작업이 다소 성공을 거두자 성벽을 파괴하기 위해 사용되었던 거중기와 기계들이 투입되었다.
상상할 수 없는 노력을 들인 끝에 노동자들은 수천 개의 금화가 있는 사각형의 방에 도착하였다. 그 금화는 각자가 1디나르(7세기 말부터 수세기 동안 사용된 아라비아의 화폐 단위)의 무게를 가졌다. 이때 발견된 금화가 대피라미드를 조사하는 데 투입한 예산과 거의 비슷했다. 그 후에도 계속하여 발굴하려고 했으나 워낙 작업이 어렵고 입구 부분이 붕괴될 우려가 있자 쿠푸의 방을 찾는 일을 포기했다.

아버지 아룬 알 라시드의 아들인 칼리프 압둘라 알 마문(재위 812년~833년) 역시 대피라미드에 관심을 가졌다. 바로 자신의 과학적 지식욕구 때문이었는데, 그는 반드시 대피라미드를 발굴하겠다며 820년에 이집트에 도착했다.
알 마문은 과학 특히 천문학에 대해 강한 흥미가 있었다. 그래서 지구와 천체의 지도를 만들려는 계획을 세우고 수많은 자료를 모으던 중 '아버지가 발굴하다가 포기한 이집트의 거대한 피라미드 안에 고대의 아주 정확한 지도들과 피라미드 건축가들이 건설할 때 사용한 자료들이 있다'는 얘기를 듣게 된다.

이후 그는 자신이 원하는 것을 얻기 위해서는 피라미드를 발굴해야 한다고 생각하고 발굴단을 이집트로 파견하기로 결정한다. 하지만 문제가 있었다. 발굴에 필요한 엄청난 자금을 확보하기가 쉽지 않은데다 아버지가 앞서 대피라미드 안에서 보물을 발견했다는 사실은 자금을 확보하는 계획에 있어 상당한 부담으로 작용했다. 피라미드 발굴 후 손에 넣게 될 보물을 발굴 경비로 충당하려는 계획에 차질이 생긴 것이다. 그때 그의 귀를 번뜩이게 하는 정보가 들어왔다. 자신의 아버지가 금화를 발견한 곳은 파라오의 현실이 아니었다는 사실이다. 파라오의 현실이 아닌 방에서 그 정도 금화가 발견됐다면, 진짜 파라오의 현실에는 훨씬 더 많은 보물이 들어있을 것이었다.

알 마문은 수많은 인원을 바그다드에서 대피라미드로 직접 파견한 것은 물론 자신도 현장에 도착하여 작업을 진두지휘했다. 하지만 대피라미드 탐사는 그야말로 고난의 연속이었다. 방법론도 알 라시드가 사용한 것과 같았다. 장애물로 나타난 돌이 깨질 때까지 불로 가열한 다음 차가운 식초를 뿌렸다.

그가 아버지인 알 라시드와 다른 점은 중도에 포기하지 않았다는 것이다. 알 라시드는 끊임없이 나타나는 커다란 돌들 때문에 결국 작업을 포기했지만, 그는 이에 굴하지 않고 무작정 외부에서 돌을 깨부수며 들어갔다. 무려 300미터 두께의 벽을 파고 들어간 후에 그들은 마침내 1.2미터 높이의 급경사로 된 비좁은 회랑에 도착했다. 그 회랑의 상부 쪽 끝에서 그들은 고대 이집트인들이 만든 입구를 발견했는데 그 입구는 지상으로부터 15미터 높이에 있었고 돌로 차단된 문에 의해 막혀 있었다.

알 마문 일행은 이 돌들도 제거하고 회랑을 내려갔는데 그곳에서 제일 처음에 건설되었다가 포기되었던 방을 발견하였다. 그러나 그곳에는 아무것도 없었다. 쿠푸의 대피라미드가 전설처럼 막대한 보화를 감추고 있다면 다른 곳을 찾아야만 했었다.

알 마문은 회랑으로 다시 돌아와 위로 향하는 또 다른 회랑을 찾았다. 다행하게도 곧 상부로 연결되는 회랑을 발견했다. 그러나 굴착 작업은 더욱더 어려웠다. 회랑을 막고 있는 커다란 화강암 돌덩이가 계속 나왔기 때문이다. 그러나 악착같은 의지로 모든 난관을 헤쳐 나갔다. 상상할 수 없는 고통스러운 작업 끝에 위로 향하는 아주 낮은 회랑에 도착했다. 그곳에는 수평으로 된 통로가 교차되어 있었다.

이 수평 통로는 각 변이 5.5미터인 정사각형 방으로 연결되어 있는데 천장은 6미터 높이에 이중경사로 이루어져 있었다. 이곳이 바로 왕비의 방이라고 불리는 곳이다. 그러나 이곳에도 역시 왕비의 흔적과 보물은 없었다. 그들의 실망은 대단했다.

알 마문은 작업을 계속했고 인부 중 한 명이 조그마한 방을 찾아냈다. 그곳에는 푸른색의 돌로 조각된 남자 조각상이 있었다. 이 조각상은 여러 가지 보석으로 장식된 옷을 입고 있었다. 그의 가슴에는 값비싼 보석으로 장식된 칼이 있었고 그의 머리에는 달걀만한 루비가 있었다. 알 마문은 이 조각상을 자신의 궁전으로 갖고 갔는데, 아랍의 역사학자 캐시는 1117년에도 궁전에서 볼 수 있었다고 적었다.

이에 고무되어 계속 다른 방을 찾던 그들은 수평 통로와 하향 회랑에 연결되는 부분과 또 다른 회랑이 연결된다는 것을 발견했다. 8.5미터 높이의 반들반들한 석회암으로 마감처리가 되어 있는 대회랑이었다. 이 회랑은 계속해서 오르막길로 되어 있었는데 그 끝에는 일종의 대기실이 있었다. 이 방을 통하여 피라미드의 가장 큰 방에 도달했는데 그 장소가 바로 현재 쿠푸의 현실로 불리는 곳이다.

알 마문은 손에 횃불을 든 채, 서둘러서 내부를 보기 위해 들어갔다. 그러나 그곳 역시 비어 있었다. 붉은 색의 화강암 벽을 따라 적갈색의 돌로 된 다소 파괴된 석관과 몇몇의 파손된 잔해만이 있을 뿐이었다. 석관은 통로보다 크기 때문에 이 방을 만들기 전에 이미 놓여 있었다는 것이 분명했다. 당황한 그들은 보물이 은닉되어 있을지 모른다는 기대를 하며 벽과 바닥의 일부를 부수었지만 아무것도 찾을 수 없었다.

알 마문이 대피라미드의 현실에서 보물을 찾지 못했다는 사실은 오히려 다른 곳에 보물이 있을지 모른다는 추측을 일으킨다. 더욱이 앞에서 설명한 바와 같이 대피라미드가 구조적으로 여러 부분에서 이상한 점이 있다는 것도 이런 가설에 부채질했다.

그러나 알 마문이 보물을 찾지 못한 것은 쿠푸의 대피라미드가 철저하게 도굴되었기 때문이라는 것이 정설이다. 이집트 역사에는 왕조가 중단되는 등 몇 번의 극심한 혼란기가 있었는데, 학자들은 이때 이집트에 있는 모든 피라미드와 신왕조가 건설한 왕가의 계곡에 있는 파라오들의 무덤이 약탈되었다고 본다.

특히 쿠푸의 피라미드는 무법자들의 표적이 되었을 것으로 생각한다. 가장 큰 피라미드인 까닭에 더욱더 약탈하고 싶은 유혹을 뿌리치기 어려웠을 것이라고 보는 것이다. 혹자는 대피라미드가 고왕국 때 이미 도굴되었을지도 모른다고 추정하기도 한다. 피라미드의 통로가 봉쇄되자 도굴꾼들이 우회하여 피라미드를 둘러싼 석벽을 뚫고 들어가 묘실로 이어지는 상승 통로까지 직선으로 갱도를 판 증거가 있기 때문이다. 이 갱도는 오늘날 관광객이 피라미드 내부로 들어가는 입구로 사용된다. 이것이 사실이라면 당대의 도굴꾼들이 피라미드 내부구조에 대한 정확한 지식을 갖고 있었다는 것을 의미한다.

고왕국이 끝난 후 혼란과 무질서가 온 나라를 뒤덮고 무덤들이 약탈당했다는 사실은 다음과 같은 어떤 현인의 글에서도 알 수 있다.

> 무덤의 주인들은 정녕 사막으로 내던져졌다. (중략) 보아라. 매장된 매(왕)를 끄집어낸다. 피라미드가 (일찍이) 그 자를 품었건만 (지금은) 텅 비어 있구나.[27]

반면에 쿠푸의 대피라미드가 도굴되지 않았을 것이라는 유력한 근거는 다음과 같은 주장에 기초한다. 왕의 방, 현재 쿠푸의 현실이라고 알려진 공간이 사실은 '미끼'라는 것이다. 즉, 도굴범들의 약탈을 막기 위해 현재의 현실을 파라오의 현실처럼 꾸몄지만 그것은 가짜이고 진짜 현실은 다른 곳에 있다는 것이다.
대피라미드가 쿠푸의 현실이라고 알려진 것은 피라미드 전문가인 하워드 바이스 대령이 한쪽 벽면에서 상형문자로 된 '쿠푸'와 '17년째'라는 붉은 잉크로 써진 글을 발견했기 때문이다. 그것이 헤로도토스의『역사』에 나오는 쿠푸의 이름과 일치한다는 것을 발견하고 '왕의 방'이라 명명했고 이후 쿠푸의 대피라미드로 불렸다.[28]

여하튼 상당히 많은 이집트학 전문가들이 대피라미드가 쿠푸의 진짜 무덤을 안치하기 위한 장소는 아니라는 주장에 동조한다. 그것은 고대 이집트에서는 가짜 무덤을 만드는 것이 보편화되어 있었기 때문이다. 자신의 무덤을 3개~4개 만들어 진짜 무덤이 어느 것인지를 알 수 없도록 만드는 것도 일반화된 일이었다.

대피라미드를 건설할 정도로 막강한 힘을 갖고 있었던 쿠푸라면 여러 개의 무덤을 만들었다는 것이 무리한 일도 아니라고 볼 수 있다. 특히 대피라미드 안에 진짜 현실을 비밀로 만들었다는 것도 어려운 일은 아니었을지 모른다.

물론 이러한 일부 학자들의 주장에 정통 학자들은 강력하게 반발한다. 쿠푸의 대피라미드는 다른 피라미드와는 달리 3개의 방과 3개의 회랑이 있으며 가장 하부의 회랑은 바위를 뚫고 만들었다. 또한 왕비와 파라오의 현실이라 불리는 공간과 회랑은 매우 정성 들여 건축했다. 다른 곳은 석회석으로 되어있는데 이곳은 가공하기 매우 힘든 화강석으로 만들어졌다.

더구나 화강석은 900킬로미터 멀리 떨어진 아스완에서 갖고 온 것이며 지표면에서 42미터 높이에 있다. 하중을 경감시킨다는 목적을 가진 5개의 상부 공간을 합하면 65미터나 되며 이것들 중 가장 작은 화강석이 5톤, 어떤 돌은 70톤이나 된다. 단지 '미끼'라는 목적을 위해서 이 엄청난 돌들을 채석장에서 채취한 후 피라미드 장소까지 배와 썰매로 운반해와 거대한 높이로 쌓아올렸다고는 믿을 수 없다는 것이다.

한편, 대피라미드가 도굴 당하지 않았을 것이라는 강력한 주장 중에 하나는 도굴꾼들이 침입하여 보물들을 약탈해 갔다면 어떻게 장애물인 화강암 돌들을 통과할 수 있었을까 하는 점이다. 앞에 설명한 도굴꾼이 만든 통로라는 것도 사실과 다르다는 설명이다.

일부 학자들은 도굴할 때 만들어 놓은 통로가 세월이 흘러서 자연 붕괴되어 그 흔적을 찾을 수 없다는 가설을 내세우기도 하지만 피라미드의 외형을 볼 때 전혀 그런 흔적을 찾아 볼 수 없다. 더구나 도굴범들이 도굴을 완료한 후 피라미드를 원상대로 복구해 놓지 않았을 것이라는 사실은 아직도 엄청난 재화가 대피라미드 속 어디엔가 감추어져 있을 것이라는 근거로 작용한다.

현대 과학의
피라미드 대탐사

대피라미드가 도굴되지 않았다는 것은 아직 알려지지 않은 미지의 공간이 존재하며 이 미지의 공간에 보물이 아직도 들어있다는 것을 의미한다. 또 다른 미지의 공간이 있다는 가설은 프랑스 건축가 도르미옹과 골뎅에 의해 더욱 구체화되었다.

1985년 그들은 대피라미드에 관한 책을 보면서 이제까지 다른 사람들이 주목하지 않았던 몇몇 새로운 사실들을 발견했다. 바로 대회랑의 벽 양쪽을 따라 있는 이상한 홈의 존재였다. 또한 일반적인 조적법(造積法, 벽돌·블록·돌 등의 비교적 작은 개체를 모르타르로 쌓아 구조체를 만드는 방법)처럼 서로 엇갈려 포개져 있지 않고 상하로 쌓여 있으며 벽의 중간 부분에 반짝이는 돌을 여러 개 박아 넣었다는 것이다. 게다가 어떤 돌들은 가공하지 않은 채 시공되기도 했다.

그들은 이 이상한 구조가 건축상의 오류에 기인하는 것은 아니라고 생각했다. 당시의 건축가들이 적어도 조적법 등에 대해서 완전히 이해하고 있으며 불필요한 부분이나 불완전한 부분을 일부러 사용했다고는 믿을 수 없는 일이었다. 때문에 그들은 대피라미드 내부에 비밀 공간이 존재하는 증거라고 판단했다. 수천 년 동안 많은 호사가들을 설레게 했던 쿠푸의 진짜 관과 수많은 금은보화가 들어 있을 것이라고 생각한 것이다.

이 발견은 당시 이집트 연구자들을 비롯한 전 세계인들의 이목을 집중시켰다. 이집트 정부는 두 건축가의 제안을 근거로 한 EDF(프랑스 전력회사)의 탐사 계획을 허가하였고 그들은 대피라미드 발굴에 착수했다.

대피라미드는 다른 피라미드 입구처럼 아주 작은 구멍을 통해 들어갈 수 있으며 방의 입구 위에는 커다란 버팀돌과 그 버팀돌을 받치는 2개의 거대한 서까래가 있다. 하지만 두 건축가는 이 것 역시 위장된 입구라고 추정했다. 또, 거슬러 올라가는 통로 한 부분에 벽을 따라 길게 띠 모양의 기이한 돌들이 있는 것을 발견했는데 이는 피라미드의 다른 어느 곳에서도 찾아볼 수 없는 특이한 형태였다.

두 사람은 이 돌들이 벽에 가해지는 측면 압력을 흡수하기 위해 고안된 장치일 것으로 추정했다. 그리고 여러 구조학자들이 지적한 거대한 화강암으로 된 왕의 현실을 지지하는 버팀돌들이 왕의 현실이 아니라 다른 방을 지지할 것이라는 데 동조했다. 여러 가지 정황을 종합하여 그들은 왕비의 통로에 있는 연마된 돌들이 창고를 감추고 있다고 생각했다.[29]

EDF의 지원을 받는 CPGF(프랑스 지구물리학 탐사회사)가 마이크로 중력 장치를 사용하여 대피라미드 내부를 조사하기 시작했다. CPGF와 EDF가 대피라미드 복도와 대피라미드 표면의 질량을 측정하자 평균 밀도가 2.05로 나왔다. 학자들이 생각했던 것보다 훨씬 가벼웠다. 일반적으로 석회석의 밀도는 2.4이므로 2.05는 매우 낮은 수치이다.

특이한 것은 파라오의 현실 상부의 평균 밀도가 1.85밖에 되지 않는다는 것이다. 대피라미드 전체를 분배해서 비교해보면 각 부분이 서로 다른 비중을 차지하고 있다는 뜻으로 이 결과는 비밀의 방이 존재한다는 믿음을 더욱 부추겼다. 밀도가 낮다는 것은 빈 공간이 있다는 추론이 가능하다는 얘기인 것이다.

그러나 탐사 팀은 두 건축가가 예언한 장소에서 비밀의 방이나 비밀의 복도를 발견하지 못했다. 반면에 왕비의 방으로 가는 서쪽 복도에 적은 양의 질량 결핍을 근거로 빈 공간이 있다는 결론을 짓고 수많은 토론을 거쳐 빈 공간으로 예상되는 지점의 벽을 뚫기 시작했다.

드디어 두꺼운 석회암 벽이 뚫리고 빈 공간에 도착했다는 신호가 포착되었다. 수천 년 동안 비밀스럽게 간직되었던 대피라미드의 신비가 모습을 드러내는 긴장된 순간이었다. 그들은 소형 카메라를 빈 공간 안으로 들여보냈다. 그러나 그곳은 그들의 기대와는 달리 반짝이는 고운 모래 층 외에는 어떤 것도 없었다. 즉 마이크로 중력 장치가 빈 공간이라고 지적한 장소는 모래나 잡석들만 쌓여 있는 무용의 공간이었다. 다시 한 번 쿠푸의 대피라미드는 그 비밀에 접근하려는 인간의 시도를 좌절시킨 것이다.

프랑스 조사단에게 미지의 공간에 대한 발굴 허가를 내주었던 이집트 정부는 사쿠지 요시무라 교수가 이끄는 일본 팀에게도 똑같은 발굴 조사 허가를 주었다. 일본 팀은 마이크로 중력 측정 장치 외에 레이더도 사용했다. 레이더를 사용한 것은 마이크로 중력 장치의 단점을 보관하기 위한 것이었다.

그들은 왕비의 방으로 갈 수 있는 기존 복도와 평행하는 또 다른 30미터 정도의 통로를 발견했다고 발표하였다. 그들에 의하면 중력 결핍은 서쪽 면에서 빠짐없이 나타났으며 새로운 통로의 크기는 4.50×3.50미터라고 했다. 이것은 프랑스 팀이 조사한 결과와 많은 차이가 있는 것이었다.

학자들 간에 일본 팀의 조사에 대한 신빙성 여부로 격론이 벌어졌다. 레이더 장비는 습기를 먹은 흙이나 돌의 경우 공간 유무를 판독하기 어려우므로 일본 팀의 발표가 부정확할 수 있다는 지적이었다. 이집트 당국은 결국 일본 팀에게 더 이상 발굴 허가를 내주지 않았고, 일본 팀은 발굴을 포기할 수밖에 없었다.

프랑스팀과 일본팀이 성과 없이 발굴을 종결할 수밖에 없었는데 세계를 놀라게 한 발견은 전혀 다른 각도에서 피라미드를 조사하던 독일 팀의 탐사에 의해 알려졌다. 독일 팀은 프랑스와 일본 팀과는 달리 다른 이유로 피라미드 내부를 조사하고 있었다. 1990년 8월 이집트 고고청은 독일 고고학 연구소에게 피라미드의 환기 시스템을 설치해달라고 의뢰하였다.

독일 고고학 연구소장 라이너 슈타델만은 독일의 로봇 기술자인 루돌프 간텐브링크에게 최첨단 소형 로봇을 이용하여 환기창을 탐색하도록 허가하였다. 간텐브링크는 왕비의 방 남쪽 갱도의 좁은 입구로 카메라가 달린 로봇을 투입하여 놀라운 사실을 포착하였다. 60미터 지점에서 '내리닫이식 문'을 발견한 것이다. 기묘한 손잡이가 달린 이 문을 촬영한 비디오는 1993년 4월 런던의 《인디펜던트》지에 게재되어 세계적인 주목을 받았다. 그 당시의 기사는 다음과 같다.

> 고고학자들은 이집트 최대의 피라미드 내부에서 이제까지 알려지지 않았던 방의 입구를 발견했다. (중략) 몇 가지 증거에 의하면 이 방에 쿠푸 파라오의 보물이 소장되어 있을 가능성이 있다. 보물은 거의 틀림없이 완전한 상태로 있을 것이다. 방의 입구는 폭과 높이가 20센티미터에 길이가 65미터인

긴 통로 끝에 있다. (중략) 이 통로는 큰개자리의 시리우스 별을 가리키며….

이 내용이 발표되자 전 세계의 매스컴은 피라미드의 열기로 들 끓었다. 런던의 《더 타임》지에서는 '비밀의 방이 피라미드의 수수께끼를 풀어줄지도 모른다'고 했다. 프랑스의 《르 몽드》지는 '피라미드의 미스터리'라고 전했으며 《로스앤젤레스 타임》지 역시 '피라미드의 미스터리'라고 보도했다.

그러나 이 같은 발견에 대해서 간텐브링크로 하여금 갱도를 탐사하게 했던 독일 고고학 연구소조차 의문을 제기하였다. 연구소 측은 "갱도 끝에 방이 있을지도 모른다는 생각은 넌센스다"라고 단호히 발표한 것이다.

결국 이집트 정부는 이들의 논쟁이 가열되자 독일 탐사 팀에게 피라미드 탐사 재개를 허가하지 않는다는 통보를 보내 시끄러운 논쟁에 종지부를 찍었다. 이집트가 대피라미드의 발굴을 허가하지 않은 이유는 간단했다. '파라오의 안식을 해칠 수 없다'는 것이었다.

그러나 피라미드에 또 다른 방이 있다는 것처럼 전 세계인들의 흥미를 유발하는 일은 없었다. 때문에 이집트 정부는 피라미드 내에 있는 미지의 방이 계속 세계인들의 주목을 받자 독자적으로 피라미드를 탐사하려는 계획을 세웠다.

이집트 고유물최고위원회 자히 하와스 박사는 2002년 9월 17일 '피라미드 여행자(Pyramid Rover)'라는 이름의 광섬유 카메라를 장착한 로봇을 간텐브링크가 왕비의 방으로 연결되는 작은 통로

속으로 들여보냈다. 이 로봇은 1분에 1.5미터 정도의 속도로 전진하여 목표 지점인 돌문 앞에 다다랐다. 로봇은 돌문에 미리 드릴로 뚫어 놓은 구멍 속으로 카메라를 집어 넣어 그 내부를 세계인에게 보여 줄 예정이었다.

그러나 구멍 속으로 들어간 카메라에 비친 것은 칠흑 같은 어둠과 뒤이어 나타난 돌문의 모습이었다. 돌문 바로 뒤에 또 하나의 돌문이 가로막고 있었던 것이다. 결국 세계인의 기대를 모았던 로봇 탐사는 또 다른 비밀 통로가 있을 것이라는 의문을 남겨둔 채 끝났다.

자히 하와스 박사가 두 번째 돌문 너머에 무엇이 있는지 밝히는 작업이

● 피라미드 여행자 (pyramid rover)라는 이름의 탐사 로봇. 광섬유 카메라를 장착한 이 로봇은 미리 드릴로 뚫어놓은 구멍을 통해 왕비의 방으로 연결된 작은 통로의 모습을 생생히 전했다.

남았다고 말한 것으로 보아 이들에 대한 연구 결과가 발표될지는 아직도 미지수이지만 그들의 발표 내용에 따라 세계는 또다시 깜짝 놀라게 될지 모른다.[30]

고대 이집트의 놀라운 문명

IV.

01

기원전 2000년
전기 사용의 증거들

19세기의 노먼 로키어 경은 캄캄한 피라미드 속 내부의 벽화를 볼 때마다 의문에 잠겼다. 바로 이 복잡한 그림을 조각할 때 고대인들은 어떤 조명을 사용했을까 하는 물음이다. 당시 피라미드 안에서 널리 쓰였을 횃불이나 기름 램프의 그을린 자국을 발견할 수 없었기 때문이다.

이 질문에 대한 유일한 대답은 전기를 사용했다고 하는 가정이다. 하지만 진실로 믿기에는 너무도 엄청난 일이다. 피라미드는 기원전 2600년 전에 건설된 것이고 유럽인들에게 전기는 서기 1800년 무렵 이탈리아 과학자 볼타가 전지를 발명했을 때 처음 알려졌기 때문이다.

그런데 19세기 프랑스의 대표적 고고학자 마리에트는 대피라미드 근처에서 금도금 장식물을 발견했다. 그것은 전기도금을 통해서만 실현될 수 있는 얇은 두께와 광택을 지닌 매우 훌륭한 것이었는데, 대피라미드의 환기창 안에서 발견된 철제판 역시 얇은 금도금이 되어있었다.

대표적인 금도금 방법은 아말감을 이용한 것이다. 금을 수은에 녹여 아말감을 만든 후 이를 주물 표면에 입히고 열로 수은을 증발시켜 금만 남도록 하는 방법이다. 그러나 이 경우 금박의 두께가 두껍고 불균일하게 된다. 금박을 얇게 입힐 수 있는 방법은 진공 상태에서 한쪽에 금을 입힐 물체를 놓고 맞은편에서 금을 가열해서 증발시키는 진공증착법과 금이 녹아 있는 전해액 속에 금속 물체를 넣고 전류를 흘려서 그 표면에 금박이 입혀지도록 하는 전기도금법이 있다. 고대에 진공증착법을 사용했다고는 믿기 어려우므로 오늘날 금도금 제품과 비견할 작품을 만드는 방법은 오직 전기도금뿐이다.

속속들이 밝혀지는 전기 사용의 흔적들

메소포타미아 지역에서는 고대 이집트와 비슷한 연대의 것으로 보이는 금도금 식기가 발견되어 화제가 되었다. 무려 4500년 전에 만들어진 식기가 오늘날 전기로 도금한 것보다 더 얇고 윤기가 났기 때문이었다.

여하튼 이와 같은 유물과 의문들은 적어도 4500년 이전에 이미 전기가 사용되고 있었다는 사실을 인정해야만 가능해진다. 그런데 놀라운 일이지만 고대에 전기가 있었다는 사실은 결코 허황된 이야기가 아니다. 고대의 전기 사용을 암시하는 기록은 도처에 많이 있기 때문이다.

로마의 역사가 플루타크는 테베에 있는 쥬피터-아몬 신전 입구에서 불타고 있는 램프를 보았는데 신관들은 그것이 몇 백 년이나 꺼지지 않고 내려왔다고 주장했다고 했다. 또, 그리스의 시인 루키아노스(120년~180년)는 시리아의 히에라폴리스에서 여신 헤라의 이마에 빛나는 보석을 보았는데 그것은 밤에도 사원 전체를 밝게 비추었다고 적었다. 발벡에 있는 쥬피터의 사원에서도 반짝이는 돌이 있었다는 기록이 있다.

2세기경 파우사니아스도 미네르바 사원의 황금벨트는 1년 동안 불타고 있다고 적었고, 성 아우구스티누스(353년~430년) 역시 이집트의 이시스 신전에 램프가 있었는데 바람과 물로도 끄는 것이 불가능했다고 기록했다.

그런가 하면 이집트 중부의 덴데라의 하토르 여신을 모신 신전 제17호실에서는 특이한 그림이 발견되었다. 수행자들이 커다란 전기램프 같은 것을 잡고 있고 그것을 제드(Djed)라는 기둥이 받치고 있다. 그리고 이는 다시 전선 같은 것을 통해 한 상자에 연결되어 있다. 제드 기둥은 절연 장치로 설명되는데 기둥의 상부가 이상한 콘덴서(집전장치) 같은 모습인 것으로 보아 학자들은 아마도 그 자체가 발전장치일 것으로 추정했다.

기원전 320년경의 프톨레마이오스 비문의 기록에 따르면 한 이

● 고대인들의 전기 사용이 의심되는 덴데라의 벽화. 수행자들이 커다란 전기램프로 보이는 것을 들고 있고, 이는 전선 같은 것을 통해 한 상자에 연결되어 있다.

집트 사원의 정면에는 높이가 3미터이고 꼭대기에 동으로 된 덮개를 씌운 깃대가 '벼락을 막기 위한' 장치로 세워져 있었다고 한다. 또한 1485년 4월 로마 부근의 아피아 도로(Via Appia)에서 젊은 여성의 유해가 있는 대리석관이 발견되었는데, 시체가 살아 있는 것과 같이 전혀 손상되지 않은 상태였다. 이 발견을 학자들은 최초의 고고학 발굴이라고도 부르는데, 봉인된 무덤 속으로 들어간 사람들은 불타고 있는 램프를 보았다고 말했다. 이 말이 사실이라면 1500년 동안 불타고 있었다는 것을 의미하는데, 학자들은 이 같은 일이 전기라면 가능할 수도 있다고 입을 모았다. 앤드류 토마스는 인도 우자인 지역 왕자의 도서관에서 발견된 고대 문서 『아가스티아 삼히타』에는 다음과 같은 '전기 배터리를 만드는 지침'이 기록되어 있다고 적었다.

> 아주 깨끗하게 씻은 구리판을 도자기의 그릇 속에 넣는다. 그것을 우선 황산구리로 적시고 다음에 젖은 톱밥으로 덮는다. 다음에 편극을 피하기 위해 톱밥 위에 수은과 화합시킨 아연의 얇은 판을 덮는다. 그 접촉은 미트라-바르나(음극과 양극)라고 부르는 에너지를 생산한다. 이 흐름에 의해 물은 프라나바유-우다나바유(산소와 수소)로 분해된다. 100개의 항아리를 연결하면 대단히 활동적이고 유효한 힘을 얻을 수 있다.

또한 그는 1966년 히말라야에 있는 쿨루 계곡의 시바 신전 근처에 세워진 18미터 높이의 철봉에 대해서도 적었다. '뇌우가 몰아치면 이 철봉이 하늘의 축복인 벼락을 끌어들여 시바 신상을 파괴한다. 조각난 신상은 곧바로 사제들의 손을 거쳐 복원된 후 다음 번 축복을 기다린다. 인도에서는 옛날부터 전기도체가 벼락을 끌어들인다는 사실을 잘 알고 있었고, 전기를 관리하는 사람이 있었다'는 것이다.[1]

19세기에 아시아를 여행한 위크도 자기가 목격한 티벳의 불타는 기적의 램프에 대해 적었다. 그런가 하면 남아메리카에도 전기와 유사한 것이 있었다고 알려진다. 파라과이 강의 수원(水源) 부근인 그란 모호에서 반짝이는 돌이 발견됐는데, 1601년에 그려진 어느 그림에는 다음과 같은 글귀가 적혀있다.

7.75미터의 기둥 꼭대기에 큰 달이 있고 그것은 암흑을 추방하고 호수를 온통 밝혀주었다.

고대에 전기가 있었다는 것은 유물을 통해서도 증명된다. 1938년 독일의 고고학자 빌헬름 쾨니히는 티그리스 강변의 옛 도시인 셀레우키아의 유적에서 주둥이가 아스팔트로 메워진 10센티미터 정도 크기의 구운 점토 단지를 발견하였다. 그 속에는 철로 만든 가느다란 축(軸)이 있었고 그 주위에는 납땜을 한 것 같은 얇은 동판과 녹슨 철 막대가 들어 있었는데 이런 유물은 계속적으로 발견되었다. 《포퓰러 일렉트로닉스》 1964년 7월호는 이 유물을 다음과 같이 설명했다.

구리로 된 실린더(원통)에 마치 화학반응에 의해 부식된 것처럼 보이는 철심 봉이 들어 있었다. 실린더는 오늘날 우리가 사용하는 것과 마찬가지로 60 대 40의 납-주석 합금으로 때워져 있었다.

외견상 보잘것은 없었지만 쾨니히는 그것이 전지의 일종이라고 판단하였고, 기원전 3세기에서 기원후 3세기까지 바그다드를 지배했던 파르티아인들이 만들었을 것으로 추정하였다. 그는 사용된 산이 무엇인가를 분석한 후 같은 종류의 같은 농도의 산을 다시 넣고 작은 전구를 접속시켰다. 그러자 전구는 마치 크리스마스트리의 장식 전구처럼 밝게 빛났는데, 이 같은 결과를 발표하자 당대의 학자들은 터무니없다며 그의 주장을 일축했다.

● 1937년 이라크의 수도 바그다드 근처에서 발견된 점토질의 항아리. 약 2000년 전의 것으로 고대 바르티아 유적이라고 판명됐으며 빌헬름 쾨니히 박사는 함께 발굴된 원통(동으로 만들어짐)과 철봉 등을 관찰하고 나서 이 유물을 '고대의 전지'라고 결론지었다. 복제품을 만들어 테스트를 한 결과 1.5볼트의 전기가 나오는 것을 확인했다.

그후 이것과 유사한 것이 이라크에서도 출토되었다. 이것은 아스팔트 마개를 사용해 최대 10개에 이르는 전지를 직렬로 배열한 뒤, 금이나 은으로 된 장신구의 전기도금에 사용되었을 것이라고 여겨졌다.

2차 세계대전이 끝난 후 제너럴 일렉트릭사의 연구원 그레이는 쾨니히의 자료를 읽고 호기심으로 고대의 전지를 복제하여 실험했다. 증발되어 버린 전해물 대신 황산동과 초산을 넣고 소형 전구를 연결하여 두 차례에 걸친 실험을 해보았다. 그 결과 전기가 발생했는데 두 번 모두 전지는 $\frac{1}{2}$볼트의 전압을 18일 동안 유지했다. 전해액에는 5퍼센트의 초·황산동용액이 쓰였는데 당시에 보편적으로 사용하던 황산과 구연산을 사용하더라도 마찬가지의 효과를 얻을 수 있었을 것으로 추정했다.

중국에서도 거의 1800년 전에 전기를 사용한 유물이 발견되었다. 중국의 유명한 장수 주처(263년~316년)의 묘에서 특이한 혁대 장식물이 발견되었는데 이것을 스펙트럼 분석으로 조사해본 결과 이 장식품은 구리 10퍼센트, 마그네슘 5퍼센트, 알루미늄 85퍼센트의 합금 제품이었다. 과학자들은 알루미늄의 발견으로 충격을 받았다. 종래의 과학사에 의하면 알루미늄이 처음으로 추출된 시기는 전기분해법이 도입된 1808년이기 때문이다.

알루미늄은 이상한 금속으로 알루미늄을 제련하기 위해서는 보크사이트(수산화알루미늄 광물이 모인 집합체, 일명 철반석)를 땅 속에서 채굴하여 정련한 다음 전기분해를 거쳐야 한다. 그 이외의 방법은 적어도 오늘날 과학 수준으로는 불가능한 일이다.

처음으로 금속 알루미늄을 산화물로부터 분리시킨 사람은 1825년 덴마크의 물리학자 한스 크리스티안 외르스데드이다. 그러나 그가 생성해낸 것은 불순물이 너무나 많아서 실용적인 면에서는 효용이 없었고, 1886년 미국의 찰스 마틴 홀이 녹은 빙정석에 보크사이트를 넣고 용해시킨 뒤 전기로 분해하여 알루미늄을 얻는 방법을 개발했다. 이는 현재까지도 알루미늄을 생산하는 유일한 방법이며, 그 때문에 알루미늄 공장은 주로 보크사이트가 존재하고 전기가 싼 곳에 설치된다.

프랑스 과학자들은 주처의 혁대장식을 조사한 후 1961년에 연구 결과를 발표했다. 그들은 고대 중국인들이 알루미늄을 모종의 알려지지 않은 공정을 통해 만들었다고 결론을 내렸다. 모종의 알려지지 않은 공정 중에는 전기를 사용했을 가능성이 가장 높은 것은 물론이다. 이렇게 고대에도 이집트를 비롯한 몇몇 지역에서 전기가 있었을 개연성을 보여주므로 대피라미드를 건설하면서 전기를 사용했을 가능성은 한층 높아진다.

그런데 현대 과학은 전기가 없어도 피라미드를 건설하면서 횃불이나 기름 램프의 그을린 자국이 남지 않게 시공할 수 있다는 것을 알려준다. 사실 그 당시 피라미드 건축가의 가장 큰 고민 중에 하나는 '피라미드 내부의 벽면과 천장에 연기의 그을음을 어떻게 방지하느냐'였을 것이다. 이런 그을음은 파라오에 대한 모독에 다름 아니기 때문이다.

그래서 이집트인들은 염전의 해수에 램프 심지를 적셨다가 말려서 그 심지에 불을 붙여서 사용하는 방법을 고안했다고 알려진다. 그렇게 하면 연기가 나지 않는다는 설명이다. 이는 피라미드를 건설하기위해 동원된 장인들이 그 당시로서는 최고의 장인, 최고 수준의 장인들로 구성되었다는 것을 의미한다.[2]

파라오를 위한 피라미드를 건설할 때 전기를 사용했거나 해수를 이용하는 방법론을 사용했거나 결론적으로 그을린 자국을 만들지 않은 것은 사실이다. 어느 방안이 더 현실적인지는 독자들이 판단하기 바란다.

02

병을 낫게 하는
피라미드 파워

'피라미드 파워'는 피라미드 형태가 현대 과학으로는 풀 수 없는 어떤 특이한 현상을 갖고 있다는 것을 가리키는 말이다. 피라미드 형태에서 나오는 어떤 특수한 힘이 식물, 인간, 물건들에 심각한 영향력을 미친다는 것이다.

피라미드 파워가 알려진 것은 생각보다 오래되었다. 독일 굴지의 전기 회사 창립자인 지멘스는 1859년 기술자들과 함께 전신 케이블을 설치하기 위해 홍해로 왔다가 이집트 기자에서 멈추었다. 호기심이 많은 지멘스는 피라미드 꼭대기까지 올라갔다. 잠시 휴식 후 무심코 손가락을 들어본 그는 전기가 미약해서 깜빡거리는 것 같은 딱딱 소리와 함께 손가락이 따끔거리는 것을 느겼다. 이에 지멘스는 한 가지 실험을 해보았다. 금속 마개로 된 포도주 병을 젖은 종이로 싸서 전기충전기 시스템의 레이드 병을 즉석에서 만들었다. 그 병은 곧 전기로 충전되었다. 지멘스는 너무 기쁜 나머지 손에 불똥이 튀는 것조차 잊고 있었다고 한다. 물론 이 실험의 결과 자체는 그리 놀라운 것이 아니다. 고층 건물의 뾰족한 부분에서도 이와 같은 결과를 쉽게 얻을 수 있기 때문이다. 그러나 프랑스인 철물장수 보비는 이보다 더 이상한 현상을 경험했다. 1920년경에 그는 피라미드 안에 있는 파라오의 방에서 고양이와 다른 동물들이 죽어 있는 것을 발견했는데, 이 동물의 사체들에서는 아무런 냄새도 나지 않는다는 것을 발견했다. 죽은 동물들의 사체는 주위의 습기에도 불구하고 완전히 메말라 미라가 되어 있었던 것이다. 이를 계기로 그는 파라오들의 미라에 방부조치가 실패하더라도 피라미드 안에 놓임으로써 영구 보존이 가능하게 되는 것은 아닐까 생각하게 되었다.

프랑스 니스에 있는 집으로 돌아온 보비는 호기심에서 한 가지 실험을 해보았다. 나무로 피라미드 모형을 만들어놓고 북쪽으로 향하게 한 다음 그 안에 막 죽은 고양이 한 마리를 놓아두었다. 며칠이 지나자 그 고양이는 미라가 되어 있었다. 그는 다른 죽은 동물로도 같은 실험을 해보았고 심지어는 고기와 달걀로도 해보았다. 피라미드 모형 내부에 넣어둔 달걀은 썩지 않고 유기질로 변했다. 그는 피라미드 안에 부패를 방지해주고 급속한 탈수 현상을 일으키는 어떤 작용이 있다는 결론을 내렸다.

보비의 실험을 통해 영감을 얻은 구 체코슬로바키아의 전기기술자 칼 두르발은 두꺼운 종이로 15센티미터 높이의 피라미드를 만들었다. 그리고 그 높이의 $\frac{1}{3}$ 정도 되는 부분, 즉 쿠푸 파라오의 방이 있는 위치에 면도날을 놓았다.

놀랍게도 그 면도날은 전보다 훨씬 더 날카롭게 변해 있었다. 그는 이 면도칼로 200번까지 면도를 할 수 있었다. 그는 피라미드의 내부 조건이 면도날의 결정구조를 초기 상태로 되돌려주기 때문에 칼날이 다시금 예리해지는 것이라는 결론을 내렸다. 두르발은 1959년에 처음에는 종이로, 후에는 플라스틱으로 만든 '쿠푸 파라오의 면도날 갈기' 라고 불리는 특허를 획득하였다.

피라미드 파워를 경험한 사람들

피라미드의 '이상한 힘' 에 대한 목격담이나 체험담도 많다. 피라미드 형태의 방에 거주할 경우 상처가 났을 때 고통이 적어지고 숙면하게 되며, 활달해지고 성욕이 증진된다는 보고가 있는가 하면 어린아이들이 예전보다 얌전해진다는 보고도 있다. 또, 피라미드 안에 넣어두면 담배가 놀랄 만큼 순해지며 위스키도 쏘는 맛이 한결 덜해지고, 오렌지 맛도 판이하게 달라진다는 주장도 있다. 달걀도 마찬가지다. 피라미드 안에 넣어둔 달걀은 노른자위가 떠올랐고 그렇지 않은 것은 반대로 노른자위가 흰자위 속에 가라앉았다고 한다.

대피라미드의 왕의 방에 들어갔다 나온 사람들이 말하는 치료 효과도 많이 알려져 있다. 심령술사로 알려진 실비아 브라운을 따라 쿠푸의 방에 들어갔다 나온 수전은 다음과 같이 적었다.

나는 지독한 관절염을 앓고 있어서 대회랑의 계단을 올라가는 동안 차라리 죽는 것이 낫겠다고 생각했다. 하지만 내려올 대는 전혀 통증을 느끼지 못했고, 그후 한 번도 통증에 시달린 적이 없다.

편두통이나 우울증에 시달렸던 많은 사람들이 쿠푸의 대피라미드를 방문한 뒤로는 지병이 완전히 사라졌다고 주장하기도 한다. 특히 피라미드 안에서 식물 생장을 촉진시킬 수 있다는 실험 결과는 수없이 발표되었다.[3] 피라미드를 이용하면 식물 생장이 2배~4배까지 증진된다는 보고가 있을 정도이다. 피라미드 속에서 식물을 키우면 대체로 발아가 빨리 진행되고 훨씬 튼튼하다는 것이다. 그러나 이런 방법을 넓은 면적에 적용할 경우 경제성이 문제가 된다는 지적도 많이 있다. 그다지 실용적이지는 못하다는 뜻이다.

세르지 킹은 인공 피라미드 안에서 명상을 하는 동안 금속으로 된 포크를 휘게 할 수 있었다고 하였고, 이에 대한 실험은 여러 곳에서 확인되었다. 꼭 피라미드 형태 속에 있지 않더라도 천장에 소규모 피라미드가 매달려 있을 경우 그 피라미드의 사선 내에 있으면 피라미드 효과가 나타난다는 보고도 있다.

일반적으로 피라미드 파워는 대피라미드를 본뜬 소형 모델 안에 넣어 둔 음식이나 물건들이 긍정적으로 변하는 것을 관찰한 데서 출발한다고 G. 패트릭 플래너건은 말했다.

피라미드 자체가 에너지장으로 지구의 자기장과 관련이 있다는 설명도 있다. 그런데 피라미드 파워가 효력을 발휘하려면 대피라미드처럼 지구 자기장과 일치해야 한다고 한다. 간단한 일이 아님을 알 수 있다.[4]

여하튼 피라미드가 갖고 있는 놀라운 능력을 과학자들이 가만히 놔둘 리 없었다. 곧 면도날이 왜 날카롭게 날이 서는지에 대한 분석이 제시되었다.

모든 물질은 금속이든 나무든 내부에 수분 분자를 포함하고 있는데, 피라미드 구조는 마치 안테나와 같아서 에너지를 끌어당기고 있다고 한다. 에너지는 공명 혹은 진동의 장을 형성하는데, 그로 인해 장 안에 놓여있는 어떠한 물체 내부에 분자 이동이 일어나게 된다는 것이다. 결국 피라미드 모양 내에 자리하고 있는 공명이나 진동의 장이 수분 분자를 끌어당겨 탈수 현상이 일어나는 셈이다.

탈수는 강철로 만든 면도칼의 분자구조에 빈자리를 만들어 자기장 내부의 분자들을 면도칼의 날 쪽으로 이동하게 하기 때문에 칼날이 다시 서게 된다고 한다. 과일이나 채소의 신선도 유지도 탈수 현상으로 해석할 수 있다. 과일이나 채소들을 피라미드 안에 놓아둘 때 위와 같은 작용에 의해 오랫동안 그 신선도를 유지하게 되며 그러다가 썩지 않고 단지 말라붙게 된다는 것이다.

일반적으로 피라미드 효과는 탈수 건조 현상과 생명체 활성화 현상이다. 최근에는 피라미드 파워의 생명체 활성화 효과를 많이 연구하고 있는 추세이지만, 피라미드 형상으로 발현되는 몇 가지 신비로운 효과들이 생겨나는 실제적인 요인이 무엇인가는 아직도 정확히 알려지지 않고 있다. 그것은 피라미드 효과가 일반 자연과학의 이론이나 정설과는 달리 기대효과가 통일성을 보여주지 않기 때문이다.

스탠퍼드대학의 조사회는 쿠푸의 대피라미드 안 실험에서 파라오의 방에 놓아둔 음식물들이 원칙적으로 부패한다고 발표했다.

지질학자 찰스 가죠와 인류학자 스코트는 "43일 만에 꺼낸 달걀은 악취가 나고 썩어 있었다"라고 실험결과를 적고 있다.

국제문화자원개발기획사인 ICRD가 우리나라 여러 곳(서울, 부산, 전주)에서 열었던 '이집트 대탐험전'에서 피라미드의 파워를 공개적으로 실험한 결과도 알려졌다. 달걀, 우유의 부패 정도와 양파, 씨앗의 발아 실험 등이 소형 피라미드 안에 여러 시료와 함께 넣어져 진행되었는데, 피라미드 중앙 부분에 위치하였

● 양파 및 우유를 이용한 피라미드 파워 공개 실험. ICRD 주최로 서울, 부산, 전주 등 우리나라의 여러 곳에서 행해졌다.

던 우유의 경우 다른 것보다 다소 늦게 부패하였고 양파의 경우 가장 빠른 성장 속도를 보였다는 설명이다. 그러나 씨앗의 발아 등 다른 실험에서는 효과를 보지 못하였다는 실험 결과가 발표되었다.

이와 같이 피라미드의 효과가 어느 정도 나타나는 것은 앞에 설명한 활성화 현상의 일환으로 추정한다. 피라미드 효과를 이용하여 농작물의 재배 등에 이용하려는 시도도 여러 곳에서 추진되었다. 대체로 발아가 빨리 진행되고 훨씬 튼튼하다는 설명이지만 이런 방법을 넓은 면적에 적용할 경우 피라미드를 건설하는 비용이 높아 경제성을 맞출 수 없다는 지적도 있고 생산량이 생각처럼 높아지지 않는다는 설명도 있다. 그다지 실용적이지는 못하다는 뜻이다.

믿음도 치료약이다

쿠푸의 대피라미드 안에 들어갔다 나온 것만으로도 일부 병이 나았다는 증언은 생각보다 많다. 이에 대해 과학으로 무장한 사람들이 다소 석연치 않은 시선을 보내지만 경험자들은 단호하다. 정말로 치료되었다는 것이다.

정확하게 설명하는 것이 간단한 일은 아니지만 일부 학자들은 이런 현상을 피그말리온 효과(Pygmalion effect)라고 설명한다. 피그말리온의 지극한 사랑과 염원 덕분에 아름다운 조각상이 인간이 될 수 있었던 것처럼 '무엇인가 절실하게 원하면 그 결과를 얻을 수 있다'는 것이다.

학자들은 피라미드 속에 들어가면 고질병이 치료될 수 있다는 믿음 때문에 정말로 치유 효과가 나타날 수 있고, 이런 믿음은 다른 사람에게도 영향을 미칠 수 있다고 말한다. 많은 사람들이 다른 사람의 기대에 부합하는 쪽으로 행동하는 경향이 있기 때문에 가능하다는 뜻이다.

미국 하버드대학의 로젠탈과 제이콥슨은 1968년 샌프란시스코의 한 초등학교에서 전교생을 대상으로 지능검사를 하였다. 그리고 이 검사의 실제 점수와는 아무런 상관없이 무작위로 뽑은 학생들의 명단을 해당 학교의 교사들에게 알려주면서 '객관적으로 지적 능력이나 학업성취의 향상 가능성이 높다고 판명된 학생들'이라는 거짓 정보를 함께 흘렸다.

그러자 학년 말에 지능시험을 다시 치렀을 때 '약속받은' 아이들은 그렇지 않은 아이들보다 IQ 점수가 평균 15.4점 향상되었다. 이들 약속받은 아이들은 IQ 점수만 좋아진 것이 아니라 선생님들에게도 호감이 가고, 말 잘 듣고, 사랑스러우며, 탐구심이 많고, 명랑하다는 평가를 받았다.

로젠탈의 실험은 피그말리온 효과를 높이기 위해 다소 작위적인 편견이 개입되었다는 비판을 보이기는 했지만, 긍정적인 사고가 긍정적인 효과를 얻는 데 큰 도움이 된다는 것을 보여준 사례로 높이 평가된다. 즉 쿠푸의 피라미드 안에 들어가서 '피라미드 파워'를 받았다고 느끼는 것만으로도 두통이나 우울증 등 만성적인 병이 호전될 수 있다는 것을 증명하는 셈이다.

피그말리온 효과는 '플라세보 효과'에 의해 더욱 힘을 받는다. 의학자들은 치료 작용이 전혀 없는 위약이 상당히 높은 비율로 환자의 상태를 호전시킨다고 말한다. 특히 플라세보 효과는 기침, 정서 변화, 협심증, 두통, 감기, 림프육종, 위산과다 및 위경련, 피부염, 류머티즘 관절염, 발열, 사마귀, 불면증, 통증 등과 같은 증상에 효과를 보인다고 알려진다. 실제 약물 치료에 비해 약 $\frac{1}{3} \sim \frac{1}{2}$에 이를 정도로 높은 치료 효과를 보인다는 것이다. 더욱 놀라운 것은 빈껍데기 알약뿐 아니라 거짓 상담, 심리치료, 심지어는 거짓 수술도 동일한 효과를 보인다고 한다.

플라세보란 단어는 중세 장례식에서 부르던 노래의 첫 소절 '주인을 찬미합니다(placebo domiono)'에서 나온 말이다. 원래 가족이 해야 할 역할을 대신해서 죽은 자의 관 옆에서 돈을 받고 애도의 노래를 한 전문 조객들이 쓰던 말이다. 시체 옆에서 곡소리 하는 사람들이 죽은 사람에게 진심어린 기도를 했을 리 만무다. 그렇지만 대다수가 그들의 노래가 있어야 장례의 격식이 갖춰진다고 믿었다.

플라세보 효과는 환자와 의사 모두 실험 사실을 비밀로 한 채 '강력한 새 치료법'을 수행하고 있다고 믿게 할 때 가장 잘 나타난다. 하지만 의사가 치료법이 별로 효과가 없다고 여기면 플라세보 효과는 감소한다. 특히 위약이 어떤 환자에게는 주어지고 다른 환자에겐 주어지지 않는다는 것을 의사가 알고 있는 경우라면, 플라세보 효과는 그다지 강하지 않았다. 환자들이 위약을 받고 있다는 것을 알고 있는 상태에서는 더더욱 그렇다. 가장 극적인 것은 1950년대에 있었던 환자에 대한 사례이다.

방사선 치료로도 더 이상 고칠 수 없는 말기 암환자가 있었다. 그에게 그 당시 '기적의 치료 효과'가 있다는 크레비오젠이란 약을 주사했다. 그 결과는 의사에게 충격적이었다. 그는 환자의 종양이 "뜨거운 난로 위의 눈덩이처럼 녹아 없어졌다"고 진술했다. 나중에 환자는 그 약이 효과가 없다는 보고서를 읽었다. 그러자 종양은 또다시 확산되었다. 이때 의사는 거짓 정맥주사를 놓아주면서 개선된 새 크레비오젠이라고 말했다. 이때도 암은 극적으로 소멸했다. 그런데 완치된 후 환자는 신문에서 크레비오젠 자체가 쓸모없는 치료법이라는 것을 알았다. 약에 대한 믿음이 사라진 지 며칠 후 환자는 죽고 말았다.

플라세보 효과가 긍정적인 것만은 아니다. 처방에 따른 부작용의 염려로 인해 '부정적인 효과'가 수반되는데 이를 '노세보(nocebos)'라 한다. 아프리카, 라틴 아메리카 등지에서 이런 효과의 대표적인 사례가 자주 포착되는데 인류학자들은 '부두교 살인(voodoo death)'이라는 주술행위는 주문의 힘만으로 죽음을 야기할 수 있다고 한다. 이런 결과는 실제 실험에서도 발견되었다. 어느 실험에서 피실험자에게 부착된 전극을 통해 약한 전류가 머리를 관통하며 두통이 생길지 모른다고 경고했다. 물론, 실제로는 전류를 흘리지 않았다. 하지만 피실험자들의 $\frac{2}{3}$ 이상이 두통을 느꼈다. 이는 플라세보와 노세보 모두 일반 대중의 문화적인 믿음에 의해 좌우된다는 것을 보여준다.

● 아름다운 조각상을 사랑한 피그말리온. 인간의 절실한 염원과 굳은 믿음이 좋은 결과를 낳는다는 것을 보여주는 사례로 이야기된다. 장 레옹 제롬(Jean-Leon Gerome, 1824~1904)의 그림.

한마디로 믿음이 병들게 하고 믿음이 죽음을 초래할 수 있으며 믿음이 치료해주기도 한다는 설명이다.[5]

물론 앞에 설명하는 치료 효과가 피라미드 파워이든 아니든 원천적으로 이를 부정하는 학자들도 많이 있다. 일부 심령술사 등이 상업적인 목적으로 부풀렸다고 치부하기 때문이다.

그러나 실제로 치유된 사람이 한 명이라도 발견된다면 과학적인 결과물이 아직 없다는 것만으로 '피라미드 효과 자체를 부정하는 것은 지나치다'는 주장도 있는 것은 사실이다.

믿음과 과학은 서로 상충되기도 하고 동반하기도 한다. 피라미드 파워가 완전히 규명되기 전까지는 과장이나 선전에 현혹될 필요도 없지만, 완강하게 부정할 필요도 없지 않을까 하는 것이 내 생각이다.

03

스핑크스가
사라져가고 있다

　아름다운 벽화로 유명한 네페르타리 왕비의 무덤이 1995년 11월부터 이집트 정부와 미국의 게티 재단에 의해 복원되어 일반에게 공개되고 있다. 이집트에서 가장 영광스러웠던 제19왕조의 람세스 2세의 왕비였던 네페르타리는 이집트의 수많은 무덤 중에서도 가장 아름다운 벽화를 갖고 있으며 '왕비의 계곡'에 있다. 이 무덤은 전실과 현실의 2개의 큰 방으로 이루어진 묘실은 중간에 있는 하강 계단에 의해 서로 연결되고 있다. 무덤 자체는 크지 않지만 1904년에 발견될 때부터 벽화의 아름다움으로 세인의 주목을 받았다. 특히 이 무덤에는 남자의 모습이 어디에도 없다. 심지어 남편인 람세스 2세조차 나타나지 않는데, 람세스 2세가

● 발견 당시 화려한 벽화로 세계를 놀라게 한 네페르타리 벽화. 하루 수많은 관광객들의 방문으로 심하게 훼손되어 지금은 복원 작업을 포기했다.

● 람세스 2세가 가장 사랑하던 네페르타리 왕비.

가장 사랑하던 왕비이지만 네페르타리의 공간으로만 건설한 것은 비록 왕비일지라도 파라오와 함께 묻힐 수 없기 때문이라는 견해가 가장 많다.

네페르타리 왕비의 무덤은 발견될 당시에 화려한 벽화로 세계를 놀라게 했지만 벽화의 보존 상태가 좋지 않아 일반에게 공개하지 않았다. 그런데 아스완 댐이 건설되자 염해(鹽害) 등으로 벽화는 빠른 속도로 훼손됐다. 이에 이집트 정부와 미국의 게티 재단은 1985년 9월 벽화를 항구적으로 수리할 수 있는 방안을 마련한 뒤 1987년 4월부터 긴급 복구에 들어갔다.

사람들이 내뿜는 수증기가
문화재를 훼손한다

네페르타리 왕비의 무덤은 1995년 11월에 개장됐다. 하지만 개장 이래 하루 입장객 수를 150명으로 엄격히 제한하고 있으며, 입장료도 다른 곳보다 매우 비싸게 받고 있다. 또한 예매나 대리 매표가 인정되지 않으며 1인 1표를 엄격히 지키고 있다. 매일 선착순 입장에 150명 한정인 까닭에 네페르타리 왕비의 무덤은 매표소가 개장되는 6시 30분까지 가지 않으면 입장이 불가하지만, 관람은 8시 30분부터 시작된다는 것을 숙지할 필요가 있다.[6]

한편 네페르타리 왕비의 시아버지가 되는 세티 1세(람세스 2세의 아버지)의 무덤도 19세기에 발견되었을 무렵에는 네페르타리 왕비의 벽화와 같은 정도의 보존 상태를 보였다. 그러나 무지한 관광객들이 만지기도 하고 그들이 숨 쉴 때마다 내뿜는 수증기로 인해 심하게 손상되어 지금은 원래의 모습을 연상할 수도 없는 상태가 되어 복원 작업을 포기하였다.

유명한 투탕카문 파라오 무덤의 경우도 마찬가지다. 총 면적이 90제곱미터에 지나지 않는 투탕카문의 무덤은 하루 방문객이 최소 3000명쯤이며, 이들이 하루에 내뿜는 수증기만 25리터 물의 양이다. 그 때문에 벽화와 상형문자에 결로 현상이 생기고 벽이 썩어 군데군데 버섯 모양의 반점이 커지고 있다. 또한 산성의 결정체가 벽과 도료에 들러붙어 벽에 손을 대면 묻어나올 정도로 그림들을 박리시키고 있다. 이에 놀란 이집트 당국은 투탕카문 파라오의 무덤을 폐쇄하고 극소수의 인원에게만 공개하고 있다.

이는 고대 이집트 문화재 보존의 문제점을 극명하게 보여주는데, 한때 이집트는 고대 문화가 가장 잘 보존된 지역 중 하나였다. 중동 지역에서 비교적 전쟁의 피해가 적은 지역으로 건조한 기후가 세계에서 가장 완벽한 박물관 역할을 했던 까닭이다.

앞에서 설명했지만 이집트 문화유산의 훼손은 1960년에 건설된 아스완 댐부터 본격적으로 시작되었다. 아스완 댐 건설로 수백 제곱마일의 지하수를 끌어올려 광대한 지역에 농업용수를 공급할 수 있게 되었지만 대신 습도가 엄청나게 증가되었다. 때문에 일 년 내내 강수량이 거의 없던 룩소르 지역에 두 달간 계속 비가 오는 등 기후 변화가 오기 시작했다.

기자의 피라미드 주변에 산성 안개가 끼는 바람에 쿠푸와 카푸레의 피라미드가 이미 파괴되고 있다는 충격적인 보고도 있다. 특히 불충분한 하수시설 때문에 땅 위를 흘러 다니는 하수가 스핑크스에까지 들어갔을 것으로 짐작되며, 유물들이 차량에 의한 진동으로 흔들리고 공기오염 때문에 침식당하고 있다는 조사 결과가 있다.

특히 스핑크스나 쿠푸의 대피라미드와 같은 대형 구조물의 경우에는 문제가 더욱 크다. 우선 쿠푸의 대피라미드도 관광객에 의한 오염문제가 시급히 제기되고 있다. 하루 6000명의 관광객에 의해 한 시간당 150그램의 물과 많은 양의 칼로리가 침투해 벽 표면에 소금 성분이 응축되고 있다고 한다. 또한 관광객이 내뿜는 수증기뿐만 아니라 외벽의 돌들이 방수 역할을 하지 못해 아스완 댐의 수분이 피라미드의 안으로 흡수되고 있다.
석회 물질은 물에 의해 변질되고 용해되기 마련이라 쿠푸 피라미드의 경우 물의 접촉과 함께 강한 압력도 발산한다. 따라서 전문가들은 피라미드가 마치 살아 있는 것과 같은 상태이므로 급속도로 변질될 수 있다고 경고한다.

스핑크스의 붕괴 위험

스핑크스에 대한 보존 문제는 더욱 심각한 상황이다. 스핑크스 붕괴의 위험은 두 부분으로 나눠 말할 수 있다. 하나는 동체(胴體)가 침식되고 있다는 것이다. 스핑크스의 동체는 원래 현장의 산을 깎은 것인데 거기의 모암(母岩)이 깎여 나가고 있다. 모암을 지탱해주던 로마 시대에 붙여진 석회석 타일이 떨어져 나가는 바람에 그 틈새로 수분을 포함한 공기가 들어가 붕괴를 유도하고 있기 때문이다. 1980년대 말에는 스핑크스 동체 중에서 어깨 부분이 떨어져내려 세계를 경악시킨 적도 있다. 또 하나는 목에 구멍이 난 부분이 스핑크스의 붕괴 가능성을 크게 하고 있다.(원래 머리 부분은 500톤이나 되기 때문에 그 무게를 지탱할 수 있도록 턱수염이 나 있었는데 그것이 떨어지면서 구멍이 생겼다.)
그 구멍으로 수분을 많이 함유한 새벽 공기가 들어가고, 낮의 건조한 대기에 의해 수분이 증발하는 현상이 반복되어 작은 구멍이 점차 커짐에 따라 머리 부분이 언제 떨어질지 모르는 것이다. 전문가들은 스핑크스의 목 부분을 보강하는 일이 무엇보다 시급하다고 지적한다.

일반적으로 스핑크스를 살리는 방법은 3가지로 압축된다. 첫째 대영 박물관에 있는 수염 부분을 반환받아 원상대로 복원하는 것이다. 대영 박물관의 창고 속에서 잠자고 있는 턱수염을 원 위치에 붙이자는 방법은 매우 주목을 받았다. 하지만 많은 해외 유물을 보관하고 있는 영국에서는 다른 문화재에 대해서도 반환운동이 거세질 것을 우려하여 거부하고 있다.

두 번째는 목에 생긴 작은 구멍에 화학 용제를 주입하는 것인데 이에 대해서는 일부 학자들이 반대하고 있다. 일단 용제를 주입하고 나면 다시는 손을 댈 수 없어지기 때문이다. 세 번째는 더 좋은 방법을 찾을 때까지 기다리자는 안이다.

스핑크스가 훼손된 데는 여러 가지 설이 있다. 보통 널리 알려진 것 중 하나는 나폴레옹 군대의 사격훈련 때문에 스핑크스의 코와 턱수염이 훼손됐다는 것이다. 하지만 이집트 피라미드 전투에서 부하들에게 "병사들이여, 4000년의 역사가 피라미드 위에서 적군들을 내려다보고 있다"는 연설을 했다고 알려진 나폴레옹이 그 같이 행동했다는 것은 별로 타당성이 없다.

역사가 마크리지는 스핑크스를 훼손한 범인이 수피교도라고 말한다. 9세기에 이집트에 들어온 그들은 "스핑크스는 돌이지 신이 아니다"라는 주문을 걸며 스핑크스의 얼굴을 훼손했는데 이때 턱수염도 함께 떨어졌을 거라는 것이다. 당시 사람들은 대부분 스핑크스를 공포의 아버지라고 부르며 가까이 가는 것조차 두려워했는데, 수피교도들은 부하들의 이런 두려움을 없애주기 위해 그 같은 만행을 저질렀다고 한다.

몇몇 전문가들은 현재 스핑크스의 훼손은 아스완 댐과 자동차 공해, 열악한 인근의 주거 환경이 주범이라고 지목한다. 현재 카이로에는 거의 1500만 명이나 되는 주민들이 살고 있는데다 기자 지역을 방문한 관광객들의 자동차 배기가스로 인해 대기가 매우 혼탁해졌다는 것이다. 또한 피라미드 주변의 거주자들이 마구잡이로 지하수를 개발하기 때문에 지반이 침하하고 오수가 지표면으로 스며들어 피라미드와 스핑크스의 유적까지 침투하고 있다고 한다.

그래서 이 지역에서는 자동차를 추방하고 전동차를 사용하자는 주장이 제기되었다. 또 일부에서는 스핑크스 전체를 투명 재료로 씌워 공해를 차단하자고 제안하는가 하면, 아스완 댐의 물을 우회하여 고대처럼 정기적으로 나일강 유역에 홍수가 일어나도록 하자고 주장하기도 했다.

그러나 문화재 보존의 문제는 문화재를 갖고 있는 해당 국가의 제반 여건에 좌우될 수밖에 없다. 유적 보존 운동이 활발하게 일고 있지만 아직도 가난이 가장 큰 사회 문제가 되고 있는 빈곤한 국가에 무조건 유적 보존을 최우선 정책으로 요구할 수도 없는 일이다.

물론 재원의 부족을 이유로 전 세계에 지원을 요청하고 있는 이집트 당국에 곱지 않은 시선을 보내는 사람들도 많다. 이집트를 방문하는 수많은 관광객들이 세계적인 문화유산을 보기 위한 것임에도 그 관광객으로부터 나오는 자금을 이집트 정부가 군비

● 코와 턱수염이 훼손된 스핑크스. 나폴레옹 군대 때문이라는 설이 있다. 스핑크스 목 부분의 구멍이 점차 커지고 있어 보강이 시급하다.

확장 등에 쓰고 있는 것을 비난하는 것이다. 그들은 비록 피라미드, 스핑크스, 투탕카문 등 세계의 유산이 이집트에 위치하고는 있지만, 그것은 인류의 자산이므로 그에 의하여 벌어들인 수입금은 인류를 위하여 쓰여야 한다고 이야기한다.

한편 스핑크스가 또 한번 전 세계적인에게 주목받은 일이 있었다. 스핑크스는 미국의 유명한 사진작가이자 예언가인 미국의 에드가 케이시의 예언 때문이었다. 아틀란티스 대륙의 존재는 물론 제2차 세계대전의 발발을 예언한 것으로 유명한 케이시는

● 에드가 케이시(Edgar Cayce, 1877~1945)는 초능력으로 투시한 결과, 스핑크스 오른쪽 발 밑에 세계의 고고학자들이 찾고 싶어하는 '기록의 방'이 있다고 말했다. 1978년 당시에는 실패했으나 2002년 2월 스핑크스로부터 200미터 떨진 지하에서 기원전 500년경의 수많은 화강석 석관들이 발견되어 '스핑크스의 비밀'이 밝혀질지 주목된다.

초능력으로 스핑크스를 투시했는데, 스핑크스 오른쪽 발 밑에 세계의 고고학자들이 찾고 싶어 하는 '기록의 방'이 있다고 말했다.

그의 예언이 워낙 유명했기 때문에 1978년 이집트에서 드디어 그가 예언한 장소를 조사하도록 허가했다. 조사팀은 지진계로 위치를 추정한 후 7미터나 파고 들어갔지만 아무것도 나오지 않았다. 이집트 정부는 탐사대가 사용한 드릴의 진동이 너무나 커서 스핑크스 자체를 손상시킬 수 있다며 조사팀을 철수시켰다.

1992년에 저항력 조사를 실시할 때도 스핑크스 주변지대에 빈 구멍으로 보이는 데이터가 나타났으나 전자기 조사를 포함한 후속 조사에서 그것이 자연적으로 생겨난 균열과 구멍에 기인하는 것임이 밝혀졌다.[7] 그러나 2002년 2월, 스핑크스로부터 200미터 떨어진 지하에서 놀라운 발견이 있었다. 2000년까지 물이 차 있었던 지하였는데, 물을 퍼내자 기원전 500년경의 수많은 화강석 석관들이 발견된 것이다. 이 지하 수갱은 마치 미로처럼 매우 복잡하게 얽혀 있었는데, 일부 학자들은 이들이 스핑크스와 연결되어 있다고 추정한다. 스핑크스의 비밀은 앞으로도 계속 인간의 호기심을 끌 것으로 보인다.

04

도굴의 역사가
이집트의 역사

파라오의 저주는 한마디로 파라오의 무덤이 개방되었기 때문에 일어난 일이다. 이집트인들이 무덤의 개방을 가장 기피한 것은 자신들이 저승에서 영원히 사는 것을 방해한다고 여겼기 때문이다. 파라오 저주의 단초가 되는 투탕카문의 무덤 발굴은 현대인에게 있어 기념비적인 고고학적 발굴 성과이지만, 당사자인 파라오에게는 안식을 방해받은 일이라 분노와 저주를 퍼붓는 것이 당연한 일일지 모른다.

그러나 사자의 저주는 원래 도굴이라는 범죄를 예방하기 위한 것이다. 이집트에서 도굴은 이집트식 장례문화와 함께 생겨난 '이집트의 역사'라고 말해질 정도로 매우 오래되었다.

사실 도굴은 무덤이 만들어질 때부터 예상된 것이다. 고대 국가일수록 인구가 증가하는 데 비하여 그들이 보유하고 있는 재화의 증가에는 한계가 있을 수밖에 없다. 한마디로 인구가 늘어갈수록 자신이 죽을 때 갖고 갈 물건들이 부족하게 되기 마련이라는 뜻인데, 이 문제를 해결하는 가장 간단한 방법은 이미 죽은 사람들의 부장품을 훔치는 것이었다.

피라미드를 비롯한 대형무덤의 도굴 사실이 발각되었을 때는 극심한 고문 끝에 사형에 처해졌음에도 불구하고, 도굴꾼들은 충분히 모험해볼 만한 가치가 있다고 생각했다. 발각되지 않는다면 실생활에서 풍족하게 살 수 있을 뿐 아니라 사후에도 영생할 수 있는 절호의 기회였기 때문이다. 이것이 절대 집권자인 현생의 파라오조차 자신의 선조인 피라미드를 도굴한 이유이다.

경찰이 없는 이집트

이집트에서 '도굴꾼' 이라는 직업이 수천 년 동안 계속하여 내려올 수 있었던 것은 학자들에 따라 대대로 경찰이라는 조직이 없었기 때문이라고 보기도 한다. 이론상 파라오는 마아트를 유지하며 사법과 행정을 관장할 책임이 있었지만, 사실 이집트에는 백성들의 법과 질서를 강제할 수 있는 기구가 존재하지 않았다.

물론 이집트에서 현대적인 경찰과 같은 기구 자체가 없었던 것은 아니다. 반신으로 지위가 상승된 파라오를 보호하고 그들의 재산(왕궁 등 국가의 재산)을 보호하기 위해 왕궁경호대가 존재했다. 또, 신전들을 포함하여 국경지대, 광산, 사막, 수로 등은 재상들의 통제를 받는 군인이나 특수경찰들이 지켰다. 파라오가 이집트를 통치하지만 각자 직분에 따른 경호대가 존재했다는 뜻이다.

그러나 개개인의 안전과 재산일 경우 상황은 달라졌다. 이집트에서는 개인들 스스로 자신의 안전과 재산을 책임져야 했다. 이집트 왕조 시대 내내 정부는 사적으로 판단되는 일에 개입하지 않았다. 경찰들이 개인들의 일에 관여하는 경우가 있는데 그것은 개인들의 반역적 행위를 적발하는 일에 국한되었다.

이집트에서는 경찰들이 전혀 개인들의 일에 개입하지 않았기 때문에, 일반인들 간에 민·형사적인 사건이 일어나면 피해자는 형사와 변호사의 역할을 겸해서 법원에 소송을 제기해야 했다. 한 예로 싸움이 일어나 상처를 입었을 경우 그가 하소연할 곳은 경찰이 아니라 법원이었다. 법원에서 그는 가해자의 이름을 대야 했고 배상을 받으려면 사건의 전말을 본인이 직접 요약해서 설명해야 했다.

이와 같이 민간인들을 위해 경찰력이 존재하지 않았음에도 이집트 사회가 운용될 수 있었던 것은 이집트인들의 철두철미한 사상 때문이다. 이집트인들은 공동체 특유의 사상으로 인해 어려서부터 자신이 속한 틀을 깨지 않으려고 했다. 이승에서 잘못을 저지르지 않아야 미라가 되어 태양의 배에 탈 수 있었기 때문에 그들은 남에게 해가 될 일을 하려고 하지 않았다.

고대 이집트 사회에서 외국인이 그들 사회로 들어가기란 매우 어려운 일이었다. 따라서 이집트 사회에서 일어나는 범죄는 그들만의 공동체에서 일어나는 것이 보통이었다. 어떤 마을에서 도둑질 등의 범죄가 일어난다고 하더라도 범인을 찾아내기가 그리 어렵지 않았다는 뜻이다. 공동체 안에서 모든 사람들이 서로 서로에 대해 상세히 알고 있었기 때문에 다른 사람의 권리를 침해한 범인은 곧바로 알려지기 마련이었다.

그래서 이집트의 수많은 기록들 중에는 범행과 관련된 자료가 많지 않다. 중왕국 시대의 세헤테피브레의 석비에는 이집트인들에게 가장 두려운 경고가 적혀 있다.

> 폐하에게 반역한 자에게는 무덤이 마련되지 않을 것이고 그의 시체는 강에 내던져질 것이다.

이는 『사자의 서』에서 악령이나 사체절단을 막아달라고 기원하는 핵심이라고 볼 수 있다. 폴크너가 해석한 주문의 내용을 보면 더 확실해진다.

> 신들의 제왕이시여. 상처를 가하는 이들, 무덤을 파는 이들로부터 저를 구해주십시오. 적들로부터 저를 지켜주시고 제 몸을 절단하려는 자들에게 공포심을 안겨주십시오. 밤잠을 자지 않고 노리는 자들의 칼날이 제 몸을 절단하게 하지 말게 해주십시오. 저를 그자들의 도살장으로 끌려 들어가게 하지 마시고 그자들의 통 속에 들어앉게 하지 말게 해주십시오. 제가 신께

서 증오해 마지않는 그 어떤 일도 겪지 않게 해 주십시오.[8]

물론 신왕국에서 국립경찰은 아니지만 '메자이'라는 기구가 존재하기는 했다. 그런데 이들 조직은 이집트에서 생긴 것이 아니라 누비아 동쪽 사막에 거주하는 유목민들이 운용하던 기구였다. 이집트에서 쫓겨난 힉소스인들이 훗날 이집트인들과 통혼하면서 경호대와 국경수비를 담당한 것이다. 이들 경찰기구는 이집트 사회에서 일어나는 각종 범죄를 해결하기보다는 왕가의 무덤을 보호하는 것이 주요 임무였다. 이집트인 입장에서 외국인이라고 할 수 있는 유목민에게 이렇게 막중한 업무를 맡긴 것은 이집트인들뿐만 아니라 외국인들도 파라오의 무덤에 막대한 재물이 묻혀있다는 것을 알고 눈독을 들였기 때문이다. 또, 이집트 사람들이 외국인 도굴꾼은 외국인을 이용해 막는 것이 가장 효율적이라고 생각했던 데도 이유가 있었다.

그러나 역설적으로 메자이를 이용해서라도 지켜야 할 막대한 재산이 있다는 사실은 도굴꾼들에게 어떠한 희생을 치르고서라도 도굴해야 한다는 유혹이 되기도 했다. 이런 연유로 제12왕조부터 피라미드 건설을 거의 기피하게 되었는데, 투트모세 1세(재위 기원전 1493년~1483년)는 피라미드를 대체할 '왕가의 계곡'이란 획기적인 아이디어를 제시했다. 물론 왕가의 계곡이란 아이디어를 처음으로 도출한 사람은 투트모세 1세가 아니라 그의 선임자인 아멘호테프 1세(기원전 1514년~1493년)이다.

과거의 무덤은 하나의 장례 기념물 안에 왕의 무덤과 예배실을 마련하고 그 예배실에서 후대 사람들이 공양을 함으로써 내세에서도 파라오가 영생할 수 있다고 생각했다. 그러나 이런 건축 구조는 도굴꾼에게 보물이 어디 있는지를 알려주는 신호였다. 예배실만 찾으면 그 인근에 엄청난 보물이 있다는 것을 알 수 있기 때문이다.

아멘호테프 1세는 이러한 무덤의 개념에 혁신을 가했다. 어느 한 곳에 순수한 의미의 무덤을 만들고 예배실 또는 장례신전은 다른 곳에 짓는 것이다. 이것은 신왕국의 신개념 건축술로 과거의 것과 근본적으로 구별되는 독창성을 갖고 있었다.

그런데 후임자인 투트모세 1세는 선임자의 새로운 아이디어에 더욱 활력과 영속성을 불어넣고자 했다. 그는 건축가 이네니에게 죽은 파라오들이 영면할 수 있는 비밀스런 장소를 찾아내도록 명령했다. 그가 선택한 곳이 바로 나일 강 서부 해안에 있는 황량한 사막, 데이르 엘–바하리이다.

왕가의 계곡(원래는 왕들의 문이라는 뜻의 비반 엘 몰루크)은 산꼭대기가 피라미드 모양을 하고 있어 '피라미드'라고 하는 고대부터 내려오던 무덤의 개념과도 일치했다. 이집트인들은 이들 지역을 과거부터 신성시 여겨 이곳을 침범하는 자는 '침묵의 여신'이 벌을 내린다고 믿고 있었다. 태양이 작열하는 가운데 풀 한 포기도 자라지 않는 황량한 곳이지만 위대한 자, 즉 파라오들의 영혼이 교감하고 내세에서 살기에는 적합한 신비의 장소였다.

파라오의 무덤을 파는 장인들은 비밀을 약속하고 작업에 임했다. 건축가도 엘리트 장인들로 구성된 소수의 인원들로만 구성했고, 어느 누구도 그들 인부들을 볼 수 없고 들을 수도 없게 했다. 이 장인들은 데이르 엘-메디나에 모여서 살았고 파라오, 대신, 건축가들과 직결되어 있었다. 그들의 생활은 오직 파라오의 무덤을 만들고 정비하는 일 뿐이었다. 장인들도 불만은 없었다. 파라오는 비밀이 새어나지 않게 하기 위해 장인들에게 어느 누구보다도 좋은 대우를 해주었기 때문이다.[9]

왕가의 계곡의 또 다른 장점은 무덤이 있는 장소가 계곡이므로 입구와 출구만 경비하면 관리가 수월하다는 점이다. 사실 왕가의 계곡이 개발되기 시작한 초창기는 이집트의 정세가 안정적이었으므로 도굴이 발생하지 않았다. 이 말은 곧 정세가 불안해지면 얼마든지 도굴이 가능했다는 뜻으로, 투탕카문의 무덤을 제외한 왕가의 계곡의 모든 무덤이 도굴되었던 이유가 여기에 있다고 하겠다.

여하튼 투트모세 1세의 무덤은 왕가의 계곡의 시작이 되었는데 그의 무덤은 전실과 타원형의 현실을 하강 계단으로 밋밋하게 연결시킨 아주 간단한 것이다. 후대의 파라오들은 그를 이어 계속 왕가의 계곡에 매장했는데 람세스 2세의 아버지인 세티 1세의 무덤은 입구에서 현실까지 거리가 150미터나 되었다. 큰 방은 한 변의 길이가 8.5미터나 되었으며 아름다운 벽화와 천장화가 그려져 있다. 그중 천장화 북천도(北天圖)는 이집트사에서 매우 중요하게 간주된다. 진한 청색으로 북쪽 하늘을 그린 다음 그 위에 황색별을 수없이 박아 놓은 그림으로 백조좌, 목우좌 등 그밖의 성좌를 동물로 표시하고 있기 때문이다.

● 파라오들의 무덤을 만든 장인들이 살던 마을 데이르 엘-메디나. 파라오는 무덤의 비밀이 새어나가지 않게 하기 위해 장인들을 후하게 대우했다.

● 파라오의 저주가 태어난 산실 왕가의 계곡.

왕가의 계곡에 있는 무덤의 또 다른 특징은 왕에 제례를 바치는 신전 시설을 경작지 외곽에 축조했다는 점으로,[10] 이들 신전은 '수백만 년의 거처' '신격화된 왕의 영생에 부응하는 건축물'로 평가 받는다. 이처럼 혁신적인 무덤의 개념을 창안 한 투트모세 1세는 사후에 '가장 위대한 예언자 가운데 한 사람'으로 인식되었다.

끊이지 않는 도굴

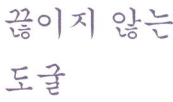

'자신들이 태어난 환경과 지위에 불만을 터뜨리지 않고, 이승에서 자기에게 맡겨진 임무만 충실히 하면 내세에서 영원히 살 수 있다'고 믿었던 이집트인 사회에서 어째서 도굴이 끊이지 않았을까?

대답은 간단하다. 과거의 이집트인들도 현대인들처럼 가족을 먹여 살리기 위해 일해야 했고, 식량이 부족하거나 병이 들거나 나이가 들었을 때, 또는 사고 등으로 갑자기 죽게 되었을 때를 대비해서 여유분을 축적해둬야 했기 때문이다.

재산이나 지위를 상속 받은 사람들은 좀 더 유족한 삶을 누릴 수 있지만, 한정된 자원 아래서 일반 사람들이 이들 수준으로 올라가는 것은 간단한 일이 아니었다. 간단하게 말해 도굴은 이집트 사회에서 현재보다 더 풍족한 삶을 영위할 수 있게 해주는 유일한 기회였다.

이집트 고왕국 시대 등 초창기에는 파라오만이 미라가 될 수 있었다. 즉, 사후의 삶을 누릴 수 있는 사람은 오로지 파라오 한 사람 뿐이었다. 그런데 미라가 된 파라오에게 음식과 마실 것을 공급해주지 않는다면 카가 어떻게 저승에서 살아갈 수 있을까. 초창기에 이집트인들은 매우 효율적인 방법을 강구했다. 장례식 때 세상의 모든 물건을 부장하는 것이 아니라 매일 사자에게 필요한 물자를 공급해줄 수 있는 카 신관을 고용하는 것이다.

이집트인들은 신관에게 일정한 땅을 시주하여 그 땅이 계속 유지되는 한 계속해서 사자에게 제물을 바치게 할 수 있다고 생각했다. 이것이 파라오와 사제가 서로 독립되어 이집트를 지배할 수 있었던 계기이다.

그런데 살아 있는 사람들이 사자를 위해서 제사를 지내주고 의식을 거행한다는 것이 말처럼 그렇게 간단한 일이 아니었다. 외적인 조건 즉 천재지변이라든가 정치적인 격변 등에 의해 이들 의식이 제대로 치러지지 않을 위험성은 다분했다. 그러므로 고대 이집트인들이 고안한 방법은 '마법'을 사용하는 것이었다. 신관들이 의식을 빼먹더라도 자체적으로 살아갈 수 있도록 장례 물품들을 비롯하여 필요한 하인 등을 인형으로 만들어 무덤 속에 갖고 가는 것이다. 그러면 장례식이 끝난 후 우샵티나 샤웁티로 불리는 인형들이 마법에 의해 살아나 죽은 주인을 위해서 일한다고 생각했다.

이후 사후에 살 수 있는 또 한 번의 획기적인 변환이 일어났다. 무덤 속에 물건들을 넣는 것과 함께 무덤의 벽면에 사자들이 필요로 하는 물자들을 그리거나 부조로 새겨 넣는 것이다. 이집트인들은 그림이나 글씨에도 영적인 힘이 존재한다고 믿었기 때문에 무덤에 그려진 것이 사자의 사후에 그대로 활용될 수 있다고 생각했다. 벽면에 사냥하는 장면이나 낚시를 하는 장면이 있다면 사후에도 낚시를 하고 사냥하며 살 수 있다고 믿었다. 이것이 이집트의 무덤들에 유명한 벽화들이 그려지는 동기이다.

그런데 시간이 흘러 파라오의 전통이 엘리트 계층, 중산 계층들로 이어지자 이들 모두 죽어서 미라가 되고 사후 생활을 위해 필요한 물자들을 무덤으로 가져가고자 했다. 그들도 파라오처럼 자신의 카가 사후의 안락한 삶을 누리게 할 수 있다고 믿었다. 그러므로 귀족들이 자기들의 '카'가 좀 더 우아하고 넓은 무덤 방을 필요로 한다고 생각하는 것은 당연한 일이었다. 당연히 부유한 사람들은 빈자보다 더 많은 부장품들을 넣는 데 주저하지 않았다.

그런데 세월이 지날수록 살아있는 사람들은 죽은 사람들에게 영원히 지속될 만큼 많은 부장품들을 공급한다는 것이 간단하지 않다는 것을 깨달았다. 당대의 각종 물자들의 생산능력으로 보아서는 더욱 그러했다. 이것이 살아 있는 사람의 재산을 도둑질하는 것보다 훨씬 더 부유한, 죽은 사람들의 무덤을 약탈하고자 하는 생각을 부추겼다.

더욱 중요한 것은 무덤에서 발굴된 물건들을 보면 장례식을 위해 만든 것이 아니라 삶을 위한 갖가지 물건들이 안장되었다는 것을 알 수 있다. 이것은 무덤에서 발견된 유물들의 상당 부분이 무덤 주인이 생전에 사용하던 것임을 뜻하는 것으로, 이집트인들은 기본적으로 자신의 물건을 모두 무덤으로 갖고 가겠다는 생각을 하고 있었다는 것을 알 수 있다. 물론 부장품 중에는 장례식을 위해서 만든 물건들도 있었다. 하지만 이것들은 대부분 조잡하고 약하다는 특징을 갖고 있다.

이는 도굴꾼들에게 커다란 명분을 주었다. 도굴한 좋은 물건들을 자신이 생전에 직접 사용하다가 죽을 때 자기 무덤으로 갖고 가겠다는 생각을 하게 한 것이다. 즉 도굴은 도굴꾼의 실생활과 저승에서의 부활에 대비하는 일석이조의 개념을 갖고 있었다. 무덤 속에 있는 물건들을 훔치거나 망자의 시신을 훼손하는 것은 도덕적으로 용납될 수 없는 일이었지만 자신을 위해 이런 금기를 깨는 것은 당연할 일로 생각되기도 했다. 무덤 속에 귀중품을 넣는 유서 깊은 전통에 못지않게 유서 깊은 도굴이 생겨난 이유가 여기에 있다.[11]

그러나 현실적으로 사자를 훼손하고 모욕하는 범죄는 무덤에서만 일어나는 것이 아니라 장의사의 작업장에서부터 시작되었다. 이집트에서는 사막 기후로 인해 시신이 곧바로 부패하기 때문에 사람이 죽으면 그 시체를 곧바로 장의사에게 보냈다. 미라 제작소에서는 사자의 시신이 들어오면 장의사가 시신을 깨끗이 씻긴 후 내장을 빼내고 여러 가지 절차를 거쳐 미라로 만들었다. 그리고 장례식에 사용할 수 있도록 의뢰자에게 보내 장례를 치르도록 했다.

그런데 종교적인 의식이자 실용적인 의식 절차에 의해 미라가 만들어지는 장의사의 작업장을 일반인들이 보지 못하는 데서 문제가 발생했다. 사자의 가족들은 사자의 시신을 장의사에게 보낸 후 70일이 지난 다음에야 붕대로 잘 감아놓은 미라 더미 하나와 내장이 든 단지, 그리고 미라를 제작하는 데 소요된 청구서를 받을 뿐이다.

문제는 자신들에게 도착한 미라가 정말 자기 가족의 유해인지, 미라를 만드는 데 필요한 장신구 등을 비롯한 필수 재료를 청구서처럼 모두 사용했는지 확인할 수 없다는 점이다. 이는 장의사가 마음만 먹으면 얼마든지 미라 제작 초기부터 속일 수 있다는 것을 의미한다.

근래 발굴되는 완벽한 형태의 미라들을 조사해보면 뼈들과 다른 잡동사니들을 마구 뒤섞어 놓은 것이 발견된다고 알려진다. 특히 후기 왕조나 그리스 로마시대에 만들어진 미라의 경우는 이런 경우가 더욱 많이 발견된다.

장례식도 도굴꾼들에게는 도굴 아이디어를 수립하는 데 좋은 기회를 준다. 파라오나 왕비의 무덤들은 경비병이나 신관들이 지켜주므로 몇 십 년 혹은 몇 백 년 동안 사람의 손을 타지 않을 수 있지만 그보다 신분이 낮은 사람의 경우는 장례식이 끝나자마자 곧바로 그 시신은 훼손되고 장신구 등이 탈취되기 십상이었다. 실제로 학자들은 많은 미라들이 매장된 지 얼마 되지 않아 도둑들의 손을 탔다는 사실을 발견했다.

새 미라를 매장하는 데 동원되는 인부들은 매장자를 위한 부장품이 어느 정도 들어 있는지 알고 있으므로, 매장할 때부터 도굴하기 쉽도록 조치할 수 있었다. 도굴꾼들 간의 예의 즉 기본 협조도 잊지 않았다. 그들은 자신이 도굴한 무덤에 다른 도굴꾼들이 들어가 공연히 시간을 낭비하지 않게 표시를 해놓았다.

이와 같이 조직적으로 도굴이 가능했던 것은 묘지를 조성하고 유지 관리하는 사람조차 도굴에 직접 가담했다는 것을 의미한다. 그들은 가난한 사람들의 무덤은 손도 대지 않고 부유한 사람들의 무덤만 집중적으로 공격했다. 아이러니하게도 가난한 사람들만이 죽어서 저승으로 가는 동안 살아 있는 사람들의 손을 타지 않은 것이다.

도굴꾼들이 가장 선호한 물건들은 금속제품, 직물, 목공예품, 상아, 파피루스 등이다. 화장품과 연고처럼 사용기간이 제한된 것은 매장된 지 얼마 되지 않은 경우에만 갖고 나왔다. 미라의 붕대 속에 들어있는 값비싼 장신구의 경우 도굴꾼들은 미라의 붕대를 조심스럽게 해체하는 것이 아니라 미라를 여러 조각으로 토막 내어 탈취해갔다.

왕조 시대 내내 파라오를 비롯한 상층 계급들은 자신들의 무덤에 죽어서 사용할 물건들을 갖고 가면서 이런 도굴꾼들에게 손상되지 않는 방법에 열중했다. 쿠푸의 피라미드를 비롯하여 대다수의 피라미드들의 건축가들은 어떠한 도굴꾼들이 덤비더라도 결코 훼손되지 않을 장치 등을 고안했다. 그들은 가짜계단, 가짜 방, 돌로 된 차단 문 등 장애물을 곳곳에 설치했다.

아메넴헤트 3세의 무덤은 그야말로 난공불락의 성과 같았다. 다른 피라미드와는 달리 석재를 쌓아서 만든 것이 아니라 길이 7미터, 넓이 7미터, 높이 4미터로 바위의 속을 파서 만든 것이다.

이런 특이한 무덤을 페트리 경이 발굴했다. 그는 피라미드의 주인은 물론 입구가 어디인지를 알 수도 없었으므로 어느 누구도 이 피라미드만은 도굴하지 못했다고 생각했다. 때문에 당대로서는 상상할 수 없는 노력과 예산을 투입하여 발굴에 착수했다.

피라미드는 모래에 뒤덮여 있으므로 제일 먼저 북쪽의 모래를 제거했다. 그러나 모래의 양이 워낙 많으므로 모래 치우는 일을 포기하고 피라미드 중심을 향해 터널을 파기 시작했다. 쿠푸의 대피라미드 등을 제외하고 거의 대부분의 피라미드는 지하 중심에 현실이 배치되었기 때문이다.

페트리의 아이디어는 적중하여 몇 주 동안의 공사로 좁고 어두운 구멍을 통해 마침내 중심부에 있는 벽에 도착했다. 그는 피라미드가 축조된 후 어느 누구도 발을 들여놓지 못했을 것이라는 기대하에 벽을 깨고 구멍을 만들었는데, 결론은 2개의 텅 빈 관과 항아리 몇 개만 발견할 수 있었다. 다행한 것은 그 무덤의 주인공이 아메넴헤트 3세라는 것을 알 수 있었다는 점이다.

관이 2개라는 의문도 풀렸다. 일반적으로 파라오의 피라미드에는 왕비를 함께 묻지 않았으므로 관이 2개 있다는 것은 매우 예외적인 일이다. 페트리 경은 나머지 한 개의 관은 왕의 딸인 프타하네플임을 밝혔다. 아메넴헤트 3세의 딸인 프타하네플이 그보다 먼저 사망하자 자기 무덤에 딸의 관을 함께 쓴 것이다.

여하튼 페트리가 아메넴헤트 3세의 무덤이 도굴되지 않았을 것으로 추정한 것은 이 피라미드는 하나의 거대한 규암을 판 후 지붕으로만 들어갈 수 있게 했기 때문이다. 매장실로 이어지는 가짜 통로는 물론 자동으로 닫혀지는 문들도 설치했다.

그러나 도굴꾼들은 이러한 난관을 슬기롭게 헤쳐 나갔다. 결론을 말하면 아메넴헤트 3세의 현실의 입구는 50톤짜리 돌로 막혀 있었는데 도굴꾼들은 무지막지하게 그 돌들을 뚫었다. 이와 같은 난공불락의 피라미드조차 도굴되었다는 것은 일반 도굴꾼들만 도굴에 참여한 것만은 아니라는 것을 증빙한다.

이집트에서 피라미드들을 비롯한 각종 무덤들이 도굴되는 이유는 일반적으로 무덤 속에 부장된 재보를 얻기 위해서이지만, 19세기 말에는 이상한 광풍이 불어 미라 발굴을 재촉했다. 그것은 미라로 만든 약이 만병통치약이라는 소문이 걷잡을 수 없이 퍼졌기 때문이다. 어떤 의사가 기록한 다음 글을 통해 '미라의 효용도'가 얼마나 높았는지 알 수 있다.

> 미라를 가루로 빻아 식물 기름에 섞는다. 이 혼합물이 젤 상태가 될 때까지 짓이긴다. 이 약은 찰과상·골절상·폐렴 등에 효과가 있다.

프랑스의 한 의사는 '냄새가 나는 충분히 검은 미라를 고르는 것이 좋다'고 추천하기도 했다. 당대에 폐렴이나 폐결핵은 퇴치하기 힘든 병이므로 수많은 사람들이 미라로 만든 약을 구하려고 열중했다.

뜻밖의 수입을 얻게 된 이집트인들은 미라를 찾는 데 열중했다. 문제는 미라를 아무 곳에서나 찾을 수 없었다는 점인데, 미라가 동이 나자 가짜 미라도 출현했다.

죽은 지 얼마 안 되는 하층계급의 시체를 구해서 미라 비슷하게 가공하고, 사막의 더운 모래 속에 2년~3년 묻어두었다가 다시 파면 적당하게 건조된 가짜 미라가 되었다.

현재 세계의 중요 박물관에 수장되어 있는 미라들은 이 당시에 구입한 것이 많다고 한다.[12]

파라오가 파라오의
무덤을 약탈해

상당한 시행착오 끝에 이집트인들은 어떤 정교한 장치를 설치한 피라미드나 무덤이라고 해도 보물과 사후의 안식을 유지하는 것이 불가능하다는 것을 알았다. 그럼에도 불구하고 저승에서 영원히 살고자 하는 이집트인들의 염원은 사라지지 않았다.

이집트인들의 최후의 조처를 취했다. 자신들의 무덤에 도굴꾼들이 침입할 것을 예상한 사람들은 그들이 자신들의 무덤을 훼손할 경우 그들에게 어떤 위해가 가해질 것이라는 경고를 남긴 것이다. 이집트인들은 무덤을 훼손하거나 망가뜨리는 사람들에게 무서운 결과가 닥칠 것이라고 위협하는 저주 주문을 무덤 속에 새기거나 적었다. 이것이 '사자의 저주'로 저주 주문 중에는 이런 말도 있다.

물속에서 악어가 그자를 공격하게 해주시고 땅에선 뱀이 그자를 공격하게 해주소서. 또한 이 무덤을 훼손하는 자는 신께서 그자를 심판할 것이다.

이 관이나 이 무덤의 어느 한 부분이라도 훼손하는 사악한 자들에게 고하노니, 그 자는 헤멘 신을 위한 제사의식이 거행되는 동안 팔이 잘릴 것이다. (중략) 헤멘 신은 그자가 바치는 고기 제물을 받지 않을 것이며 (중략) 그자의 상속자는 상속을 받지 못할 것이다.

그의 팔은 끊기고 그의 목은 새의 목처럼 절단 당하고 이와 더불어 그의 지위도 떨어져나갈 것이다. 또한 그의 몸은 불태워질 것이다.

이런 글이 바로 '파라오의 저주'가 나오게 된 근본이다. 즉 무덤의 주인이 파라오든 아니든 무덤의 여러 곳에 이런 저주의 글을 적었고, 그들이 반드시 휴대하는 『사자의 서』에도 무덤 주인의 안식을 해칠 때에는 저주가 내린다는 글을 적었다. 무덤의 주인으로서는 자신의 무덤이 손상당하는 것처럼 낭패인 일이 없을 것이기 때문이다.

무덤을 훼손하는 사람에게 저주를 내린다는 것은 결국 무덤이 훼손되지 않아야 한다는 의미를 갖고 있다. 파라오의 저주란 엄밀한 의미에서 투탕카문 무덤의 개봉으로부터 일어났기 때문에 투탕카문을 둘러싼 저주가 기본이지만, 모든 무덤을 개봉할 때 근본적으로 '사자의 저주'가 있었다는 것을 이해할 필요가 있다.[13] 사자의 저주는 『사자의 서』나 무덤 속에만 적힌 것은 아니다. 이집트의 무덤을 도굴하는 자는 모두 죽는다는 저주의 문구가 고대 이집트의 장제전에서도 발견되었다. 이는 파라오를 비롯한 사자를 위해 제사 지내는 곳에도 수많은 저주의 글이 적혀있었다는 것을 의미한다.

내가 그들을 왕의 용광로에 넣을 것이다. 왕께서 그들의 머리 위에 화염을 토해 육신을 파괴할 것이다. 그들의 육체는 문드러지고 뼈는 썩을 것이다.[14]

물론 도굴꾼들이 이런 저주의 글에 굴복할 리 없었다. 조이스 타일드슬레이는 이집트 도굴꾼들이 이런 저주에도 불구하고 도굴을 멈추지 않은 이유에 대해 재미난 이야기를 했다. 도굴꾼들이 무덤에 적힌 수많은 저주에도 불구하고 자신들의 일을 꿋꿋이 처리(도굴)해 나갔는데, 그것은 도굴꾼들이 문맹이었을 수도 있고, 또 문맹이 아니더라도 그런 글이 적혀 있는 무덤일수록 더욱 도굴할 가치가 있음을 눈치 챘기 때문이라는 것이다.

제18왕조 즉 신왕국 시대부터 앞에서 설명한 바와 같이 피라미드를 건설하는 관행은 사라지고 새로운 형식의 묘를 지었다. 바로 왕과 왕비의 계곡이다. 이들 계곡은 왕래가 잦은 큰길에서 다소 떨어진 은밀한 곳에 자리를 잡았으므로 초창기에는 비교적 경비하기가 쉬웠다. 왕가의 계곡에 처음으로 묻힌 투트모세 1세의 건축가 이네니는 자신이 주군의 무덤을 완벽하게 감추었다고 자신의 무덤 벽에 자랑스럽게 적어놓았다.

나는 나 말고는 아무도 보지 못하고 듣지 못하는 가운데 절벽을 파서 폐하의 묘를 마련하는 작업을 감독했다.[15]

그러나 그의 호언장담은 얼마 지나지 않아 틀렸다는 것이 증명되었다. 이집트에서 도굴이 얼마나 성행했는지는 람세스 2세의 치세 동안에 있었던 대규모 절도사건을 보아도 알 수 있다. 람세스 2세는 범인이 체포되자 자신의 상속자이자 아들인 람세스 왕자를 재판관으로 임명했다. 조이스 타일드슬레이의 글에서 실린 사건의 전말은 이렇다.

테베의 몇몇 신전에 딸린 창고를 관리하는 정부 관리가 신들의 재산을 처음에는 자기 아버지 집으로 빼돌리다가 나중에는 자신의 개인 창고로 빼돌렸다. 그가 빼돌린 물자가 많았지만 그의 행위는 발각되지 않았기 때문에, 그는 처벌을 대신해서 삼각주 북부지역으로 전보(轉補)되었다. 그런데 그가 떠나자 그의 아내와 딸이 계속 창고의 물건을 훔치기 시작했고 결국 꼬리가 밟혀 체포되었다.

당시 그녀들이 훔쳤다고 제시된 양은 그야말로 엄청났다. 상당량의 포도주와 아마포, 가죽신과 소금, 2만 부셸(곡물, 과실 따위를 재는 무게 단위. 1부셸은 영국에서 약 28.1226킬로그램, 미국에서 약 27.2154킬로그램)의 곡식, 30두의 황소를 포함한 가축은 물론 몇 대의 전

● 모든 이집트인들이 죽을 때 반드시 가지고 갔던 『사자의 서』. 그 속에는 무덤 주인의 안식을 해치면 저주를 내린다는 문구가 들어있다.

차까지 포함되어 있었다.

기록에는 이들 이름이 적혀있지 않지만(이름을 적지 않는 것은 범인의 존재를 지우기 위한 방편이기도 함) 그가 당시에 상당한 위치에 있었던 고관이었음에 틀림없다. 당시 부인이 대법원의 심리에 회부되어 왕자와 고관들 앞에 출두했을 때의 재판 기록은 다음과 같다.

관리 : 왜 창고 책임자에게 알리지도 않고 왕실의 관할 구역에 속하는 창고에 무단히 들어갔는가?

부인 : 그 창고들은 제 남편이 관할하던 곳입니다.

관리 : 그대의 남편이 그곳을 관할하는 책임을 맡았던 것은 사실이다. 하지만 그는 이제 그곳을 떠나 다른 자리로 전보되었다.

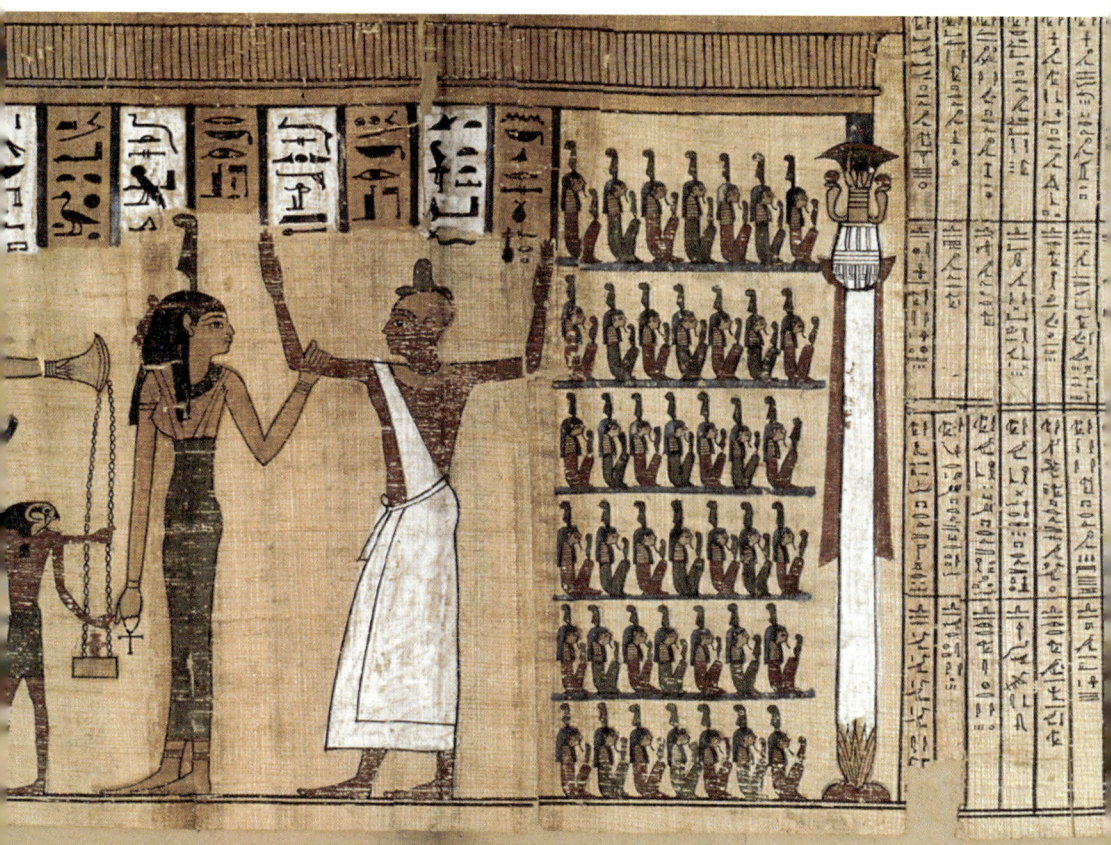

부패한 관리 일가족이 빼돌린 물자가 앞의 설명처럼 많다는 것은 테베에 있는 창고나 무덤에 얼마나 많은 물자들이 쌓여 있었는지를 가늠하는 데 도움을 준다. 한 기록에 의하면 람세스 2세의 영혼을 모신 라메세움 신전에 딸린 곡식창고의 저장 용량은 1652만 2000리터에 달했고 그것은 3000가구(1만 7000명~2만 명)를 1년 동안 먹여 살릴 수 있는 양이었다. 더구나 이들 양은 테베가 갖고 있는 저장 창고의 일부에 지나지 않았다.[16]

곡식창고를 비롯하여 수많은 저장고에 많은 물자들이 있다는 것을 안다면 그 지역 사람들이 훔치고 싶은 유혹을 느끼는 것도 하등 이상한 일이 아니다. 더욱 놀라운 것은 당시에 이런 행동이 비일비재했다는 것이다. 람세스 2세의 황태자가 직접 심문하여 부인과 딸이 범행을 자백하자 곧바로 남편이 소환되어 범행을 추궁을 받았다. 그런데 그는 반성하기는커녕 심문하는 관리들을 맹렬히 반박했다.

"만일 우리 아버님의 소유물 속에서 훔친 물건들이 발견된다면 그 2배를 배상하겠소. 없어진 물건들은 폐하의 재산을 관리하는 사람들 모두가 공모해서 훔친 것이요."

그는 한술 더 떠 파라오의 재산을 관리하는 사람들이 자기한테 몹시 가혹한 행동을 저질렀다며 그들을 상대로 소송을 제기하겠다고 항변했다. 불행히도 그 후반부의 결말은 남아있지 않아 부패한 관리들의 운명이 어떻게 되었는지는 알 수 없다.

일반적으로 이집트에서는 사형이 없었다고 알려진다. 죄의 경중에 따라 판결을 내린 후 각각의 죄인에게는 출신 도시의 성벽에 흙을 쌓아올리는 노역을 부과했다.[17] 그러나 앞의 경우 도굴꾼들의 이름이 적히지 않았음을 볼 때 응당 사형으로 응징되었을 것이다. 당시에 테베의 신전들에서 물건을 훔친 행위는 신들과 국가 양쪽의 안정을 저해하는 중대한 범죄였기 때문이다.[18]
람세스 6세의 무덤의 경우 도둑이 붙잡혀 자신들의 죄를 자백하는 글이 '파피루스 메이어 B'에 다음과 같이 적혀 있다.

외국인 네사멘은 우리 일행을 맞아들인 뒤 네브마아트레-메리아멘 왕(람세스 6세)의 무덤으로 안내했다. (중략) 우리 일행은 모두 5명으로 나는 4일간 구멍을 뚫었다. 마침내 그 무덤을 열고 안으로 들어갔다. (중략) 우리는 청동 솥 하나, 청동 주발 셋, 청동제 물 항아리 하나를 찾아냈다. (중략) 우리는 그 물건들의 무게는 대략 구리 500데벤(1.8킬로그램) 정도의 가치가 있

● 테베에 있는 라메세움. 기록에 의하면 이곳 신전에 딸린 곡식 창고에만 1만 7000명~2만 명의 인구를 1년 동안 먹여 살릴 수 있는 양이 저장돼 있었다고 한다.

었으므로 한 사람당 100데벤을 가질 수 있었다. 우리는 커다란 옷상자 2개를 열었다. (중략) 그 속에는 색깔 있는 천으로 된 솔이 25장이나 들어 있었다.[19]

제20왕조 람세스 9세의 심문 기록은 당시의 상황을 적나라하게 말해준다. 당시 테베 서쪽에 지어진 제13왕조의 무덤을 약탈하다가 체포된 도굴꾼들은 다음과 같은 고백을 했다.

우리는 평소처럼 무덤에서 물건을 훔치러 갔다가 평소에 도굴했던 피라미드나 무덤과 다른 소베켐샤프 왕의 피라미드를 발견했다. 우리는 우리가 갖고 간 구리 연장을 사용하여 이 왕의 피라미드 속으로 뚫고 들어갔다. (중략) 우리는 매장지 뒤쪽에 누워 있는 왕의 관을 발견했다. 또한 왕의 방 옆에서 그의 왕비 누브카아스의 관도 발견했는데 왕비의 미라는 석고 관으로 잘 보호되어 있었고 그 위에는 잡석들이 채워져 있었다. 우리는 왕과 왕비의 석고관, 목조관들을 열었다. 왕의 미라는 검 한 자루를 찬 채 당당한 자세로 누워있었고 목에는 많은 부적용 장신구들과 금목걸이가 걸려있었으며 얼굴에는 황금마스크가 씌워져 있었다. 왕의 미라는 금으로 뒤덮여 있었으며 관의 안과 밖이 모두 각종 보석과 금, 은으로 장식되어 있었다. 우리는 왕의 목에 걸려 있는 장신구와 금목걸이는 물론 보석들을 모두 떼어낸 후 왕과 왕비의 관을 태웠다. 금은 물론 은과 동으로 된 물품도 갖고 나와 우리끼리 나누어 가졌다. 우리는 금을 8등분했는데 각각 20데벤을 가질 수 있었다. (중략) 며칠 뒤 테베의 관리가 우리가 도둑질했다는 소문을 듣고 나를 체포하여 테베 시장 안에 가두었다. 나는 내 몫에 해당하는 금 20데벤을 갖고 있었는데, 그것을 테베 부두를 관리하는 책임자 카이모페에게 전했다. 그가 나를 풀어줘 나는 내 동료들을 다시 만났으며 그들은 다시 나에게 한 몫을 떼어주었다.

현재도 금 1.8킬로그램은 대단한 양인데 일인당 36킬로그램의 금을 확보할 수 있었다는 것은 얼마나 많은 금이 매장되어 있었는지 짐작할 수 있게 해준다. 그러므로 일부 도굴꾼들이 체포되어 처벌을 받아도 사람들은 호시탐탐 피라미드를 약탈하는 데 기꺼이 참여했다.[20] 더욱 놀라운 것은 도굴을 위해 관리들에게 뇌물도 주었다는 것이다.[21]

이들이 어떤 처벌을 받았는지는 알려지지 않았지만 다음과 같은 기록이 이어진다.

재판은 정식으로 기록되었으며, 이 사건은 파라오에게 상정될 것이다.

파라오에게까지 보고된다는 것은 사형에 해당하는 범죄라는 것을 의미한다. 일반적으로 이집트에서 체포되어 법정에 섰고 사실과 다른 진술을 할 경우 죄인은 '코와 양쪽 귀를 자르거나 처형' 되어도 좋다고 신 앞에 맹세했는데 파라오의 무덤을 훼손한 도굴꾼은 이집트에서 가장 혐오하는 범죄자이므로 그에게 사형 이외에 다른 선고가 내려질 리 없는 일이다.[22]

파라오의 무덤을 훼손할 정도의 도굴 행위가 우발적으로 일어났다고 생각하면 오산이다. 그들은 잘 조직되고 많은 정보를 갖고 있었다. 심지어는 무덤을 지키는 관리들로부터 무덤의 비밀을 전해받기도 했다. 한 파피루스에 의하면 도굴꾼의 주범으로 테베 시장을 용의자로 지목하기까지 했다.

이 재판 기록에는 아멘호테프 3세, 세티 1세, 람세스 2세의 무덤들도 모두 약탈되었다는 기록이 나온다. 앞에서 람세스 2세 등의 미라가 이리저리 옮겨진 내용도 있다. 특리 람세스 3세의 미라는 도굴꾼들에게 훼손당한 뒤 3번이나 다시 매장되었다. 람세스 2세의 미라를 이장할 때 다음과 같은 기록이 있다.

> 재위 17년, 두 번째 계절 셋째 달 6일, 오시리스 신이신 우세르마레-세테프네레(람세스 2세)의 미라를 오시리스 신이신 멘마레 1세(세티 1세)의 무덤에 이장하기 위해 옮기다. 아멘 대신관 파이네젬이 기록하다.[23]

그러나 놀라운 것은 도굴범이 체포되었는데도 파라오의 무덤을 도굴한 것이 아니므로 죄를 묻지 않고 석방했다는 기록이 있다. 이는 앞에서 설명했지만 이집트 정부의 관심은 파라오 등 집권자에 한하므로 도굴이 일어나더라도 그건 이집트 안보에 관한 일은 아니었다. 이것이 최고 관리들의 비호 아래 도굴이 이루어질 수 있었고, 이집트의 거의 모든 무덤들이 도굴될 수 있었던 요인이다.

한편 피라미드 등이 수많은 도굴꾼에 의해 약탈되었지만 이를 복구하려는 노력도 계속되었다는 기록도 있다. 19세기에 멘카우레의 피라미드에서 왕의 시신은 람세스 시대(기원전 1292년~1070년)

에 새로이 다른 목관에 안치되었다는 기록이 남아있다. 고왕국 시대의 수많은 무덤을 람세스 2세의 아들인 카엠와세트가 재건했다는 기록도 있다.[24] 물론 이러한 조치는 그 효과가 오래가지 못했다. 복원된 건축물 등이 오히려 새로운 도굴꾼의 목표가 되었기 때문이다.

도굴이 이집트인들에 의해서만 이루어진 것은 아니다. 아랍어로 쓰여진 『감춰진 진주와 고귀한 신비에 관한 책, 발견된 보물과 숨겨진 보물의 위치에 대한 안내서』라는 제목을 가진 책에는 보물이 있는 정확한 장소와 보물을 소유하는 데 필요한 기술적 절차가 기록되어 있을 정도이다. 14세기 이집트에는 보물추적자 즉 도굴꾼들이 너무 많았기 때문에 그들의 활동은 하나의 기술로 강조될 정도라고 쟌 베르쿠데는 적었다.[25]

도굴에 대해서는 파라오 저주의 한 축을 이루는 카터의 역할도 무시할 수는 없다. 서두에서 설명한 도굴꾼 라술의 사건이 마무리되자 잠시 도굴이 잠잠했지만 고대부터 도굴에 손을 대면서 살아왔던 쿠르나 주민들로서는 도굴의 매력을 떨치기는 어려운 일이다.

라술 사건이 일어난 지 10년 뒤 바로 라술의 손자가 다시 도굴을 시작하더니 몇 개의 조직적인 도굴단이 조직됐다. 이 당시 도굴꾼 토벌대를 조직한 사람이 카터이다. 카터가 이 당시의 활약을 다음과 같이 적었다.

나는 무장한 노동자 한 무리를 이끌고 쿠르나에 있는 높이 300미터의 고개

정상으로 향했다. 그 고개는 새로 발견된 무덤이었다. 목적지에 도착했을 때는 한밤중이었다. 무리의 우두머리가 구멍 속으로 내려져 있는 밧줄 끝을 가리켰다. 잠자코 귀를 기울이니 밑에서 도굴꾼들이 일하는 소리가 들렸다. 나는 아래로 드리워진 밧줄을 잘랐다. 도굴꾼들이 도망칠 가능성은 완전히 사라진 셈이다.

나는 내가 가져온 밧줄을 타고 밑으로 내려갔다. 그것은 솔직히 그리 즐거운 일은 아니었다. 도굴꾼들은 모두 8명이었다. 나는 그들에게 내 밧줄을 타고 도망칠 것인지 아니면 도굴 현장에 더 머물 것인지 양자택일을 하라고 요구했다. 상황을 깨달은 그들은 사라졌고 나는 무덤 속에서 밤을 보냈다.

도굴꾼들의 속성을 파악한다면 이 당시 카터의 용기는 사실 대단하다고 볼 수 있다. 이때 새로 발견된 무덤에는 보물은 없었고 하트셉수트 여왕의 것으로 추정되는 관 하나만 있었다. 투탕카문의 할아버지 아멘호테프 3세의 미라도 발견되었다.

이와 같은 사례를 보면 카터는 투탕카문과 매우 밀접한 연계가 있음이 틀림없다. 여하튼 왕가의 계곡에 묻힌 파라오의 무덤 중에서 도굴 당하지 않는 것은 투탕카문 무덤뿐이다.[26]

참고로 왕비의 계곡에 아직도 발견되지 않은 무덤이 하나 있었는데, 그것은 이크나톤의 왕비였던 네페르티티의 무덤이다. 네페르티티의 무덤은 《월스트리트 저널》이 선정한 황금광들이 뒤쫓고 있는 '사라진 7대 불가사의 보물' 중에 하나이다.

나머지 6개는 칭기즈칸의 무덤, 1708년 6월 콜롬비아 해안에서 영국 전함들을 피해 달아나다 바다 속에 침몰한 스페인 겔리온

선 산 호세, 러시아의 앰버 룸, 예수의 최후의 만찬 때 사용되었다는 성배, 레오나르도 다 빈치가 그렸다는 앙기아리 전투 벽화와 여성인권 운동가이며 베스트셀러 작가이고 대서양을 단독으로 비행 횡단한 최초의 여성인 이어하트의 비행기 잔해이다.[27]

그런데 투탕카문의 무덤도 완성된 초창기에 2번이나 도굴꾼의 손을 탔다고 한다. 카터는 무덤이 매장되고 나서 10년도 채 지나지 않았을 때 도굴이 행해졌다고 믿었다. 하지만 그 도굴꾼들은 많은 물건을 가져가지 못했다. 아마도 도굴하다가 적발되어 체포되었는지도 모른다. 또한 어쩌면 도굴꾼이 뚫은 터널이 너무 좁아 규모가 크고 중요한 물건들을 빼낼 수 없었던 것일지 모른다. 여하튼 투탕카문 무덤 발굴은 카터와 카나본 경에게 그것은 행운이었고 현대인들에게도 행운이었다. 세계에서 가장 찬란하고 아름다운 보물들을 볼 수 있게 만들어주었으니 말이다.[28]

물론 엄밀한 의미에서 고대 이집트 전 기간을 통한 파라오의 무덤이 투탕카문을 제외하고 모두 도굴된 것은 아니다. 1939년 고고학자 피에르 몽테는 삼각주 지역 동쪽에 있는 타니스에서 주거지역을 발굴하다가 우물 입구를 발견했다. 우물을 비우자 돌로 포장이 되어 있는 바닥이 드러났는데 그것은 무덤의 지붕이었다. 우물은 도굴꾼이 무덤으로 들어가기 위해 파 놓은 것이다. 이 무덤은 제21, 22왕조의 수도였던 타니스에 매장된 파라오의 무덤 중 하나였다. 첫 번째로 발견된 오소르콘 2세의 무덤은 이미 도굴되었으나 인근에서 발견된 프수세네스 왕의 무덤과 4명의 고관들의 무덤은 완벽한 상태였다. 이곳에서 은으로 만든 관,

금으로 세공된 마스크, 보석, 설화석고로 만들어진 항아리들이 발견되었다. 비록 유물의 숫자는 많지 않았으나 탁월한 예술적 가치를 지닌 것으로 평가된다.[29]

2006년 2월에도 놀라운 발견이 있었다. 투탕카문의 무덤에서 불과 15미터밖에 떨어지지 않는 곳에서 7개의 관과 어린이용 금관 1개, 파라오의 문양이 새겨진 20개의 항아리를 비롯한 각종 유물과 비문들이 발견된 것이다. 학자들이 주목하는 것은 투탕카문의 무덤에서 나온 도기와 일치하는 도기 조각도 나왔다는 점으로 하와스 박사는 투탕카문을 낳다가 사망한 것으로 알려진 어머니 키야 왕비 또는 투탕카문의 왕비인 앙크에스엔아멘의 무덤일 것이라는 추정하고 있다. 한때 파라오의 무덤으로 알려져 투탕카문 무덤 발견 이후 더 이상 파라오의 무덤이 없다는 그간의 속설을 뒤집을 수 있다고 설명되었지만, 결국 파라오의 무덤은 아닌 것으로 밝혀졌다.[30]

조직적인 도굴의 장본인은 각국의 외교관

나폴레옹의 원정 이후 유럽에서 이집트에 대한 열풍이 일자 이집트 유적에 대한 파괴와 해외 반출이 잇달아 일어났다. 이는 이집트의 모하메드 알리 정부에도 큰 관련이 있다. 그것은 알리가 온갖 편의를 동원하여 도굴꾼들, 즉 모험가들을 지원했기 때문이다.

모하메드는 나폴레옹과 전투한 경력도 갖고 있는 터키인으로

1805년에 이집트 총독으로 임명되었는데 그는 이집트 산업을 발전시키기 위해 프랑스, 영국, 독일 등 많은 유럽인 기술자들을 고용했다. 그런데 기술자들은 모하메드 통치 초기부터 자신들의 기술을 이용해 수많은 유적을 파손하고 반출하는 일을 주저하지 않았다. 특히 각국의 영사 등 이집트 주재 외교관들이 더욱 앞장섰다.

그들은 외교관이라는 지위를 이용하여 모하메드와 협상했다. 당시에 이집트 전체의 토지 및 노동력은 그의 소유였으므로, 이집트에서 발굴하고 이를 반출하기 위해서는 모하메드 알리의 허가서 '피르만(명령이라는 의미의 페르시아어)'이 필요했다. 외교관들은 다른 사람들보다 피르만을 쉽게 얻을 수 있었다. 언제든 그들이 원하면 모하메드 알리와 직접 면담도 가능했기 때문이다.

그렇다고 해서 알리 역시 무턱대고 피르만을 내준 것은 아니다. 이집트를 발전시키기 위해서는 자금과 유럽의 기계 등 기술이 들어와야 하는데, 그를 위해서는 각국의 영사의 적극적인 협조가 필요했다.

각국의 영사들은 피르만을 획득한 후 모험가 즉 도굴꾼들을 각지에서 모집하여 고용했다. 한마디로 각국의 영사 이름으로 유적을 발굴하거나 골동품을 사들였는데, 이는 조선왕조 말기 각국의 외교관들이 우리나라의 유물들을 대량으로 구입한 것과 같은 맥락이다. 이 중에서 유명한 사람이 이탈리아의 피에몬테에서 출생한 드로베티로, 그는 프랑스로 귀화하여 1798년 나폴레옹의 원정 때 대령으로 전쟁에 참가했다.

● 나폴레옹 원정 이후 유럽에 이집트 열풍일 자 각국의 외교관들은 자신의 지위를 이용해 이집트의 유적을 발굴하거나 골동품을 사들였다. 영국의 이집트 주재 영사 헨리 솔트(Henry Salt, 1780~1827) 좌. 프랑스의 이집트 총영사 베르나르디노 드로베티(Bernardino Drovetti, 1776~1852) 우.

드로베티는 1810년 프랑스의 이집트총영사로 임명되어 알리와 교분을 쌓았으며, 1814년 총영사직에서 물러난 후 이집트에 계속 머물면서 고대 유물 거래에 손을 대었다. 그리고 1820년에 프랑스의 이집트총영사로 복직되었다.

드로베티는 프랑스 총영사라는 직책과 모하메드 알리와 교분이 두터운 것을 이용해 직접 유적 발굴에 참여하면서 각종 유물들을 수집했다. 그는 유물을 영사관으로 옮겨서 안전을 확보한 후 루이 18세에게 루브르 박물관을 위해 팔겠다고 제안했다. 그런데 루이 18세가 너무 비싼 값을 요구한다며 거절하자 샤르데냐의 왕 샤를 펠릭스에게 팔았다.

이것이 이탈리아의 토리노 박물관이 수준 높은 이집트 유물 전시품을 갖게 된 연유이다. 이 박물관에는 유명한 아멘호테프 1세, 투트모세 1세, 투트모세 3세, 아멘호테프 2세의 조상과 아멘호테프 3세의 스핑크스 등이 소장되어 있다. 또, 이집트 미술사

● 이탈리아 토리노 박물관이 소장한 람세스 2세 좌상. 이탈리아 태생의 드로베티는 프랑스의 이집트총영사로 있으면서 이집트의 유물을 토리노 박물관에 값비싸게 팔아 넘겼다.

에서 빠지지 않고 등장하는 유명한 유물, 람세스 2세의 거대한 화강암 좌상도 소장하고 있는데, 좌상의 밑에는 '드로베티를 위해 리포가 1818년에 발견했다' 라는 글이 새겨져 있어 더욱 유명세를 탔다.

드로베티는 샤르데냐 왕과 만족할 만한 상담을 성공시킨 후 더욱 유적 발굴에 앞장섰고 2차 수집품의 구매를 또다시 프랑스에 요청했다. 이때 샹폴리옹의 중재로 샤를 10세가 그의 수집품을 구입했고, 이것이 현재 루브르 박물관의 가장 유명한 이집트 유물 소장품이다.

드로베티만 이집트 유물에 눈독을 들인 것은 아니다. 영국의 이집트 주재 영사인 헨리 솔트도 드로베티와 같은 방법으로 유적을 발굴하고 골동품을 구입했다. 그의 1차 수집품은 대영박물관에 판매했는데 2차 수집품은 프랑스가 차지했다.

이 당시 루브르 박물관이 구입한 것 중에 유명한 것은 장밋빛 화강암으로 만들어진 람세스 3세의 석관, 거대한 화강암 스핑크스 2개 등으로 현재 루브르 박물관의 이집트 전시품 중에서 가장 많은 관중의 시선을 끄는 것 중에 하나이다.

세계에서 가장 유명한 이집트 유물을 갖고 있는 프랑스의 루브르 박물관, 이탈리아의 토리노 박물관, 영국의 대영박물관에는 유독 거대한 유물들이 많은데 이는 당대의 각국 영사들이 대형 유물을 선호했기 때문이다. 현재 각국에 소장된 오벨리스크, 스핑크스, 석관, 거대한 조상들은 이때에 옮겨진 것이 대부분으로 솔트에 의해 대영박물관으로 옮겨진 람세스 2세의 거대한 흉상은 대영박물관의 이집트관 입구에 전시되어 그 위용을 자랑한다. 유명한 로제타석은 람세스 2세의 흉상과 멀지 않은 곳에서 볼 수 있다.

드로베티, 솔트와 같은 외교관만 이집트 유물에 관심을 보인 것은 아니다. 그들처럼 유명하지는 않지만 수많은 사람들이 이집트에 몰려와 피르만을 받지 않고 비밀리에 유적을 발굴했고, 이들이 수집한 유물들이 현재 전 세계의 박물관들에 전시되어 있다. 현재 이집트에서는 이 당시 약탈된 이집트의 유산들을 돌려달라고 각국의 박물관에 요청하고 있다. 과거에 약탈된 유산은 어떠한 명분으로든 원위치로 돌아와야 한다는 것이다. 19세기 초에 행해진 이집트 유물의 반출과 약탈에 대한 시각은 두 갈래로 나넌다.

현재 외국 박물관에 수장된 중요 유물들의 대부분이 약탈에 의해 반출된 것이므로 이집트 정부에 반환해야 한다는 측과 이들 수장품이 약탈된 것은 분명하나 오히려 파괴될 뻔했던 많은 유물을 구해낸 공헌도 인정해야 한다고 보는 측이다. 즉 후자는 이들 유물들이 약탈된 것이 분명하더라도 반환할 필요가 없다는 설명이다.

유명한 이집트학자인 쟌 베르쿠테도 후자의 편에 든다. 그는 1810년부터 1828년 사이에 13곳의 신전이 파괴되었는데, 그 신전들은 해외에 반출을 위해 약탈된 것이 아니라 이집트인들이 공장을 짓는 석재로 사용하거나 석회를 만들기 위해 용광로 속에 녹여버렸다고 한다.[31]

고대인들은 벽돌이나 돌을 접착시키기 위한 모르타르의 재료로 주로 진흙, 점토, 역청 등을 사용했는데 로마인들은 새로운 모르타르를 발명했다. 석회석을 용광로 속에서 가열하여 석회를 얻은 후 모래, 물을 섞는 것이다. 이 방식은 사용이 편리하고 견고해 현재도 많은 건축 현장에서 사용되기 때문에 우리들에게도 매우 익숙하다. 한마디로 당대의 도굴꾼들이 이들 유물들을 외국으로 빼돌리지 않았다면, 수많은 이집트의 유물들이 사라질 운명이었는데 이들을 구해주었다는 것이다.[32]

우리나라도 현재 일본으로 무단 반출된 유산, 프랑스에 반출된 외규장각 문서 등의 반환 등이 현안 문제로 대두되어 있다. 과거는 예기치 않은 방식으로 현실 속에 다시 나타난다. 무단정복과 강제합병 등 제국주의의 식민통치 중에 일어났던 수많은 폐해는 급변하는 세계 정세와 피식민국의 국력신장에 의한 세계 속 위치 변화에 따라 적나라하게 표출되는데, 그 중에서도 가장 심각한 문제를 야기하는 것은 약탈 문화재이다.

문화재를 약탈당한 국가에서는 상대국에게 문화재를 돌려달라고 요구하지만 그들은 교묘한 논리로 이를 회피한다. 가장 잘 알려져 있는 논리는 비록 문화재를 약탈하였지만, 자신들의 선진 문화 능력으로 피식민국가들의 문화유산을 알리고 전 세계가 지식을 공유할 수 있도록 하는 데 앞장서왔다는 주장이다.

영국, 프랑스 등 서구 국가들은 오늘날 그리스 예술이 갖는 영향력에 대해 모두 자기 나라의 빼어난 문화예술 보존정책 덕분이라고 주장한다. 한마디로 본토에 남아 있었으면 무지와 무관심으로 인해 꼼짝없이 파괴되었을 유물들을 더욱 잘 보존하고 연구해놓았으니 오히려 더 고마워해야 한다고 주장한다.

그러나 이들 나라는 자신들이 전리품으로 여기는 약탈 문화재가 피식민국 사람들에게는 아무리 세월이 흘러도 생생히 기억되기 때문에 민감한 반응을 보일 수밖에 없다는 것을 간과하고 있다. 즉, 그 문화유산을 만들어낸 사회는 비록 중요 유산들을 약탈당할 수밖에 없는 상황에 처해 약탈을 당했지만, 자신들 고유의 역사를 재발견하기 위해서라도 약탈된 유물이 자신들의 품 안에 돌아오기를 바라는 것이다.

• 나가는 말 •

파라오의 저주에 관한 진실, 그리고 거짓

이집트인들에게 미라의 보존은 사후 부활을 위한 핵심으로 인식되었다. 또한 미라가 부활하여 사후에 생을 얻기 위해서는 무덤 속에 많은 부장품들을 갖고 가야 했다. 바로 이 점이 발각당할 위험에도 불구하고 계속해서 도굴이 일어난 이유이다. 현실적으로 미라가 된 이집트인들 중에서 단 한 명도 부활한 사람은 없지 않은가?

현재 박물관 등에서 전시되는 미라가 어떤 연유로든 다시 살아날 수 있다고 생각하는 사람은 아무도 없을 것이다. 오페라 소설인 『피라미드』(전12권)에서 쿠푸 왕이 대피라미드 천체 창을 통해서 부활한다거나 영화 〈미이라〉에서 일정 정도의 조건만 잘 구비되면 죽은 자가 다시 살아나게 되지만 그런 상황이 현실화될리는 만무하다. 파라오의 저주 즉 사자의 저주가 현실화될 수 있다고 믿는 자체가 사실상 허무맹랑한 소리라고도 볼 수 있다. 파라오 저주의 주인공은 투탕카문의 무덤이 발굴되면서 시작되었다는 것이 정설이지만 그는 무려 3300년 전에 사망하여 미라가 된 사람이다.

그런데 현대가 과학시대임에도 불구하고 많은 사람들이 파라오의 저주에 여전히 호기심을 갖는 이유는 뭘까? 이 같은 현상에 대해 학자들은 미라의 부활과 저주가 가능한지의 여부를 증명하고 싶은 욕구와 어째서 그러한 밑도 끝도 없는 미스터리가 사라지지 않는지에 대한 호기심을 동시에 갖게 된다.

투탕카문의 무덤이 발견된 이래 발굴 관련자들이 연속적으로 의문의 죽음을 맞이해 세상이 떠들썩하게 되자 과학자들은 파라오의 저주에 대한 과학적 설명을 위해 연구를 시도했다.

제일 먼저 제시된 주장은 투탕카문과 함께 묻힌 과일이나 야채 등이 수십 세기를 두고 썩으면서 생긴 곰팡이 때문에 일부 건강이 좋지 않았던 관련자들이 감염되었다는 설이다. 캐롤린 스탕거 필립 박사에 따르면 파라오와 함께 묻힌 과일이나 야채들 속의 곰팡이가 3300년 동안이나 생존해 있다가 무덤이 열리자 재빨리 발아하여 인체에 침입한 후 치명적인 질병을 초래하였다는 것이다.

파올라 박사는 곰팡이 이론을 더욱 발전시켜 밀폐된 고대의 무덤들 속에서도 돌 틈새로 스며드는 습기와 공기에 의하여 미세한 곰팡이가 발아한다고 지적하였다. 이러한 유독성 곰팡이가 투탕카문의 무덤에 들어간 적이 있거나 무덤에서 나온 미라, 그 밖의 다른 물건들과 접촉한 사람을 죽게 만든 실질적인 요인이라는 것이다. 그렇다면 무덤에 들어가지 않은 사람들의 죽음은 어떻게 설명할 수 있을까?

여기에도 그럴듯한 설명이 준비되어 있다. 고대 이집트인들은 독약에 전문가들이었다. 어떤 독은 먹지 않고 피부에 스며들기만 해도 죽음에 이르게 할 만큼 치명적이었다. 이런 종류의 독이 묘지 안의 벽을 칠할 때 사용되었는데, 묘지가 봉해지고 공기가 희박해짐에 따라 발굴자들이 묘지 안의 독성 물질에 노출됐고 이 독이 무덤에 들어가지 않은 다른 사람까지 오염시켰다고 설명한다.

이와 같은 과학적 분석이 나올 정도로 파라오의 저주와 관련한 일련의 사실들이 흥미를 끄는 것은 사실이다. 독특한 이집트의 문명을 비롯하여 투탕카문의 무덤이 발굴되기까지의 우여곡절, 무덤이 개봉된 이후에 계속됐던 의문의 죽음 등 어느 하나 흥미롭지 않은 것이 없다.

첨단과학이 투탕카문의 미라에 도전

파라오의 저주가 세계에서 가장 흥미로운 미스터리로 부각될 수 있었던 요인의 하나는 투탕카문이 어린 나이에 사망하는 등 그의 일생 자체가 다소 극적이기 때문이다. 음모세력에 의해 비명횡사한 투탕카문이 죽음의 저주라는 극약처방까지 동원해 후대에라도 자신의 죽음에 대한 음모가 밝혀지길 고대했다는 것이 가장 잘 알려진 미스터리 중에 하나이다.

그러나 첨단과학으로 무장한 과학자들은 파라오의 저주를 보다 정확하게 밝히기를 원했다. 우선 그들이 가장 관심을 갖는 것은 투탕카문이 정말로 살해되었는지의 여부였다.

가장 먼저 제기된 문제는 투탕카문의 X-선 사진을 찍을 때 미라의 보존 상태가 극히 나빴다는 점이었다. 2005년 투탕카문의 미라를 조사하기 전까지 투탕카문의 미라를 찍은 사진은 1968년 리버풀대학의 R. G. 해리슨 교수와 1978년 제임스 E. 해리스 박사가 찍은 단 2장의 사진뿐이다.

그런데 투탕카문의 유해를 본격적으로 조사해보자 기존에 학자들이 생각했던 것보다 보존 상태가 더욱 나쁘다는 사실이 드러났다. 그의 가슴 일부, 그러니까 흉골과 흉곽 앞부분은 그를 미라로 만들기 전에 이미 사라졌다. 또한 그의 미라가 발견된 후 그의 머리와 사지도 몸통에서 분리되었다. 더구나 그의 시신 중

일부가 검은 숯처럼 변했는데 그것은 하워드 카터가 투탕카문의 유해를 관과 황금가면에서 분리시키기 위해 열을 가했기 때문으로 추정되었다.[1]

X-선 촬영에 의해 발견된 두개골에 손상 흔적이 보인다. 이 사진을 보고 R. G. 해리슨 교수가 투탕카문이 살해되었을 가능성이 높다고 주장하자 투탕카문의 살해설은 커다란 힘을 얻기 시작했다. 정황상 후임자인 아이에 의해 살해될 수 있음직하다는 것도 한 이유였다.

그러나 일부 학자들은 두개골 조각들이 미라를 만드는 과정에서 생겼을 수도 있다고 반박했다. 소위 사후의 손상이므로 살해의 증거가 될 수는 없다는 것이다.

그들은 투탕카문의 머리와 목이 만나는 곳의 두개골 밑 부분에서 어둡고 흐릿한 부분을 주목했다. 해리슨 교수는 이 흔적이 특별한 징후가 아니라고 했지만 출혈을 뜻할 수도 있기 때문이다. 의학자들은 이 흔적이 머리 뒷부분에 타격을 입은 결과라면 그것은 죽음을 유발할 수 있을 만큼 심각한 것이라고 말했다.

그러나 이 흔적만으로 살해 여부를 가린다는 것 역시 문제가 있다고 발표되었다. 어두운 부분이 응혈 위로 형성된 석회화된 막을 뜻할 수도 있기 때문이다. 그것이 막이라면 왕이 타격을 입은 뒤에 적어도 두 달 이상 살아 있었다는 것을 의미하는데, 이는 투탕카문이 사고가 나자 곧바로 죽었다는 살해설과는 거리가 멀다. 더욱 학자들을 고민케 만드는 것은 출혈 부위 즉 부상 부위가 타격을 가하기 힘든 위치에 있다는 점이다. 해부학적 견해에 의하면 투탕카문은 모로 혹은 반듯하게 누워서 자고 있는 동안 뒤에서 공격받았어야 한다.

그런데 이집트 전통의 딱딱한 베개를 사용했을 투탕카문이 엎드려 자고 있었다는 것은 수긍하기 힘든 설명이다. 또한 왕이 모로 누워 있었다고 해도 낮은 침대에서 머리 모양대로 휘어진 베개에 의해 어느 정도 보호를 받고 있다면, 자고 있는 동안에 뒤통수를 가격하는 것이 간단한 일이 아니라는 점도 제시됐다. 더구나 투탕카문이 보통 사람들처럼 반듯하게 누워 자고 있었다면 타격 자체가 불가능하다는 것도 알려졌다. 만약 범인이 정말로 살해할 의도를 갖고 있었다면 곧바로 투탕카문의 두개골 윗부분을 가격하는 것이 가장 확실한 방법인데 그런 어정쩡한 행동을 보이는 것은 이해할 수 없다는 것이다.

그러므로 학자들이 미라를 조사한 후에 내린 결론은 그야말로 엉뚱하지 않을 수 없었다.

"젊은 투탕카문이 머리에 타격을 입었을지 모르며 그가 그 때문에 사망했을 가능성도 있다. 그 타격은 고의적인 것 일수도 있고 우연한 것일 수도 있다."

결론적으로 투탕카문이 살해된 것 같기는 하지만 결정적인 증거를 찾지는 못했다는 뜻이다. 학자들은 피상적인 미라의 조사만으로 투탕카문의 살해 증거를 찾지 못하자 더욱 세밀한 조사를 이집트 정부에 요청했다. 최첨단 과학기술의 결정체로 알려진 컴퓨터단층촬영기(CT)가 개발되었기 때문이다.

학자들은 이집트 정부에 파라오의 저주를 과학적으로 해결할 수 있다며 투탕카문의 미라를 조사할 수 있도록 압력을 가했다. 결국 이집트 정부는 그들의 요구를 받아들여 왕가의 계곡에 있는 투탕카문 묘의 석관에 보관되어 있던 미라를 3시간 동안 조사하도록 허가했다.

2005년 3월 이집트 고유물최고위원회 위원장 자히 하와스 박사의 주관 아래 투탕카문의 미라를 CT촬영이 시작되었다. CT(컴퓨터단층촬영기)는 평면적인 X-선 사진과는 달리 머리부터 발끝까지 1밀리미터 간격으로 촘촘히 촬영하여 컴퓨터로 3차원적인 영상을 재구성하므로, 머리의 부상 등 신체 각 부위의 손상을 정확히 파악하는 데 도움이 되었다.

김한겸 교수는 정밀한 CT단층촬영이 이루어질 경우 두개골 손상 부위가 날이 예리한 흉기에 의한 것인지 묵직한 둔기에 의한 것인지 밝혀내는 것은 물론 어느 방향에서 가격되었는지까지 알 수 있다고 말했다.

일반적으로 인체에 들어 있는 물 성분 속의 수소를 이용하는 MRI가 CT단층촬영보다 더 정밀한 것으로 알려져 있다. 그러나 투탕카문의 미라는 만들어질 때 이미 물기가 제거되고 건조한 상태에서 수천 년이나 지났으므로 MRI 검사가 여의치 않다는 것이 알려졌다. 더불어 미라처럼 골격과 말라붙은 근육조직만 있을 경우 틀어지거나 부러진 흔적을 알아내기엔 CT가 더 효용적이라는 설명이다.

그러나 투탕카문의 미라 촬영은 순조롭지 않았다. 처음에는 투탕카문의 미라를 목관에 넣은 채로 CT 촬영을 했는데 목관 속에 있는 모래가 X-선에 방사되어 이미지가 제대로 나타나지 않았다. 곧바로 투탕카문의 미라만 꺼내 다시 CT촬영을 했는데 이번에는 컴퓨터가 갑자기 작동 불량이 되었다.

호사가들이 투탕카문의 저주가 컴퓨터에까지 미쳤다고 이야기할 정도로 조사에 치명적인 결과를 줄 수 있는 고장이었다. 가장 큰 문제는 시간이었다. 이집트 정부에서는 어떠한 일이 있더라도 3시간 이상 투탕카문의 미라를 그의 관에서 꺼낼 수 없다고 주장했다. 투탕카문의 미라가 조사에 영향을 주고 있다는 가설이 나올 만한 상황이었다.

그런데 컴퓨터 고장은 파라오의 저주가 아니라 에어컨의 고장으로 컴퓨터가 과열되었다는 것이 밝혀졌다. CT단층촬영이 무사히 끝나자 1700여 장에 달하는 촬영데이터는 전 세계의 학자들의 손에 들어갔다.

투탕카문 사망의 진상

CT단층촬영 전까지만 해도 투탕카문의 사망 원인은 3가지로 압축되고 있었다. 바로 사고(사냥 등 마차를 타다가 낙상으로 인한 부상), 전투 중의 부상, 살해의 경우다. 그 중에서도 학자들이 가장 신경을 쓴 것은 앞에서도 말한 세 번째의 살해로 인한 사망이다. 여러 가지 정황 또한 19살의 투탕카문이 살해당했을 가능성 높여주었기 때문에 학자들은 살해에 가장 큰 비중을 두고 CT촬영에 나타난 자료들을 분석하기 시작했다.

학자들은 방대한 자료를 세밀하게 분석하여 다음과 같은 특이점들을 발견했다. 아미드 박사가 우선 투탕카문의 두개골 아래쪽에 뼈가 없는 원형 구멍을 하나 발견했다. 이것은 일반적으로 흉기에 의해 가격당했을 때도 나타나는 모습으로 투탕카문이 살해되었을 가능성을 보여주는 큰 증거로 제시되었다.

두 번째는 투탕카문의 턱에서 외부로 사랑니가 옆으로 자라고 있음을 발견했다. 이는 투탕카문이 심한 치통으로 고생했으며 만약에 감염으로 인해 패혈증을 일으켰다면 사망까지 갈 수도 있다는 결론이었다.

세 번째는 미라의 몸통 부분에서 흉골이 많이 사라졌는데 이를 액면대로 인정한다면 투탕카문이 치명적인 부상을 당했다는 것을 의미한다.

네 번째는 미라를 만들 때 머리에 삽입한 수지(송진) 속에서 조그마한 머리뼈 조각을 발견했다. 이것은 투탕카문이 외부의 타격을 받아 머리뼈가 부서졌다는 것을 의미한다. 또한 10센티미터 정도의 검은 선이 발견되었는데 골절상을 입었을 때도 생길 수 있는 흔적이므로 투탕카문이 살해되었다는 증거로도 제시되었다.

다섯 번째는 투탕카문의 오른쪽 발목이 심하게 부러진 골절을 발견했다. 이것은 투탕카문을 미라로 만들 때 이집트식의 부목을 대었기 때문에 생길수도 있다고 발표되었다.

이들 내용은 각 분야 전문가들이 각자 제시한 것이므로 어느 것이 진짜 사망원인인지를 확언할 수는 없는 사항이었다. 결국 이들 자료를 토대로 세계적으로 저명한 3명의 법의학자들이 모였다. 그들의 정밀 조사에 의한 결론은 다음과 같다.

우선 잠정적으로 투탕카문이 살해된 것으로 예상되었던 두개골 아래쪽 원형 부분은 타격에 의한 것이 아니라 미라를 만들 때 뚫은 송곳 자국으로 결론지었다. 이집트에서는 일반적으로 미라를 만들 때 코를 통하여 머리의 뇌를 빼내었지만 두개골 뒷부분에 구멍을 뚫고 뇌를 빼내기도 했다는 것이다.

두 번째 사랑니가 패혈증을 일으켰을 가능성도 부정되었다. 투탕카문이 평소 치통으로 큰 고생을 했겠지만 감염에 의한 치명적인 흔적은 발견되지 않았다는 설명이다.

세 번째 흉골이 없는 것도 남아있는 늑골이 날카롭게 잘려진 것으로 보아 미라를 만들 때의 흔적으로 인식되었다. 사라진 흉골은 미라를 만들 때 또는 카터가 미라에서 황금마스크를 비롯한 몸에 부착된 보석과 헝겊 등을 벗겨낼 때 손상되었을지도 모른다고 발표되었다.

카터는 '투탕카문 미라를 관에 안치한 후 의식의 일환으로 봉헌용 연고를 온몸에 뿌렸는데 이것이 시간이 지나자 굳어져 미라와 관을 완전히 접착시켰다'고 적었다. 그리고 '미라가 손상될 수 있다는 생각이 있었음에도 최대한 불꽃을 키운 파라핀 램프로 그 용액을 녹였다'고 적었다.

학자들은 이때 흉골이 손상되었을 가능성이 충분하다고 보았다. 물론 부상에 의해 치명상을 입을 가능성을 배제하지도 않았다.

가장 큰 논란을 일으킨 것은 투탕카문의 살해 가능성을 높여 주었던 수지 속의 뼛조각이다. 그러나 투탕카문이 살해되었다고 제시된 이 증거 역시 법의학자들은 미라를 만들 때 또는 카터가 미라에서 황금마스크를 벗겨 낼 때 만들어졌을 것으로 추정했다. 또한 10센티미터의 골절상 흔적도 타격에 의한 골절상이 아니라 투탕카문이 아직 젊었기 때문에 머리의 봉합선이 완전히 메워지지 않은 것으로 확인되었다.

문제는 다섯 번째의 우측 다리의 골절상이었는데 우측 다리의 골절상으로는 사망에 이를 정도의 치명상이 아니라는 점이다. 결국 투탕카문의 사망원인이 미궁에 빠질 순간에 한 박사가 매우 중요한 의견을 제시했다. 그는 아쉬리프 셀림 박사로 CT단층촬영 사진에서 다른 학자들이 간과한 것을 중요한 사실을 발견한 것이다.

그가 발견한 것은 왼쪽 다리 무릎 뼈의 심한 골절 현상이다. 투탕카문의 왼쪽 무릎 뼈에서는 공 모양의 작은 흔적이 발견되었는데 이것은 골절에 의한 출혈로 염증이 생겼다는 것을 뜻했다. 이런 현상은 살아 있을 때만 일어나는 것으로 뼈에 생긴 상처가 원인이라고 코스트너 박사는 밝혔다.

이 발견은 그동안 투탕카문을 둘러싸고 일어났던 여러 가지 가설을 단번에 불식시킬 수 있는 계기가 되었다. 결국 투탕카문 사망원인을 찾기 위해 모인 학자들은 투탕카문이 살해된 것은 아니라고 하면서, 그의 사망원인을 2가지 시나리오로 결론 내렸다. 첫 번째는 흉골이 없다는 점을 감안할 때 가슴에 큰 상처를 입었기 때문에 사망했을 수 있으며, 두 번째는 다리의 골절에 의한 합병중으로 사망했을 수 있다는 것이었다.

그러나 학자들은 두 번째 다리의 골절상으로 사망했을 가능성에 더 많은 점수를 주었다. 우선 다리 골절로 동맥이 절단되었다면 사고가 난 지 몇 시간이 되지 않아 사망했을 것이지만 투탕카문의 CT단층촬영 자료에 의하면 그는 적어도 15일 정도 살았다고 추정됐다. 그것은 골절부위에서 부상에 원인이 되는 감염에 의한 합병증 현상이 보이기 때문이다.

투탕카문이 다리 골절로 사망한 징후도 미라를 보면 어느 정도 유추할 수 있다. 이집트에서 미라를 만들 때 사망 부위에 부장품으로 부적 용도의 물품을 올려놓는 것이 관례였다. 그것은 사후에 미라가 완전한 몸으로 다시 태어날 것을 염원하기 위한 것인데, 투탕카문의 미라에서는 특이하게도 무릎 부분에 많은 부적 용도의 부장품들이 발견되었다. 투탕카문이 무릎 부분에 치명상을 입었으므로 사후에 그 부분이 온전하게 복원되도록 기원한 것이다.

투탕카문이 치명적인 다리 골절상을 입은 원인으로는 다음 2가지가 제시되었다. 첫째는 투탕카문이 전차를 타고 모래 밭 위를 재빠르게 달리다가 구덩이 같은 곳에 걸려 낙상하여 다리가 부러진 경우다. 이것은 투탕카문이 사냥을 즐겨하여 마차를 자주 몰았다는 그림으로도 알 수 있는데 투탕카문의 부장품으로 마차가 여러 대임으로도 증빙된다.

둘째는 전투 중에 부상당했다는 것이다. 투탕카문은 어린 나이이지만 그가 통치한 10년 동안에 많은 전투에 참가했다. 특히 누비아와 히타이트와 여러 번 전투를 했는데 이 사실은 그의 이름으로 된 여러 부조의 전투 장면으로도 증빙된다.

어떤 학자들은 투탕카문이 알려지지 않은 작은 전투에 참가했을 때 백병전 등에 휘말려 적이 휘두르는 무기에 다리를 다쳤을 가능성을 제시했다. 특히 당시의 사막 전투에서 히타이트는 철로 만든 전투용 도끼를 사용했는데 적군의 도끼에 다리를 강타당했을 가능성도 배제하지 않았다.

투탕카문 미라를 조사한 학자들의 의견이 취합되자 이집트 고유물최고위원회 위원장 자히 하와스 박사는 투탕카문의 사인은 다리골절로 인한 2차 감염이라는 결과를 발표했다. 그는 투탕카문이 그동안 알려진 것과 달리 폭력적인 방법으로 살해되지 않은 것으로 밝혀졌다며 그동안 정설처럼 굳어진 투탕카문 살해설의 증거를 발견하지 못했다고 설명했다.

과학자들은 투탕카문이 알려지지 않은 원인으로 외상을 동반한 복합골절을 당했는데 이 부상을 적절하게 치료받지 않아 세균이 침입해 전신으로 퍼졌을 가능성이 높다고 결론 내렸다. 그리고 현재도 아프리카 대륙의 많은 복합골절 환자들이 세균에 감염돼 사망에 이른다는 사실을 증거로 제시했다. 투탕카문이 살해된 것이 아니라 치명적인 다리의 골절상으로 매우 고통스러운 상태에서 부상당한 지 15일 후에 사망했다는 것이다. 이는 투탕카문에 대한 사망 미스터리가 현대 과학에 의해 거의 모든 진상이 밝혀졌다는 것을 의미한다.

투탕카문의 미라를 조사하면서 새로운 사실도 밝혀졌다. 이집트 고대유물보존위원회는 투탕카문의 사망 당시 나이는 종전에 알려진 18세가 아니라 19세였으며 그의 키는 168센티미터고 사망 당시 영양 상태는 매우 좋았다는 것이다.[2] 그동안 미스터리로 알려진 내용도 CT단층촬영으로 풀렸다.

영국 리버풀대학 연구진이 1968년에 투탕카문의 미라를 조사할 때 투탕카문의 페니스를 발견하지 못했다고 발표했다. 이는 누군가가 투탕카문의 페니스를 절취하여 보관하고 있을 것이라는 가설이 제기되었다. 그런데 CT단층촬영을 통한 정밀조사 결과 투탕카문의 성기가 발견되었다. 왕의 성기 역시 미라화했는데, 미라 처리 과정에서 크기가 줄어들어 당시 연구진이 제대로 분간하지 못했던 것이다.[3]

고대유물보존위원회는 이후 투탕카문 미라를 연구, 복원하는 데 힘을 기울였다. 미라의 몸은 발견 당시 18곳이나 부러져 있었는데, 과학자들과 고고학자들이 뼈를 맞추고 CT스캔으로 두개골 안쪽과 치아구조 등을 조사해 복원했다. 투탕카문이 속해 있던 고대 이집트 제18왕조 왕실의 유전인 치아 부정교합도 확인했다. 완전 교정된 투탕카문의 미라는 2008년부터 영국 런던 전시회를 시작으로 미국 댈러스미술관 등에 순회 전시된다. 사실 이집트로 보아 투탕카문은 '황금 주머니'나 마찬가지이다. 투탕카문의 황금마스크는 그동안 해외 전시를 불허했는데, 최근 이집트 정부는 해외 전시가 이집트에 막대한 이득을 갖다 줄 수 있다는 판단 아래 전시를 허용하고 있다. 일반적으로 황금마스크를 전시하려는 외국 박물관들은 유치 비용으로만 최소 300만~500만 달러를 내고 그 몇 배의 대여료를 지불해야 하는 것으로 알려져 있다. 당연히 2005년 투탕카문의 황금마스크를 미국 측에 대여하면서 상당한 액수의 대여료를 받은 것으로 알려진다.[4]

과학이 파헤친 카나본 경의 사망원인

파라오의 저주는 투탕카문의 무덤을 공개한 장본인인 카나본 경의 석연치 않은 사망부터 촉발되었다고도 볼 수 있다. 그러므로 카나본 경의 사망원인이 과연 파라오의 저주 때문인가는 사람들의 호기심을 끌기에 충분했다.

학자들은 카나본 경의 사망원인도 과학적으로 규명하기 위해 도

전했다. 이들이 파라오의 저주를 풀기 위해 사용한 방법은 투탕카문 미라의 DNA분석이었다. 이것은 카나본 경이 투탕카문의 미라에 있는 곰팡이(바이러스 등) 때문에 사망했을 것이라는 추정에 근거한다.

사망 후 오랜 세월이 흐르면 세포핵 속의 DNA가 상당수 분해된다. 하지만 미라처럼 수분을 제거하고 약품 처리가 된 경우 대부분 DNA의 보존 상태가 양호하다. 한국생명공학연구원의 김용석 박사는 DNA가 중간 중간 깨어져있다 할지라도 미라처럼 채취할 DNA 시료가 많을 경우 손상된 부위를 증폭시켜 카피하는 등 다양한 방법으로 충분히 검사가 가능하다고 설명했다.

DNA로 먼저 추정해볼 수 있는 사인은 그 시대의 사망원인으로 높은 비율을 차지했던 감염성 질환이다. 학자들은 투탕카문이 당시에 유행하던 전염병에 의해 사망했다면, 박테리아 또는 바이러스 등 곰팡이류가 투탕카문의 조직세포 속에 극소량이나마 남아 있을 가능성이 있다고 추정했다. 예를 들어 흑사병으로 잘 알려진 페스트균의 특정 DNA를 수만 배 증폭하는 시약을 투입했을 때 투탕카문의 DNA가 증폭되면 사망 당시 페스트에 감염되었다고 판정할 수 있다는 것이다.

이성규 박사는 유전자 이상이나 돌연변이에 의한 질병인지의 판단도 가능하다고 설명한다. 고혈압이나 당뇨 등 복합적 질환이거나 다유전인자 질환이 아닌 단일 유전자 질환의 경우, 질병을 일으키는 유전자와 질병의 인과관계가 비교적 명확하기 때문이다. 한편, 부계를 통해서만 유전되는 Y염색체를 검사하면 할아버지나 삼촌 등 남성 쪽의 계보를 알 수 있고, 모계를 통해서만 유전되는 미토콘드리아 DNA로는 여성 쪽 계보를 알아낼 수 있다. 만약 이것이 가능하다면, 이크나톤의 아들, 동생 또는 조카 등등으로 출생 성분이 명확치 않은 투탕카문의 친부가 밝혀질 수도 있다.[5] 현재까지 투탕카문은 이크나톤의 아들이거나 조카로 알려지고 있다.

학자들이 투탕카문의 사망 요인은 감염성 질환에 의한 것이 아니라는 결론을 내렸다는 것을 앞에서 설명했다. 그럼에도 불구하고 학자들은 카나본 경이 투탕카문의 무덤 속에 살아 있던 곰팡이의 감염으로 사망했을 것이라는 가설을 포기하지 않았다. 정황상 카나본 경은 호흡기 질환을 앓고 있었으므로 유해 곰팡이가 투탕카문의 무덤에서 카나본 경에게 옮겨진다면 사망할 수도 있었다는 설명이다.

카터는 투탕카문의 무덤 벽을 처음으로 뚫었을 때 뜨거운 공기가 자신을 감쌌다고 말했다. 이것은 투탕카문의 관이 3300년 동안 밀폐되었음을 의미한다. 그러므로 카나본 경이 무덤 안에 생존해 있을지도 모를 곰팡이에 감염되어 사망했을 가능성이 높다는 것을 의미한다.

실제로 많은 미라에서 인체에 유독한 진균독을 갖는 곰팡이들이 발견되었다. 이들은 면역체계가 약한 사람에게는 치명적인 피해를 줄 수 있다는 것이 학자들의 의견이다.

이 가설에는 카터의 증언도 한 몫을 했다. 그는 투탕카문의 무덤에 물기가 스며들어 무덤 안에 곰팡이가 피어나고 모든 공간과 유물에 독특한 분홍색 막이 형성되었다고 설명했다. 또한 그 습기가 모든 가죽 제품을 부식시키고 녹여서 끈적끈적한 검은 덩어리를 만든 것도 발견했다. 더불어 아교를 비롯한 모든 접착제를 용해시켰고 나무들을 변형시켰다.

카터는 '석실 내의 모든 표면에 형성되었던 분홍색 막은 따뜻한 물로 문지르면 금방 풀렸는데 이는 습기와 관련 있다' 고 적었다. 그 막은 모든 것을 뒤덮고 있었는데 그 두께와 색깔(분홍에서 진빨강에 이르는)은 표면 상태에 따라 각기 달랐다. 투탕카문 무덤이 3300년 동안이나 밀폐된 공간이었다고는 하지만 습기가 있었다면 유해한 곰팡이가 카나본 경에게 영향을 미칠 가능성은 충분히 있었다.[6]

학자들은 투탕카문의 무덤처럼 몇 천 년 동안 완벽하게 밀봉된 미라의 관을 발견할 수 있다면 카나본 경의 사망을 입증할 수 있다고 주장했다. 투탕카문의 미라와 유사한 조건의 미라를 비교할 수 있다면 카나본 경이 곰팡이류에 감염되어 사망했을 수도 있다는 설명이 가능하기 때문이다.

학자들이 가설만 내세우고 증거물이 없어 애태우는 터에 그야말로 기적과 같은 일이 일어났다. 기자에 있는 무덤 중에서 2000년 동안 단 한 번도 외부와의 접촉이 없었던 석관이 발견된 것이다. 영국 맨체스터대학교의 밀러 박사 팀이 이에 도전했다. 연구 내용은 간단했다. 석관 속에 있는 미라에 생존해 있을 곰팡이가 유독물질을 품고 있느냐를 판단하면 되었다. 놀랍게도 결론은 곧바로 나왔다.

연구원들의 기대대로 미라에 있는 곰팡이가 포름알데히드와 같은 유독물질을 함유하고 있음이 발견된 것이다. 포름알데히드는 눈과 코를 화끈거리게 만들며 폐렴 등을 일으켜 사람들을 사망하게 만드는데 카나본 경의 공식 사망원인은 폐렴이었다. 또한 연구실에서 세균을 배양시켰는데 그들 중에는 호흡을 곤란하게 만드는 포도상구균도 있었다.

물론 카나본이 투탕카문의 무덤 속에 있었던 곰팡이에 의한 사망에도 약간의 의문점이 있는 것은 사실이다. 곰팡이가 정말로 그렇게 치명적일 정도로 위험하고 많은 양이 존재했다면 카나본 경은 곰팡이에 노출된 직후에 사망했어야 한다는 것이다.

그런데 밀러 박사가 조사한 미라의 관에서는 치명적인 곰팡이들이 존재하기는 했으나 그 양이 매우 적었다. 특히 카나본 경이 투탕카문의 관과 접촉한 것은 공식 개봉일보다 3주 전이므로 실제 카나본 경은 투탕카문의 관에 노출된 후 무려 4개월 후에 사망했다.

결국 카나본 경의 사망은 투탕카문의 관에 있던 곰팡이에 노출된 이유도 있지만 원래 건강이 나빴으므로 폐렴으로 사망했다고 결론을 내렸다. 밀러 박사는 카나본 경의 사망원인은 파라오의 저주가 아니라 생물학적 저주라는 것이다.

다만 그의 사망이 공교롭게도 영국의 일간지《데일리 메일》의 특파원 아더 웨이갈이 예언한 것과 유사한 시기에 사망하자 파라오의 저주라는 희대의 사건으로 포장되어 일반인들의 호기심을 자극했다는 것이다.[7]

여하튼 과학은 투탕카문의 저주 즉 파라오의 저주에 대해 거의 명쾌한 결론을 내렸는데 투탕카문의 무덤이 과학에 기여한 것은 박테리아의 능력을 확인할 수 있게 했다는 것뿐만이 아니다.

2007년 5월 산림청 국립수목원은 고대 이집트 피라미드에서 출토된 완두콩을 증식하는 데 성공했다고 밝혔다. 국립수목원은 유용식물자원탐사 사업의 일환으로 확보한 투탕카문 묘에서 발견된 종자 5립을 식물체 200개체와 종자 1500립으로 증식하는데 성공한 것이다. 투탕카문의 무덤에서 발견된 완두콩 특징은 현재 농가에서 재배하고 있는 콩 꼬투리가 푸른색인 것과 달리 진한 보라색이라는 점이다.

완두콩 역사는 스위스 등 기원전 7000여 년경 유럽의 신석기 유적지에서 발굴되었으며, 그후 로마시대에도 완두를 재배했다는 것이 기록을 통해 확인된다. 아시아에서는 완두가 6세기~8세기 중국의 수나라 시대에 재배된 기록이 있다.

본격적으로 완두가 식용으로 재배된 역사는 15세기의 영국 튜더 왕조 시대부터라고 알려져 있다. 그리고 우리나라에는 1972년 미국에서 들여와 시험재배를 거친 후, 1976년부터 농가에서 재배되기 시작했다.[8]

이 종자가 3300년 동안 19세의 소년 파라오 투탕카문 미라와 같이 보관되었던 종자로부터 유래했다는 것은 어떤 이유에서든 그토록 오랜 시간 동안 살아 있었다는 것을 의미한다. 보통 종자처럼 발아할 수 있는 기능은 상실했더라도 적어도 일부 조직의 세포만이라도 잠을 자고 있는 채로 살아 있었다는 것이다.

현대 과학에서는 살아 있는 일부 세포가 있다면 완전한 식물체로 되살릴 수 있다. 왜냐하면 식물의 모든 세포는 동물의 줄기세포처럼 적당한 호르몬 조절을 통해 완전한 식물체로 다시 분화할 수 있는 전형성능이라는 특징이 있기 때문이다.

학자들은 투탕카문의 무덤 환경조건이 완두콩의 종자 생명력을 그토록 오랫동안 유지할 수 있게 하는 중요한 요인이 되었다고 추정한다. 이집트 사막의 건조한 기후와 밀폐된 지하 공간, 석회암 지층에서의 적은 온도변화 등이 종자의 생명력을 오랫동안 유지하게끔 하는 좋은 저장조건이 되었을 수 있다는 것이다. 사실상 척박한 사막에서 비가 올 때까지 수십 년을 살아 기다리는 종자, 산불이 나서 종자 표피를 약화시켜야만 발아가 될 수 있는 식물의 종자 등도 있다.

중요한 것은 되살아난 완두 식물체로부터 유래한 종자는 원래의 유전적 특성을 그대로 보유하고 있다는 점이다. 3300년 동안 인간이 작물재배를 통해 재배하기 좋고, 먹기 좋은 쪽으로 종자를 선발 유지함에 따라 우수한 야생의 유전자는 일방적으로 소실됐다. 따라서 3300년이란 시간을 간직한 이 완두는 현재 재배되는 완두에 없는 야생의 유용한 유전자를 보유하고 있기 때문에, 학자들은 현세에 새로운 유전자원으로서 귀중한 가치를 발휘하게 될지도 모른다고 추정한다.[9]

파라오 저주의 진실

미스터리를 연구하는 학자들은 파라오의 저주처럼 사람들의 호기심을 끈 사건이 없다고 단언한다. 그런데 과학적인 분석으로 파라오의 저주를 설명한다고 해도 다소 의문이 있다.

상식적으로 생각할 때 3300년 전에 사망한 투탕카문에 의해 현대인이 저주를 받았다는 것을 이해하기란 쉽지 않다. 한마디로 말도 되지 않는다는 뜻인데, 그렇다면 파라오의 저주가 어떤 연유로 사람들의 뇌리에 자리 잡을 수 있는가 의문이지 아닐 수 없다.

그런데 전 세계적으로 잘 알려진 파라오의 저주에 관한 전설도 그 진실을 제대로 알고 보면 모두들 놀라게 된다. 한마디로 파라오의 저주라는 전설은 조작되었다는 것에 지나지 않기 때문이다.

우선 투탕카문 파라오의 무덤 발굴과 관련된 사람들이 대거 의문의 죽음을 당했다지만, 실제로 그 발굴 작업에 관련된 사람 1500여 명 가운데 10년 이내에 사망한 사람은 불과 21명일뿐이다.

1933년 독일의 고고학자 슈타인도르프는 그동안 신문이 발표한 21명의 죽음을 하나하나 뒤쫓아 분석하였다. 그 결과 이들의 죽음이 나이가 들어 죽었거나 발굴과는 전혀 관계없는 사람들의 죽음, 또는 우연한 죽음이었다는 진상을 밝혀냈다. 특히 파라오의 무덤을 최초로 개봉한 당사자인 카터는 18년을 멀쩡하게 더 살다가 66세의 나이로 자연사하였다.

이제 파라오의 저주에 대한 진실을 찾아보자.

투탕카문의 저주에 대한 이야기는 당시 세계 각국의 언론사와 카나본 경 사이의 복잡한 이해관계 때문에 비롯되었다는 것이 정설이다. 카나본 경은 당대의 유럽 부호였지만 제1차 세계대전으로 발굴 자체가 지연된데다 몇 년 동안 엄청난 자금을 투입해도 결정적인 결과를 얻지 못했다. 때문에 카나본 경은 런던의 유력 신문인 타임스사를 상대로 발굴이 성공할 경우 모든 정보를 독점적으로 보도할 수 있는 권리를 약속하고 돈을 지원받았다. 그후 투탕카문 무덤이 발굴되었고, 이 소식은 그야말로 세계를 강타했다. 투탕카문의 발굴에 대한 반응이 얼마나 엄청났는지 당시에 투탕카문의 기사는 일면 머리기사로 보도되었고 많은 관광객들이 몰려왔다. 저명인사들은 직접 무덤에 들어갈 수 있게 해달라고 졸라댔고 벨기에의 여왕이 직접 방문하기도 있다.

그런데 다른 언론사들은 세계를 놀라게 한 엄청난 특종을 눈앞에 놓고도 전혀 접근할 수가 없었다. 전 세계의 언론은 오로지 《더 타임스》를 통해서만 투탕카문에 대한 기사를 보도할 수 있을 뿐이었다. 기사를 인용하지 않으려면 독자적인 취재와 조사로 기사를 만들어야만 했지만 그것도 카나본 경과 카터의 입을 빌려야 하므로 간단한 일이 아니었다. 전 세계의 언론사들이 불만을 터뜨리지 않을 수 없는 상황이었다. 실제로 카터는 자신의 저서 『투탕카문의 무덤』에서 이 당시 상황을 다음과 같이 적었다.

'우리는 카나본 경이 《더 타임스》에 취재 독점권을 주기로 결정했다는 소식을 듣고 모두 크게 기뻐했다.'

그런데 때마침 카나본 경이 일찍 죽게 되자 이런 악감정을 가진 언론은 투탕카문에 대한 내용을 과대포장을 하기 시작하였다. 놀라운 것은 그 뒤의 일이다. 투탕카문 발굴에 관계된 몇 사람이 사망한 것을 파라오의 저주로 포장한 기사들이 예상 외의 반응을 보인 것이다.

언론은 이를 더욱 적극적으로 이용했다. 투탕카문에 조금이라도 관계되었다는 사람이 사망하면 '파라오의 저주를 받은 죽음' '파라오의 복수' '투탕카문으로부터 저주를 받은 몇 번째 희생자' 따위의 제목으로 세인의 호기심을 자극하였다. 곧바로 파라오의 저주에 대한 수많은 영화가 제작되었고 소설도 수없이 나왔다. 장사가 잘 되는 상품을 그대로 남겨두지 않으려는 인간들의 속성이 파라오의 저주라는 전설을 부채질한 것이다.

이를 두고 앤서니 브랜트는 선정적인 사건으로 먹고사는 황색언론들이 애꿎은 사람의 죽음을 빌미로 해서 파라오의 저주라는 해묵은 전설을 살려냈다고 혹평했다.[10]

언론사들이 카나본 경을 계속 폄하할 수 있었던 것은 카나본 경의 또 다른 불운 때문이다. 원래 이집트에서의 발굴은 발굴권을 확보한 사람과 이집트 정부가 반분하도록 되어 있었다. 그런데 이집트 정부는 투탕카문의 유물이 유일무이하다는 이유를 내세워 반분 원칙을 적용하려 하지 않았다.

설상가상으로 카나본 경이 갑자기 사망했으므로 유물을 확보할 기회조차 없었다. 막대한 재산을 쏟아부었지만 중요한 유물이라고는 한 점도 얻지 못한 것이다.

물론 근래 카나본 경의 3대 상속자인 카나본 백작이 물려받은 거대한 성의 한 벽에서 투탕카문의 유물 일부를 발견했다고 알려지기는 했다. 그러나 그들 유물은 소형 스카라베 등 크게 값이 나가는 것이 아니었다. 결국 파라오의 저주는 카나본 경 개인의 불운 때문에 일어난 '만들어진 스캔들' 일 따름인 것이다.

고대 이집트 역사 연대표*

신석기 시대 : B.C. 4500~B.C. 3000

B.C. 4500 ~ B.C. 3000			농사 및 가축을 기름. 간단한 도자기 제작. 구리와 금을 사용. 지방 통치.

초기 왕조 시대 : B.C. 3000~B.C. 2650

B.C. 3000 ~ B.C. 2650	제1, 2왕조	나르메르(Narmer) 아하(Aha)	통일 왕조. 수도는 멤피스. 왕의 무덤은 아비도스와 사카라.

고왕국 시대 : B.C. 2650~B.C. 2150

B.C. 2650 ~ B.C. 2575	제3왕조	조세르(Zoser) 후니(Huni)	계단식 피라미드 건축.
B.C. 2575 ~ B.C. 2465	제4왕조	스네푸르(Snoferu) 카푸(Khufu) 카푸레(Khafre) 멘카우레(Menkaura) 셉세스카프(Shepseskaf) 카펜티카우스 여왕(Khentikaus)	강력한 중앙집권 정부. 기자와 다슈르 지역에 피라미드 건축.
B.C. 2465 ~ B.C. 2325	제5왕조	우세르카프(Userkaf) 사후라레(Sahure) 네페리르카라(Neferirkara) 우나스(Unas)	아부시르와 사카라에 피라미드와 태양신전 건축. 피라미드 텍스트.
B.C. 2325 ~ B.C. 2150	제6왕조	테티(Teti) 페피 1세(Pepi I) 페피 2세(Pepi II) 니토케르티 여왕(Queen Nitokerty)	강한 왕권이 오랜 세월 지배하는 동안 하락함.

제1 중간기 : B.C. 2150~B.C. 2040

B.C. 2150 ~ B.C. 2040	제7왕조~제10왕조		중앙집권 붕괴. 백성들은 기아와 빈곤에 시달림.

*이집트 고유물최고위원회 위원장인 자히 하와스 박사(Dr. Zahi Hawass)의 역사 연대표.

중왕국 시대: B.C 2040~B.C. 1640

연대	왕조	통치자	비고
B.C 2040 ~ B.C 1991	제11왕조	멘투호텝(Montuhotep II)	테베의 지도자로 이집트 통일.
B.C 1991 ~ B.C 1783	제12왕조	아메넴하트 1세(Amenemhat I) 세누세레트 1세(Senwosret I) 아메넴하트 2세(Amenemhat II) 세누세레트 2세(Senwosret II) 세누세레트 3세(Senwosret III) 아메넴하트 3세(Amenemhat III) 아메넴하트 4세(Amenemhat IV) 소베크네페루 여왕(Queen Sobekneferu)	강력한 중앙정부. 누비아(수단)까지 영토 확장. 수도는 멤피스 근처의 리슈트.
B.C. 1783 ~ B.C. 1640	제13왕조		집권자의 잦은 교체. 쇠퇴기.

제2 중간기: B.C. 1640~B.C. 1550

연대	왕조	통치자	비고
B.C. 1640 ~ B.C. 1580	제14왕조		나라가 나뉨.
B.C. 1585 ~ B.C. 1530	제15, 16왕조		아시아 민족이 델타 지역을 통치.
B.C. 1640 ~ B.C. 1550	제17왕조	세케렌네 타오 1세(Sekenenre Tao I) 세케렌네 타오 2세(Sekenenre Tao II) 카모세(Kamose)	테베왕조 통일화 과정.

신왕국 시대: B.C. 1550~B.C. 1070

연대	왕조	통치자	비고
B.C. 1550 ~ B.C. 1307	제18왕조	아흐모세(Ahmose) 아멘호테프 1세(Amenhotep I) 투트모세 1세(Tuthmosis I) 투트모세 2세(Tuthmosis II) 투트모세 3세(Tuthmosis III) 하트셉수트 여왕(Queen Hatshepsut) 아멘호테프 3세(Amenhotep III) 이크나톤(Akhenaten) 투탕카문(Tutankhamun) 아이(Ay) 호렘헤브(Horemheb)	통일하고 북쪽의 아시아 민족 축출. 남쪽의 누비아 병합. 영토 확장 및 번영기. 테베(룩소르)가 주요 거점.
B.C.1307 ~ B.C. 1196	제19왕조	람세스 1세(Rameses I) 세티 1세(Seti I) 람세스 2세(Rameses II) 메렌프타(Merneptah) 시프타(Siptah) 투오스레트 여왕(Queen Twosret)	영광의 지배자 람세스 2세. 거점은 델타지역. 북쪽 바다 사람들의 침략에도 번영.
B.C. 1196 ~ B.C. 1070	제20왕조	세트나크트(Setnakht) 람세스 3세~람세스 11세 (Rameses III~XI)	델타 지역에서 경제적 쇠퇴. 왕권 약화. 시민과 노동자 파업. 왕실의 묘 약탈당함.

제 3중간기 : B.C. 1070~B.C. 712

시기	왕조	왕	비고
B.C. 1070 ~ B.C. 945	제21왕조	스멘데스(Smendes) 시아문(Siamun)	쇠퇴해진 이집트. 시아문의 딸과 솔로몬이 결혼했을 것으로 추정.
B.C. 945 ~ B.C. 712	제22왕조	쇼셴크 1세(Shoshenq I) 오소르콘 1세(Osorkon I) 쇼셴크 2세(Shoshenq II)	성경에는 '시샤크(Shishak)'라고 나옴. 분권화 및 정치적 분열.
B.C. 928 ~ B.C. 711	제23, 24왕조	오소르콘 4세(Osorkon IV)	지방 분권화. 지방의 세력가 등장.

후기 시대 : B.C. 712~B.C. 332

시기	왕조	왕	비고
B.C. 712 ~ B.C. 657	제25왕조	카시타(Kashta) 피안키(Piankhy) 샤바카(Shabaka) 샤비트카(Shebitka) 타하르카(Taharqa) 탄타마니(Tantamani)	쿠시(수단)의 지배자와 연합해 문화가 부활. B.C. 671, 667, 663에 아시리아의 침략. 마지막 왕의 남분.
B.C. 664 ~ B.C. 525	제26왕조	프삼티크 1세(Psamtek I) 네코 2세(Necho II) 프삼티크 2세(Psamtek II)	델타의 사이스 왕조. 쿠스 왕조를 몰아냈으며, 아시리아인들이 떠난 뒤 계속 남아 이집트 재건.
B.C. 525 ~ B.C. 404	제27왕조	캄비세스(Cambyses)	페르시아가 이집트를 병합.
B.C. 404 ~ B.C. 343	제28~30왕조	아미르타이오스(Amyrtaios) 넥타네보 1세(Nectanebo I) 넥타네보 2세(Nectanebo II)	이집트 태생의 마지막 지도자. 문화와 민족주의가 부활하지만 정치적 쇠퇴기.
B.C. 343 ~ B.C. 332	제31왕조	아르타크세르크세스 3세 (Artaxerxes III)	페르시아인들의 재정복.

그리스 로마 시대 : B.C. 332~A.D. 642

시기	왕조	비고
B.C. 331 ~ B.C. 304	마케도니아 왕조 알렉산더 대왕 (Alexander the Great)	바빌론에서 알렉산더 대왕이 죽은 후 마케도니아인이 지배(B.C. 332).
B.C. 304 ~ B.C. 30	프톨레마이오스 왕조 프톨레미 15세(Ptolemy I~XV)	마지막 지배자는 클레오파트라 7세. 안토니우스와 동맹을 맺은 그녀는 로마와 싸움. 악티움 해전에서 패배.

●주석●

들어가는 말
1) 『이집트 역사 100장면』, 손주영 외, 가람기획, 2006
2) 『왕들의 계곡』, 오토 노이바트, 일빛, 1999
3) 『왕들의 계곡』, 오토 노이바트, 일빛, 1999
4) 『국보이야기』, 이광표, 작은박물관, 2005
5) 「파라오의 저주로 가족들 사망했다고 호소」, 팝뉴스, 2005.2.22
6) 「투탕카문 전시회와 파라오의 저주」, 김석수, 데일리 서프라이즈, 2007. 9. 3.
7) 「투탕카문의 저주?…한 여인의 잇따른 악재」, 송혜민, 서울신문, 2007. 10. 16

I.
1) 『왕들의 계곡』, 오토 노이바트, 일빛, 1999
2) 『잊혀진 이집트를 찾아서』, 장 베르쿠테, 시공사, 1996
3) 『왕들의 계곡』, 오토 노이바트, 일빛, 1999
4) 『투탕카문의 무덤』, 하워드 카터, 해냄, 2007
5) 『왕들의 계곡』, 오토 노이바트, 일빛, 1999
6) 『왕들의 계곡』, 오토 노이바트, 일빛, 1999
7) 『파라오의 심판』, 조이스 타일드슬레이, 가람기획, 2002
8) 『투탕카문의 무덤』, 하워드 카터, 해냄, 2007
9) 『투탕카문의 무덤』, 하워드 카터, 해냄, 2007

10) 『고대사의 블랙박스 Royal Tombs』, 권삼윤, 랜덤하우스 중앙, 2005
11) 「소년 파라오 투탕카문 흑인 아니다」, 박세진, 연합뉴스, 2007. 9. 27
12) 『투탕카문의 무덤』, 하워드 카터, 해냄, 2007
13) 이 책은 2004년 김훈에 의해 『투탕카문의 비밀』(해냄)로 번역되었으며 많은 부분을 참조했다.
14) 『한눈으로 보는 세계사 1000장면』, 폴 임, 우리문화사, 1996
15) 『마스크, 투탄카멘에서 할로윈까지』, 존 백 외, 개마고원, 2000
16) 『투탕카문의 무덤』, 하워드 카터, 해냄, 2007
17) 『문화와 유행상품의 역사』, 찰스 패너티, 자작나무, 1997
18) 『Egypt』, bonechi, 2008
19) 『역사』, 헤로도토스, 범우사, 2001
20) 『이집트 역사 100장면』, 손주영 외, 가람기획, 2006
21) 『이집트 역사 100장면』, 손주영 외, 가람기획, 2006
22) 『클레오파트라 2000년만의 출현』, 로라 포맨, 효형출판, 1999
23) 『웰스의 세계문화사』, H. G. Wells, 가람기획, 2003
24) 『Un batiment de repere』, Ismail Serageldin, Bibliotheca Alexandrina, 2007
25) 『이집트 사자의 서』, 서규석, 문학동네, 2006
26) 『이집트 사자의 서』, 서규석, 문학동네, 2006
27) 『투탕카문의 무덤』, 하워드 카터, 해냄, 2007

II.
1) 「첨단과학이 밝힌 미이라의 비밀」, 대중과학, 2003년 9월호
2) 『역사』, 헤로도토스, 범우사, 2001
3) 『왕들의 계곡』, 오토 노이바트, 일빛, 1999
4) 『고대사의 블랙박스 Royal Tombs』, 권삼윤, 랜덤하우스중앙, 2005
5) 『이집트 사자의 서』, 서규석, 문학동네, 2006
6) 『왕들의 계곡』, 오토 노이바트, 일빛, 1999
7) 『투탕카문의 무덤』, 하워드 카터, 해냄, 2007
8) 『파라오의 심판』, 조이스 타일드슬레이, 가람기획, 2002
9) 『파라오의 심판』, 조이스 타일드슬레이, 가람기획, 2002
10) 『왕들의 계곡』, 오토 노이바트, 일빛, 1999

11) 『이집트 역사 100장면』, 손주영 외, 가람기획, 2006
12) 『왕들의 계곡』, 오토 노이바트, 일빛, 1999
13) 「약탈문화재, 이대로 둘 수 없다」, 이종호, 인물과사상, 2007년 12월호
14) 『Egypt』, bonechi, 2008
15) 『Egypt』, bonechi, 2008
16) 『이집트 역사 100장면』, 손주영 외, 가람기획, 2006
17) 『잊혀진 이집트를 찾아서』, 쟝 베르쿠테, 시공사, 1996
18) 『파라오의 심판』, 조이스 타일드슬레이, 가람기획, 2002
19) 『성과 문명』, 왕일가, 가람기획, 2001
20) 『클레오파트라 2000년만의 출현』, 로라 포맨, 효형출판, 1999
21) 『Egypt』, bonechi, 2008
22) 『이집트 역사 100장면』, 손주영 외, 가람기획, 2006
23) 『시바의 여왕, 3천년 잠을 깨다』, 니컬러스 클랩, 김영사, 2005
24) 「최초의 '여성 파라오' 하트셉수트 미라 발견」, 전수미, 노컷뉴스, 2007.6.28
    「하트셉수트 여왕 미라 찾았다」, 부산일보, 2007.6.28
25) 『클레오파트라 2000년만의 출현』, 로라 포맨, 효형출판, 1999
26) 『알렉산드리아』, 만드레드 클라우스, 생각의 나무, 2004
27) 「그림으로 밝혀내는 죽음의 과학적 진실」, 과학수사, 사이언스올
28) 『왕들의 계곡』, 오토 노이바트, 일빛, 1999
29) 『이집트 역사 100장면』, 손주영 외, 가람기획, 2001
30) 『왕들의 계곡』, 오토 노이바트, 일빛, 1999
31) 『잊혀진 이집트를 찾아서』, 쟝 베르쿠테, 시공사, 1996
32) 엄밀한 의미에서 이 당시에 과학자라는 말은 없었다. 과학자라는 말은 1840년 영국의 작가 훼엘이 친구인 패러데이를 위해 만들어준 말이다.
33) 『잊혀진 이집트를 찾아서』, 쟝 베르쿠테, 시공사, 1996
34) http://www.oldhome.pe.kr/losthistory/izipt/loje.html

III.

1) 『신화와 역사로 읽는 세계 7대 불가사의』, 이종호, 뜨인돌, 2001.
2) 『고대사의 블랙박스 Royal Tombs』, 권삼윤, 랜덤하우스중앙, 2005
3) 『피라미드 속의 과학』, 페터 야노시, 도솔, 2007

4) 『피라미드 속의 과학』, 페터 야노시, 도솔, 2007
5) 『이집트 역사 100장면』, 손주영 외, 가람기획, 2001
6) 『고대사의 블랙박스 Royal Tombs』, 권삼윤, 랜덤하우스중앙, 2005
7) 『피라미드 속의 과학』, 페터 야노시, 도솔, 2007
8) 『고대사의 블랙박스 Royal Tombs』, 권삼윤, 랜덤하우스중앙, 2005
9) 『피라미드 속의 과학』, 페터 야노시, 도솔, 2007
10) 『고대 세계의 70가지 미스터리』, 브라이언 M. 페이건, 오늘의책, 2003
11) 『왕들의 계곡』, 오토 노이바트, 일빛, 1999
12) 『잊혀진 이집트를 찾아서』, 쟝 베르쿠테, 시공사, 1996
13) 「이집트 피라미드, 사실은 콘크리트 덩어리?」, 이서규, 노컷뉴스, 2006.12.6
14) 「피라미드는 콘크리트 건물?」, 조민근, 중앙일보, 2006.12.2
15) 『파라오의 심판』, 조이스 타일드슬레이, 가람기획, 2002
16) 『The Tomb of Amenemhet, High Priest of Amon』, A. H. Gardiner, 1910
17) 『고대사의 블랙박스 Royal Tombs』, 권삼윤, 랜덤하우스중앙, 2005
18) 『쿠티』, 리처드 W. 눈, 푸른기획, 1999
19) 『피라미드 속의 과학』, 페터 야노시, 도솔, 2007
20) 『고대사의 블랙박스 Royal Tombs』, 권삼윤, 랜덤하우스중앙, 2005
21) 『역사』, 헤로도토스, 범우사, 2001
22) 『이집트 역사 100장면』, 손주영 외, 가람기획, 2001
23) 『천재를 이긴 천재들』, 이종호, 글항아리, 2007
24) 『신화와 역사로 보는 세계 7대 불가사의』, 이종호, 뜨인돌, 2002
25) 『쿠티』, 리처드 W. 눈, 푸른기획, 1999
26) 『쿠티』, 리처드 W. 눈, 푸른기획, 1999
27) 『피라미드 속의 과학』, 페터 야노시, 도솔, 2007
28) 『고대사의 블랙박스 Royal Tombs』, 권삼윤, 랜덤하우스중앙, 2005
29) 『잊혀진 이집트를 찾아서』, 쟝 베르쿠테, 시공사, 1996
30) 『고대사의 블랙박스 Royal Tombs』, 권삼윤, 랜덤하우스중앙, 2005

IV.
1) 『신들의 문명』, 데이빗 하처 챠일드레스, 대원출판, 2002
   『우리가 처음은 아니다』, 앤드류 토머스, 현대과학신서, 1988

2) 『이집트 역사 100장면』, 손주영 외, 가람기획, 2001
3) 『세계의 미스터리 비밀을 벗다』, 실비아 브라운, 정신세계사, 2005
4) 『쿠티』, 리처드 W. 눈, 푸른기획, 1999
5) 『세상을 바꿀 일곱 가지 실험들』, 루퍼트 셀드레이크, 양문, 1999
6) 『고대사의 블랙박스 Royal Tombs』, 권삼윤, 랜덤하우스중앙, 2005
7) 『고대 세계의 70가지 미스터리』, 브라이언 M. 페이건, 오늘의책, 2003
8) 『The Ancient Egyptian Coffin Texts』, R. O. Faulkner, Warminster, 1973
9) 『이집트 역사 100장면』, 손주영 외, 가람기획, 2001
10) 『고대사의 블랙박스 Royal Tombs』, 권삼윤, 랜덤하우스중앙, 2005
11) 『투탕카문의 무덤』, 하워드 카터, 해냄, 2007
12) 『왕들의 계곡』, 오토 노이바트, 일빛, 1999
13) 『파라오의 심판』, 조이스 타일드슬레이, 가람기획, 2002
14) 「'투탕카문'의 저주는 '화학적 저주' 였다」, 강은진, 마이데일리, 2006. 7. 16
15) 『투탕카문의 무덤』, 하워드 카터, 해냄, 2007
16) 『Ancient Egypt : Anatomy of a Civilization』, B. J. Kemp, London & New York, 1989
17) 『역사』, 헤로도토스, 범우사, 2001
18) 『파라오의 심판』, 조이스 타일드슬레이, 가람기획, 2002
19) 「New Light on the Ramesside Tomb-Robberies」, A. J. Peden, Journal of Egyptian Archaeology, No. 22, 1936
20) 『피라미드 속의 과학』, 페터 야노시, 도솔, 2007
21) 「The Complete Valley of the Kings : Tombs and Treasures of Egypt's Greatest Pharaohs」, C. N. Reeves etc., London, 1996
22) 『잊혀진 이집트를 찾아서』, 쟌 베르쿠테, 시공사, 1996
23) 『투탕카문의 무덤』, 하워드 카터, 해냄, 2007
24) 『파라오의 심판』, 조이스 타일드슬레이, 가람기획, 2002
25) 『잊혀진 이집트를 찾아서』, 쟌 베르쿠테, 시공사, 1996
26) 『왕들의 계곡』, 오토 노이바트, 일빛, 1999
27) 「네페르티티, 앰버룸, 칭기스칸 무덤, 성배… '사라진 7대 불가사의'」, 이나무, 팝뉴스, 2007. 11. 13
28) 『투탕카문의 무덤』, 하워드 카터, 해냄, 2007
29) 『잊혀진 이집트를 찾아서』, 쟌 베르쿠테, 시공사, 1996
30) 「투탕카문 옆 새 무덤의 주인은」, 백나리, 연합뉴스, 2006. 12. 14

31) 『잊혀진 이집트를 찾아서』, 쟌 베르쿠데, 시공사, 1996
32) 『신화와 역사로 읽는 세계 7대 불가사의』, 이종호, 뜨인돌, 2001

나가는 말

1) 「Abusing Pharaoh」, D. Forbes, KMT, 1992
2) 「파라오의 저주」, National Geographic, 2005. 11. 20
3) 「투탕카문의 미스터리 풀려 "남근은 도난당하지 않았다"」, 최기윤, 팝뉴스, 2006. 5. 18
4) 「"투탕카문 팔아 돈벌이 말라" 이집트 미라 공개전시에 비판」, 구정은, 문화일보, 2007. 11. 6
5) 「투탕카문의 미스터리, 과학으로 밝혀낸다」, 이성규, www.sciencetimes.co.kr, 2004. 11. 23
6) 『투탕카문의 무덤』, 하워드 카터, 해냄, 2007
7) 「황금마스크 주인 투탕카문 "다리골절 후 2차 감염으로 죽었다"」, 서정민, 중앙일보, 2005. 3. 9.
  「휴, 미라의 저주인가 했네」, 신형준, 조선일보, 2005. 5. 25
8) 「고대 완두콩 원종 유전자원 확보」, 임원철, 부산일보, 2007. 11. 7
9) 「'투탕카문 완두콩' 어떻게 3300년 만에 잠깼을까」, 양태진, 조선일보, 2007 .11. 5
10) 『투탕카문의 무덤』, 하워드 카터, 해냄, 2007